青少年必知的国学经典

本书编写组◎编

QINGSHAONIAN
BIZHI DE
GUOXUE
JINGDIAN

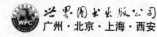

世界图书出版公司
广州·北京·上海·西安

图书在版编目（CIP）数据

青少年必知的国学经典/《青少年必知的国学经典》
编写组编. —广州：广东世界图书出版公司，2009.11（2024.2 重印）
ISBN 978－7－5100－1241－9

Ⅰ. 青… Ⅱ. 青… Ⅲ. 国学－青少年读物 Ⅳ. Z126－49

中国版本图书馆 CIP 数据核字（2009）第 204835 号

书 名	青少年必知的国学经典	
	QINGSHAONIAN BIZHI DE GUOXUE JINGDIAN	
编 者	《青少年必知的国学经典》编写组	
责任编辑	陈晓妮　张梦婕	
装帧设计	三棵树设计工作组	
出版发行	世界图书出版有限公司　世界图书出版广东有限公司	
地 址	广州市海珠区新港西路大江冲 25 号	
邮 编	510300	
电 话	020-84452179	
网 址	http://www.gdst.com.cn	
邮 箱	wpc_gdst@163.com	
经 销	新华书店	
印 刷	唐山富达印务有限公司	
开 本	787mm×1092mm　1/16	
印 张	10	
字 数	120 千字	
版 次	2009 年 11 月第 1 版　2024 年 2 月第 10 次印刷	
国际书号	ISBN　978-7-5100-1241-9	
定 价	48.00 元	

出 版 缘 起

CHUBAN YUANQI

在人类文明发展史上，每个时代都有一批在各个领域创作出惊世之作的伟人，他们所留下的一份份宝贵的文化遗产和精神财富，既没有时空界限，也没有地域之分，像星斗辉煌于当时，也像阳光灿烂于今天。在人类历史上，他们是为数不多的一群人，但也是值得关注、值得崇拜、值得追随的一批人。他们用真理的力量统治我们的头脑，他们所留下的杰作已成为全人类共同的宝贵财富。这些人，我们称之为"大师"，这些伟大的作品，我们称之为"经典"。

人类文明史的一页页是由许多大师承接起来的。莎士比亚、贝多芬、达尔文、弗洛伊德、甘地、毕加索、海明威、钱钟书……每个名字都如雷贯耳，都代表着一个知识领域的高峰，正是他们不同凡响的创造，成就了人类文化的鸿篇巨制。有人说，"阅读大师经典之作，读懂读不懂都有收获"。尽管很多大师与我们生活在不同的时代、不同的国度，说着不同的语言，却时刻伴随在我们的精神世界中，遥远而又亲近。每一位大师都是一座丰碑，他们是精神的引领者和行为的楷模。阅读他们的经典之作，可以使我们变得深沉而非浮躁、清醒而非昏聩、深刻而非肤浅，可以使我们的人格得到提升，生命得到重塑。

读书可以经世致用，也可以修身怡心，而阅读经典、了解大师，是人生修养所应追求的一种境界。千百年来，大师们的经典著作影响了无数人。然而行色匆匆，为事业、生活忙碌奔波的现代人，几乎没有闲暇静下心来解读这些大师们给予我们的忠告和教诲，我们难以感受到伟大作品的力量。更为遗憾的是，伟大的作品又常常晦涩难懂，一些只有专业人士才肯翻阅的书籍令很多人望而却步，甚至敬而远之。在一切讲求快节奏的今天，每个人都希望能在最短的时间内获得最多的知识，为了帮助广大朋友寻找到一种最省时、最有效的方式，去阅读那些经典著作，我们跨越时空地域的界限，从人类文明发展史中采撷菁华，在参考诸多名家推荐的必读书目的基础上，组织数十位中青年专家学者编写了这套丛书。本丛书从国学、西学、中国文学、外国文学、诗歌、名人传记、谋略、修身处世、心理励志、科普、管理、经济、投资、电影、美术、音乐16个领域中各选取了几十位最具

1

影响力的大师，着重介绍他们最有代表性的作品，这些流芳百世的经典之作曾经是一代又一代人的路标，了解并阅读这些经典著作，必将给每一位读者以智慧的启迪。

生命的质量需要锻铸，阅读是锻铸的重要一环。真正的经典都有一种强大的精神力量，指引我们如何为人处世。站在大师的肩上，我们能够看得更远；沿着他们开拓的道路，我们能够前进得更快。本丛书用最浅显的文字诠释大师们的深邃思想，用最易懂的字句传递原著中绞尽脑汁才能读懂的理论，以最简洁的话语阐述伟大作品的精华，让读者在最短的时间内汲取大师身上沉淀出的宝贵经验与智慧，走进一个神圣的精神殿堂。

阅读的广度改变生命历程的长短，阅读的深度决定思想境界的高低。大师经典带来的影响，不只是停留在某个时代，而是穿越时空渗透到我们的灵魂中。英国著名诗人拜伦曾经说过："一滴墨水可以引发千万人的思考，一本好书可以改变无数人的命运。"的确，读书对于一个人的文化水平高低、知识多少、志向大小、修养好坏、品行优劣、情趣雅俗，往往起着至关重要的作用。我们精心编写的这套丛书品位高雅，内容丰富，设计、装帧精美、时尚，不仅具有较高的阅读欣赏价值，还可以收藏，或作为礼物馈赠亲朋好友，是一套能让读者从中获益良多的读物。

一本好书是一个由优美语言与闪光思想所构成的独特世界，选择一本好书，不仅可以品味一时，更可以受益一生。

编　者

目　录

CONTENTS

道 德 经

老 子（春秋 生卒年不详）

老子思想的集大成——《道德经》，像一个永不枯竭的井泉，满载宝藏，放下汲桶，唾手可得。

——著名哲学家 尼采

老子，春秋时期颇有声望的思想家、哲学家。孔子曾问礼于老子，并称他像龙一样高深莫测。他所著的《道德经》，是中华民族和全世界人民的宝贵文化遗产。《道德经》一书，言简意赅，博大精深。数千年来，哲学家、政治家、军事家、文学家、科学家乃至普通平民，纷纷从《道德经》中汲取智慧。因而，《道德经》不仅是我国文化史上的一座丰碑，也是人类文明宝库中的一颗璀璨明珠。

《道德经》又名《老子》，是中国古代道家思想的开宗典籍，同时又是中国传统宗教道教的基本经典，对后世影响深远。老子首先提出了"道"这一最高的哲学概念，以"道"为天地万物存在的本原；"自然"、"无为"等概念也都成为中国古代哲学的重要命题，《道德经》的自然观、社会观、人生观深刻影响了中国古代士人的精神世界。

《道德经》比《论语》更具抽象思维特质，老子哲学作为中国古代思想的重要遗产，在中国人哲学、政治、人生诸方面，都曾发生过重大的影响。另外，作为最早流传至西方的中国经典之一，《道德经》还享有世界级的声誉。许多外国哲学家、科学家、政治家、企业家都对老子的思想深感兴趣，并从中受到启发。当代著名哲学家海德格尔、著名科学家爱因斯坦等，都研读过老子的《道德经》。因此，要了解中国古代文化，《道德经》是一本必读的书。

K 旷世杰作

《道德经》这本书的来历本身就是一个颇具传奇色彩的故事。据司马迁的《史记》记载，老子在周朝任藏书的史官，眼见周朝日益衰落，便决定西出函谷关，从此隐居避世。函谷关关令尹喜知道老子将要一去不返，便请他著书传世，于是老子著书上下两篇，言道德之意五千言而去，从此不知所终。

《道德经》篇幅很短，但意蕴深刻，可以说是一本无法穷尽的书。《道德经》的核心思想就是"道"。在中国文化史上，"道"的最初含义就是我们所走的路。《说文解字》说："道，所行道也。"后来含义逐渐扩大，自然与人事所遵循的途径（即规律）都称之为道，因此便又有"天道"、"人道"之说。至老子，始将"道"提升为一个最高的哲学范畴。老子之"道"，兼有宇宙的本原、万物存在的根据、事物发展的规律、修养的最高境界等多重含义。自从老子赋予"道"以如此至高无上的地位以后，"道"就成了中国哲学中最重要的概念。

道的基本特性就是自然和无为。老子说："道法自然"，"道常无为而无不为"。所谓自然就是自然而然的意思，指事物自己如此而没有外力强迫的状态。所谓无为，就是顺应事物的自然发展趋势而不以外力强加干涉。自然是事物的理想状态，而无为则是保持这一状态的方法。老子希望人们以道为榜样，按照自然、无为的原则处理一切事务。

道与德密不可分，二者是体与用的关系。道是德的根据，德是道在事物中的具体表现；道落实到人身上，就是人的德性。一个人的所作所为，符合道的要求，就是有德。反之，就是无德。所以老子说："孔德之容，唯道是从。"

道的运动方式就是"反"。老子说："反者道之动。"由此，老子总结出了"祸兮福之所倚，福兮祸之所伏"，"柔胜刚，弱胜强"等具有深刻辩证法

思想的格言。

在《道德经》中，老子对统治者的横征暴敛进行了猛烈抨击。他说："民之饥，以其上食税之多，是以饥。"他认为统治者应当顺应民意，体贴民情，他说："圣人无常心，以百姓之心为心。"这充分反映了老子的民本思想。老子反对贫者愈贫、富者愈富的不合理现象，主张帮助弱势群体。他说："天之道，损有余而补不足。"

《道德经》比《论语》更具抽象思维特质，它的文学性，主要源于哲学表述中反映的情感和富于诗意的语言。《道德经》一书表现出了作者强烈的自我意识和愤世嫉俗的情感，其文章犹如一组语言洗练、意蕴深远的哲理诗。使用了大量的韵语和排比、对偶等句式，行文手法多样，变化多端，善于用平常的比喻来表现深刻的哲理。

《道德经》中的哲学思想是中国古代哲学家取之不尽的思想源泉。譬如，先秦的韩非作《解老》、《喻老》，以老子之道作为法家的理论依据。曹魏王弼通过注释《道德经》，开创了玄学，《道德经》与《庄子》、《周易》一起被称为"三玄"，是魏晋玄学当中最重要的三部经典，同时，《道德经》又是中国传统宗教道教的基本典籍之一。《道德经》和《庄子》所发扬的"自然无为"等哲学思想，更是深刻地影响了中国士人，成为中国传统思想当中能够与儒学分庭抗礼的另一极，像陶渊明、李白、苏东坡、曹雪芹这些中国文化的巨人，都可以说是老庄精神的嗣裔。很多儒家学者，特别是革新派和改良派的政治家，如王安石、魏源、严复等人，

也都对老子哲学有所借鉴。

老子思想对中国古代政治也有着深刻的影响。在中国历史上，每当社会经过大的战乱、建立一个新的王朝后，为了安定社会、恢复生产，统治者大多选择老子的清静无为思想作为政治指导思想，实行轻徭薄赋、减省刑罚、与民休息的治国政策。为史家所称道的汉初文景之治、唐初贞观之治，都是以老子之道治国的结果。

《道德经》是中华传统文化中的一枝奇葩。汉武帝"罢黜百家，独尊儒术"，老子的影响却并未从此消逝，他的学说后来形成了道家学派。汉代被演变为宗教，这就是道教。老子被奉为教祖，由人变成了神。他写的《道德经》也成为道教的经典。到了唐代，老子的地位达到了登峰造极的地步。唐太宗李世民自认是老子的后裔。唐高宗追封老子为玄元皇帝，诏《道德经》为上经。唐玄宗时，诏各州府广置玄元皇帝庙，建立玄学，令生徒诵习《道德经》。

老子"道法自然"的思想一直和儒学及后来的佛学一起构建成中国传统文化，早已深远影响了中国传统的哲学、医学、工程、艺术等领域。中国历史上的各种学派，无不从老子的思想里面汲取营养而加以利用。从积极方面看：他的天道观，经过庄子的发挥，成为魏晋的玄学，又影响到宋明的理学；他的无为观，成功地应用于西汉的政治实践，成为历代统治者的统治之术；他的玄德观，经过孔子的发挥，成为主宰中国数千年德治的主要内容；他的用兵之道，经过孙子的发挥，成为变化莫测的军事理论；他的雌柔观，成

为诡辩家的理论基础，造就了苏秦、张仪为代表的纵横家；中华武术、内家武功及历代气功，也无不从老子的思想中得到启发。

经典导读

老子《道德经》的现实意义

古代思想家、先秦时代道家学派创始人老子所著《道德经》，是一部哲学著作，充满了朴素的唯物主义思想，它所反映的认识论极具丰富的社会经验。作为一个普通的读者，我尤为喜欢和崇尚老子提出的宇宙观、社会观和人生观，它教我认识生活、陶冶情操、美化心灵。

"道可道，非常道。""道"很难用语言来表述，它并非人们平常所说的道。"玄而又玄，众妙之门。""道"玄妙、深奥、高远，空虚无形，但的确存在于广漠的空间，它发挥的作用无穷无尽，永不枯竭，"是宇宙天地万物之奥妙的总门"。

"大道似水。""江海之所以能为百谷王者，以其善下之，故能为百谷王。""上善若水。水善利万物而不争，处众人之所恶，故几于道。"江海能成为百川河流所汇聚的地方，是由于它处在低下的位置，故成百川之王。最普通的人好像水一样，水善于滋润万物而不与万物相争，停留在众人都不喜欢的地方，所以最接近于道。

老子以水喻"道"，使我们看到"道"的无状之状，无象之象，知它乃大度包容，不弃涓流；它与世无争，淡泊

功利；它无处不在，无时不有，充塞于浩茫天地之间，可谓"大音若希"，"大象无形"，令人敬畏。

《道德经》劝人向善，导人守信。老子说："善者，吾善之；不善者，吾亦善之，德善。信者，吾信之；不信者，吾亦信之，德信。"这是说善待别人就得到善良了，可以使人人向善；信任别人就得到诚信了，可以使人人守信。老子是讲他本人，也是在提醒人们善待他人，信任他人，他人也就会善待自己，信任自己。

老子还劝人拒绝世俗之喧嚣，守护淡泊之美好。《道德经》中反复出现"朴"字，如"见素抱朴"、"复归于朴"、"返璞归真"、"敦兮其若朴"。"朴"字的概念为纯真、素朴、自然。"婴儿"一词甚至也是"朴"之概念的解说。如："复归于婴儿"、"专气致柔，能如婴儿乎"。一个淳厚朴实、镇定持心、内心世界丰富的人，应该似婴孩般单纯、无邪，心境空明、宁静、质朴，少私寡欲，不为功名利禄所困扰，不被宠幸、声色所诱惑，超凡脱俗，不为物累，过一种宁静恬淡的生活。

《道德经》第十二章中说："五色令人目盲；五音令人耳聋；五味令人口爽"、"是以圣人为目，故去彼取此。"——缤纷的色彩令人眼花缭乱；嘈杂的音调使人听觉失灵；丰盛的食物叫人舌不知其味。圣人但求填饱肚子而绝不追求声色之娱，提出人应该摒弃物欲的诱惑而保持安定知足的生活方式。时下现代文明长足发展，但许多人心态扭曲，道德观、价值观严重倾斜。老子的教诲无异于一剂灵丹妙药，有利于医治人心浮躁、动荡不安，仍具现实教育意义。

漫长的时间流逝了，而《道德经》横跨历史时空流传至今，它教诲我们改变"原我"，重塑自我，完善、超越自我，修性养心，谨慎、严肃，善事融和，旷达、洒脱，努力求真求善求美，实现人生应有的价值。（张成业）

《道德经》在中国及世界上的影响

老子的《道德经》只有五千多字，可以说是世界上影响极大而篇幅却最短的书。关于它的作者甚至这本书的版本，一直有争论，而且上篇（道篇）与下篇（德篇），可能在较早的版本中是颠倒过来的。不过，作为一本书，内容还是比较完整的。为了避免"道德经"一词的倾向性，不妨称其为《老子》。

《老子》在世界上的影响可能超过《论语》，但在中国，当然不如《论语》。总的说来，《老子》与《论语》几乎完全不同，却相互补充构成中国传统文化。孔子一直是中国文化的在朝派，而老子则是在野派。在野派也有他的势力范围，所有非正统的思想都集中在其麾下，把《老子》奉为祖师爷。最典型的是道家以及东汉形成的道教。

老子哲学思想的基础是道的本原说。《老子》第二十五章说："有物混成，先天地生，寂兮寥兮，独立而不改，周行而不殆，可以为天下母，吾不知其名，字之为道，强为之名曰大。大曰逝，逝曰远，远曰反……人法地，地法天，天法道，道法自然。"天下一切由道生成，"道生一，一生二，二生三，三生万物"（第四十二章）。"天下万物生于有，有生于无"（第四十章）。有人认为这里的无即是道，它是精神性实体。"道之为物，惟恍惟惚，惚兮恍兮，其中有象；恍兮惚兮，其中有物。""无状之状，无象之象，是谓恍惚。"这种恍惚的道即是观念。

老子乃至道家学说最有意义的地方在于给孔子的"理想国"开辟一个精神逃脱的小路。孔子的现实世界实在是太刚性、太无聊、毫无生气、毫无创造性的地方，从肉体到精神完全束缚在极端虚伪、极端压制的繁文缛节当中。为什么要这样？只是让皇帝保住他们天下的稳定，各级官吏完全处于高度的紧张戒备状态，即便如此，仍然免不了贬官甚至杀头的下场。一旦被贬，官员们就可以在道家学说中找到精神的寄托：不是纵情山水之间，就是舞文弄墨，或者学神仙。在这方面，道家是灵魂一个很好的出口。

老子思想最深刻的部分表现在他提出的一系列相互依存、相互转化的对立概念，如大小、高下、祸福、有无、刚柔、正奇、曲全、枉直等等，并把万物变化的原因概括为"反者道之动"。在《老子》第二章中就提出："有无相生，难易相成，长短相形，高下相倾，声音相和，前后相随，恒也。"又说："曲则全，枉则直，洼则盈，敝则新，少则得，多则惑。"并明确指出："多易必多难。"老子并没有停留在玩弄概念的相对性上，而是由此提出一系列重要的指导原则："物或损之而益，或益之而损"，"甚爱必大费，多藏必厚亡"。特别是脍炙人口的"祸兮福之所倚，福兮祸之所伏"。他看到了事物物极必反的规律。

老子由这些论述得出他特有的实践原则：以弱胜强，以柔克刚，以静制动；"将欲歙之，必固张之；将欲弱之，必固强之；将欲废之，必固兴亡；将欲夺之，必固与之。"

《论语》、《孙子》、《老子》是数千年来中国传统文化的代表，当然，维持专制统治主要靠儒家的学说与《孙子》的技术，但是道家加上中国佛教则是维持基座稳定的第三个支架。从《老子》到《庄子》到道家到道教，对于"实务"影响很小，因此，我们把《老子》放在靠后的位置上。（胡作玄）

D 大师传奇
DASHI CHUANQI

老子是中国古代伟大的哲学家和思想家，但是关于老子的生平，却存在着很多不清楚的地方。根据西汉司马迁的《史记》记载，老子姓李，名耳，字聃，楚国苦县历乡曲仁里人。署名西汉刘向著的《列仙传》则说老子字伯阳，陈国人。道教认为，"聃"和"伯阳"都是老子的字。至于他的籍贯，或属丁陈国，或属于楚国，这两种说法其实也不冲突。苦县原本是属于陈国的，但后来陈国为楚国所灭，所以苦县又属楚国。

《史记》还说，老子曾经在周朝任守藏室之史（又称"柱下史"，就是周朝国家图书馆的管理人员），孔子到周朝时，曾经亲自向老子请教关于"礼"的问题。据说孔子曾赞扬老子，认为老子是人中之龙，这在《庄子》、《礼记》、《孔子家语》当中都有所记载。后来，周朝衰败，老子辞官离去。传说函谷关的关令尹喜看到"紫气东来"，断定必有贵人要过关，结果等来了一位骑着青牛的皓首老人，正是老子。尹喜恳请他著书传世，于是老子写下了五千余言，这就是《道德经》。

除了《史记》上的记载，老子所留下的就是历朝历代的传说了。特别是在东汉末年，张道陵在巴蜀鹤鸣山创立天师道（也就是后来的道教），老子被推崇为教主，跻身于天神之列，他的生平事迹便更被人们加以神化。传说老子的母亲未婚有孕，怀胎整整81年，结果由右腋生下一个孩子，一出生时就须发皆白，因此才叫老子。还说他骑的青牛原是麒麟，被老子用一根树枝插入鼻中，驯服成牛；于是，给牛穿鼻也成了老子的创举。后世图画中的老子，大多是一位老翁骑着青牛的形象。

许多道教典籍中说老子出生在商朝，唐朝尊老子为圣祖玄元皇帝，唐玄宗开元三年（公元715年）曾经颁布诏令，以二月十五日老子诞辰为玄元节，后来成为唐朝的法定假日，也就和现在的圣诞节差不多。但是倘若老子果真生于商朝，在周代的时候，他的寿命必定将有数百岁之多，这当然是不可能的。实际上，也只是后世对于老子的种种神化之一。

这个神仙一样的老子形象，常常出现在后世的文学作品当中。譬如在《西游记》里，那个被孙悟空打翻了炼丹炉的"太上老君"，其原型就是老子；孙悟空保唐僧取经的路上，太上老君还收服了变成妖怪下凡捣乱的青牛；《封神演义》中的老子就更加厉害，曾经"一气化三清"斗败了通天教主。可见，老子已经成为中国古代文学中一个为人喜闻乐见的人物。

老子的哲学在中国历史上影响深远，1973年12月在马王堆汉墓出土了帛书《老子》，说明那时老子便受人尊崇了。宋真宗赵恒自称道君皇帝，曾经亲自去朝拜重建后的太清宫，并册封老子为"太上老君混元上德皇帝"。

美国前总统里根，在一次施政纲领中也念念有词地引用老子的话："治大国，若烹小鲜。"其引申义就是治理一个大国，就好像烹煎小鱼一样，是不能多翻动、多折腾它的。

延伸阅读

《周易》 是我国文化宝库中一部珍贵的文献，书中把"道"作为宇宙的本体，但没有展开对"道"的阐述，后来老子在《道德经》中加以阐明，并发挥了自己的看法。目前世界各国有不少人在谈《易》论《道》，玄妙而神秘的《周易》是中国以及世界一份十分珍贵的文化遗产。它的宝藏，还有待于人们继续求索、挖掘，使它放出更加耀眼的光芒。

※　※　※　※

《道德经》 是我国道家学派和道教最著名的一部经典，著名学者南怀瑾以其深厚的文史功底、敏锐的社会洞察力，对《道德经》的内涵做了充分的阐解、辨正和引述。《老子他说》具有深入浅出、明白通畅的特点。在普及中国传统文化，使深奥的古籍通俗化，专门的学术大众化方面，做出了有益的探索。

青少年必知的国学经典

论　语

孔　子（春秋　公元前 551 年—公元前 479 年）

　　我们在现代化的建设中必须重铸我们的民族精神，而铸造民族精神，不能离开中华民族的传统文化。在几千年的中国历史上，没有哪一位思想家、文学家不受《论语》这本书的影响。不把这本书读懂、读通、读透，就不能深刻理解和把握中国几千年的传统文化。

——当代著名美学家　叶　朗

　　孔子，这位中国春秋末期伟大的思想家和教育家，儒家学派的创始人，他是中国传统文化最杰出的导师和代表，由他开创的儒家学派的思想成为中华民族传统文化的主干，对中华民族价值体系的形成及发展有着极其重大和深刻的作用和影响。孔子是中国文化的伟大传人，可以说孔子以前的中国文化的主要精华在孔子那里都有体现，而孔子以后的中国文化中孔子学说也占有重要的地位，孔子是中国思想发展史上继往开来的文化大师。

　　在今天，孔子已被公认为世界十大文化名人之一，他是影响中国礼乐文化、政治文化、制度文化等最深远的思想家、哲学家、教育家，他的思想主要体现在《论语》一书中，这本记录孔子及其弟子的言行辑录，被称为中国人的"圣经"。

　　《论语》是一本被中国人读了几千年的教科书，包含了中国古代的政治思想与治国之道，是我们了解中国古代社会的一把钥匙。直到近代新文化运动之前，在 2 000 多年的历史中，《论语》一直是中国人的国学必读之书。

　　由于《论语》和几千年的中国文化有着血肉联系，历代思想家对《论语》进行了无数的阐释和发挥，所以《论语》所包含的文化内涵已大大超出了这本书原初的内涵，对中华民族的心理素质及道德行为起到了重大影响，它的思想内容早已融入中华民族的血脉，沉浸在龙的传人的生命中。读《论语》，你会感到在你心中流过的是一条有几千年历史的文化长河。

　　《论语》是一部记载孔子与其弟子

间言论的书，其编辑者应该是孔子的门下弟子以及再传弟子，成书年代据推测为春秋末年到战国初年。

从体例上看，《论语》并不是一本严格的有体系的著作，而只是一本孔子及孔门弟子日常言行的辑录，其中多有言简意赅、涵蕴深永的箴言和生动形象的小故事，因此它的风格显得更为平实、活泼，易于理解和接受。全书共20篇，每篇又分若干章，各自独立。言简意深，含蓄凝练，从中可见孔子渊博的学识和丰富的生活经验。记言的同时，也传达了人物的神情态度，在某些章节的记述中，还生动地反映了人物的性格特点。其中不少精辟的言论成为世代相传的格言和成语，对后来的文学语言有很大影响。《论语》集中体现了孔子在政治、伦理、哲学、教育等方面的思想，是儒家最重要的经典著作之一。它所表现的人生态度思想观念，不仅在我国文化思想史上，留下了极为广泛和深刻的影响；就是在今天，也仍然引起中国和世界文化人士的广泛重视和潜心研究。

《论语》的思想内容主要包括以下几个方面：

一、治国之道。如《论语·学而》中说："道千乘之国，敬事而信，节用而爱人，使民以时。"这就是说为政者应敬业而守信，节约用度而爱护人民，在农闲时合理使用人力，不耽误农时。又如："道之以政，齐之以刑，民免而无耻；道之以德，齐之以礼，有耻且格。"这是指如果用法律去强制百姓，虽然可以在一定程度上避免他们犯罪，但是治标不治本，比不上用德育使百姓具有羞耻之心从而自觉遵守社会道德。孔子认为德育的主要内容是仁和礼，因此他主张"为政以德"。自汉代以来，孔子的思想经历代儒家思想家的补充修正改造，更加系统化了，在我国长期的封建社会里一直居统治地位。历代封建统治者都利用孔子维护其统治，尊崇他为至圣先师。

二、文化教育。孔子在《论语》中提纲挈领地指出文化的重要作用："夷狄之有君，不如诸夏之亡也。"此语意为如果是一个没有文化基础的民族所建立的国家，就算它曾一度兴盛，灭亡后也没有根基可供它再度崛起，反不如虽暂时无国而文化永存的民族，还有机会可东山再起。又说："有教无类"，"学而不厌，海人不倦"。这就点出了教育应注意普及，为师者自应充实自己并用爱心去孜孜不倦地教导学生。孔子非常重视文学的政治和教化作用，如"诗可以兴，可以观，可以群，可以怨，迩之事父，远之事君，多识于鸟兽草木之名"（《阳货》）。这可算是我国最早的文学评论了，它对后代文学尤其是诗歌的发展和文学批评都有很大影响。

三、学习态度和方法。孔子说："知之为知之，不知为不知，是知也。"此意为学习应脚踏实地，来不得半点虚假，否则就算瞒尽天下人也瞒不了自己。又说："知之者不如好之者，好之者不如乐之者。"这就指出了兴趣对学习的重要作用。孔子又说："学而不思则罔，思而不学则殆。"这就说明学思双行的重要性。

四、个人修养。孔子道："不患无

位,患所以立。不患莫己知,求可为知也。"这是指应多完善自己,如若不为人所知,就要多在自己身上找找原因,而不要怨天尤人。又说:"过而不改,是谓过矣!"这是说一个人有过错不要紧,只要能改过就好,如果有过错而不肯改,这就是真正的大过错了。

上述四点不过是《论语》之一斑,而通过这些内容我们可以看到孔子思想的闪光点,领略到孔子的大智慧。

东汉时期,《论语》被列为七经之一。南宋朱熹把它与《大学》、《中庸》、《孟子》合为《四书》。朱注四书,后来历代朝廷都定为官书,是科举考试的标准本,所以流传极广,影响也最大。到了明清两朝,规定科举考试中,八股文的题目,必须从四书中选取,而且要"代圣人立言"。这一来,当时的读书人都要把《论语》奉为"圣典",背得滚瓜烂熟。

孔子的思想对中国封建社会的哲学、文学、艺术、教育、史学等产生了巨大的影响,作为中国传统文化的杰出代表,这种影响波及东亚乃至全世界。

经典导读

怎样读《论语》

任何一个有很长历史的民族,其文化都会有自己的根基,5 000年中华文明是取之不尽、用之不竭的精神源泉,应该而且能够产生巨大的感召力量。在经济、科技全球化的背景下,了解自己民族的文化根基十分重要,一个中断了文化根基的民族是没有希望的,也不会有凝聚力,甚至丧失民族自信心和自豪感,不可能得到世界上其他国家和民族的尊重,难以屹立于世界民族之林。一个国家如果没有现代科学,没有先进技术,一打就垮。但是,如果中断了民族文化之根,不打自垮。

《论语》不但是一部哲学经典、史学经典,而且也是一部文学经典。《论语》的语言凝练、简洁、隽永,全文才1万多字,而凝固为成语的就有200多条。例如,"学而不厌"、"诲人不倦"、"三人行必有我师"、"见义勇为"、"任重而道远"、"过犹不及"、"祸起萧墙"、"欲速则不达"等等,已成为语言中的经典,直到今天仍具有生命力。

读《论语》我们还可以学到比喻、对比、排比、设问、反问等多种修辞技巧,提高文学修养。

读《论语》我们不仅会被其深邃的哲思、隽永的语言所折服,而且还会被它对人物性格惟妙惟肖的刻画所打动。例如《子路、曾晳、冉有、公西华侍坐》中,子路的豪爽、冉有的谦和、公西华的好学、曾晳的洒脱,一一都如见其人。一句"夫子喟然叹曰:'吾与点也'",让我们看到孔子不是高高在上不食人间烟火的"万世师表",而是与学生亦师亦友,一个热爱生活、热爱大自然的可爱的老人。由此可见,读《论语》并不枯燥,而是十分生动有趣的。

怎样读《论语》呢?首先要虚心。朱熹说:"读书别无法,只管看,便是法。正如呆人相似,捱来捱去,自己却未先要立意见,且虚心,只管看。看来看去，自然晓得。"现今许多读书人对待中国的古籍常犯一样通病，专门去批判古人，他们不是从古籍中汲取智慧，而是把自己看做高高在上的法官，把古籍当做囚犯来审问，还自以为这是"创造"的表现。这样读《论语》只是徒增枝蔓，是不会有收获的。古籍当然是有漏洞的，古人也不是不能批判，只是先虚心读懂古籍的原意，先要客观地读，不要带上先人之见。正如朱熹所说："看文字，且信本句，不添字，那里原有罅缝，如合子相似，自家去抉开，不是浑沦底物，硬去凿，亦不可先立说，拿古人意来凑。""先立说"、"硬去凿"，这是初读《论语》的人要避免的。

其次，读《论语》要先从识字开始。《论语》当中有些文字，表面上看古今不异，但实际含义却"风马牛不相及"，这就应该选一本注释比较好的本子。读的过程中，一开始不要急于看译文，先看原文，再把注释看透，然后再回到原文，不要依赖译文去理解原文。这样刚开始会慢一些，"十目一行"；不用急，《论语》读下来，速度会快起来，到"一目十行"。我不赞成先看今人对《论语》的"别裁"、"今释"一类的书，这类书不是不能看，而是要在对《论语》有一个客观的了解之后再去看。所以先要通读乃至读通《论语》原著，再看"别裁"、"今释"一类的书，自己的脚跟站稳了，心中有主见，不至于人云亦云，空谈无根。

中国的文化典籍是有结构的，《论语》既是元典，又相对比较简洁、流畅、易读易记。《论语》读通了，接下去读

《孟子》等其他典籍就容易了。

（张儒平）

孔子的洒脱

我喜欢读闲书，即使是正经书，也何妨当闲书读。譬如说《论语》，林语堂把它当做孔子的闲谈读，读出了许多幽默，这种读法就很对我的胃口。近来我也闲翻这部圣人之言，发现孔子乃是一个相当洒脱的人。

在我的印象中，儒家文化一重事功，二重人伦，是一种很入世的文化。然而，作为儒家始祖的孔子，其实对于功利的态度颇为淡泊，对于伦理的态度又颇为灵活。这两个方面，可以用两句话来代表，便是"君子不器"和"君子不仁"。

孔子是一个读书人。一般读书人寒窗苦读，心中都悬着一个目标，就是有朝一日成器，即成为某方面的专家，好在社会上混一个稳定的职业。说一个人不成器，就等于是说他没出息，这是很忌讳的。孔子却坦然说，一个真正的人本来就是不成器的，也确实有人讥他博学而无所专长，他听了自嘲说，那么我就以赶马车为专长吧。

其实，孔子对于读书有他自己的看法。他主张读书要从兴趣出发，不赞成为求知而求知的纯学术态度（"知之者不如好之者，好之者不如乐之者"）。他还主张读书是为了完善自己，鄙夷那种沽名钓誉的庸俗文人（"古之学者为己，今之学者为人"）。他一再强调，一个人重要的是要有真

青少年必知的国学经典

才实学，而无须在乎外在名声和遭遇，类似于"不患莫己知，求为可知也"这样的话，《论语》中至少重复了4次。

"君子不器"这句话不仅说出了孔子的治学观，也说出了他的人生观。有一回，孔子和他的4个学生聊天，让他们谈谈自己的志向。其中3人分别表示想做军事家、经济家和外交家。唯有曾点说，他的理想是暮春三月，轻装出发，约了若干大小朋友，到河里游泳，在林下乘凉，一路唱歌回来。孔子听罢，喟然叹曰："我和曾点想得一样。"圣人的这一叹，活泼地叹出了他的未染的性灵，使得两千年后一位最重性灵的文论家大受感动，竟改名"圣叹"，以志纪念。人生在世，何必成个什么器、做个什么家呢，只要活得悠闲自在，岂非胜似一切？

学界大抵认为"仁"是孔子思想的核心，至于什么是"仁"，众说不一，但都不出伦理道德的范围。孔子重人伦是一个事实，不过他到底是一个聪明人，而一个人只要足够聪明，就决不会看不透一切伦理规范的相对性质，所以，"君子而不仁者有矣夫"这句话竟出自孔子之口，他不把"仁"看做理想人格的必备条件，也就不足怪了。有人把仁归结为忠恕二字，其实孔子决不主张愚忠和滥恕。他总是区别对待"邦有道"和"邦无道"两种情况，"邦无道"之时，能逃就逃（"乘桴浮于海"），逃不了则少说为好（"言孙"），会装傻更妙（"愚不可及"这个成语出自《论语》，其本义不是形容愚蠢透顶，而是孔子夸奖某人装傻装得高明极顶的话，相当于郑板桥说的"难得糊涂"）。

他也不像基督那样，当你的左脸挨打时，要你把右脸也送上去。有人问他该不该"以德报怨"，他反问：那么用什么来报德呢？然后说，应该是用公正回报怨仇，用恩德回报恩德。

孔子实在是一个非常通情达理的人，他有常识，知分寸，丝毫没有偏执狂。"信"是他亲自规定的"仁"的内涵之一，然而他明确地说："言必信，行必果"，乃是僵化小人的行径（"硜硜然小哉"）。要害是那两个"必"字，毫无变通的余地，把这位老先生惹火了。他还反对遇事过分谨慎。我们常说"三思而后行"，这句话也出自《论语》，只是孔子并不赞成，他说再思就可以了。

也许孔子还有不洒脱的地方，我举的只是一面。有一面毕竟是令人高兴的，它使我可以放心承认孔子是一位够格的哲学家了，因为哲学家就是有智慧的人，而有智慧的人怎么会一点不洒脱呢？（周国平）

大师传奇 DASHI CHUANQI

孔子名丘，字仲尼，鲁国人，中国春秋末期伟人的思想家和教育家，儒家学派的创始人。他是中国传统文化最杰出的导师和代表，他的思想是中华民族礼乐文化的重要根据、价值观念的是非标准、伦理道德的规范所据，构成了中华民族文化的基本精神价值。

据《史记·孔子世家》记载，孔子的远祖是宋国贵族，殷王朝的后裔。后来因为躲避鲁桓公二年（公元前710年）宋国大夫内乱而来到鲁国。可以说,孔子家族的历史以及他个人的命运正是春秋之际动荡时局的一个缩影。孔子幼年丧父,家境贫寒,但他很早就显现出了好学深思的品行,年少时就常常与玩伴陈设俎豆,模仿礼乐之事。15岁有志于学,善于向他人学习,曾说:"三人行,必有我师焉。择其善者而从之,其不善者而改之。"后又曾适周问礼,亲见老子。这时他在鲁国已经很有名望,曾点、子路、伯牛、冉有、子贡、颜渊等弟子也开始跟随他求学。

孔子35岁之时,鲁国三家作乱,孔子离开鲁国,来到齐国,向当时的齐景公宣传他的治国思想。景公听了很赞赏,但齐国国内的状况也和鲁国相似,不容孔子发挥他的才干。于是他只好返回鲁国,这时候鲁政权由季氏操纵,而季氏又受制于其家臣阳货。孔子不满这种政治不由君主掌握而受大夫臣子操纵的情况,不愿出仕。于是"退而修诗书礼乐,弟子弥众,至自远方,莫不受业",即从事文献整理和教育的工作。鲁定公九年(公元前501年),阳货被逐,孔子才被鲁国国君任命为中都宰,这时孔子51岁。"行之一年,四方则之",政绩斐然。但是,孔子实施的一系列旨在加强君主权力的政策都在鲁国贵族的反对下失败了,加上鲁定公与当时执掌国政的季桓子不思进取,接受了齐国所馈赠的女乐文马,沉湎于声色犬马之中,怠于国政,孔子深感失望,于是带领颜回、子路、子贡、冉有等十余名弟子离开"父母之邦"。在以后漫长的14年间,周游列国,希望能找到一个施展政治抱负的机会。但是尽管孔子有相当的自信,却仍然不被各国任用,反而颠沛流离,屡屡陷入困厄危难当中。然而即使在最危险的时候,孔子仍然以天命自任,不改变他的志向。

鲁哀公十一年(公元前484年),孔子的学生冉有回归鲁国,率军在郎这个地方战胜齐军。在这个学生的强力支持下,鲁国派人去迎接孔子,这一年孔子68岁。归鲁后,鲁人尊他为"国老"。开始的时候鲁哀公还常常因为政事上的难题向他求教,但终究不被重用。孔子晚年仍旧致力于整理文献和从事教育。鲁哀公十六年(公元前479年),孔子卒,葬于鲁城北泗水之上。

孔子在学术方面提倡"仁"的哲学,倡导恢复周礼,在晚年全面整理前代典籍,修订鲁国国史。经孔子而传世的《诗》、《书》、《礼》、《易》、《春秋》,是中国古代文化中最重要的典籍;而由孔子所开创的儒家学派,更成为中国2 000年文明史中影响最广泛、地位最重要的学术派别,在一定程度上构成了中国古代文明的本体。在教育方面,孔子以诗、书、礼、乐教授弟子三千,身通六艺者七十有二,受业者甚众。孔子是春秋末期大规模私人讲学的先驱,私人讲学的勃兴,打破了学在官府、由上层贵族把持学术的状况,促进了学术的下移和文化的传播。孔子还是我国古代第一个提出系统的教育方法的教育家,他的教育思想对后世的影响深远。可以说,作为政治家的孔子并不成功,但作为学术大师和教育家,孔子的地位与日月同光。

青少年必知的国学经典

孔子的一生可谓艰辛坎坷。但孔子在思想和学术上的卓越成就，仍使得他的生命跨越了时空的界限，成为中国人代代敬仰尊崇的导师和圣贤。

西方的学者们一直将孔子、耶稣、释迦牟尼并称为"世界三圣"，以赞扬孔子集古圣先贤之大成，对中华民族文化的形成和对世界文化思想教育所产生的巨大影响。孔子对自己学而不厌、对别人海人不倦的发奋求知精神是激励国人奋发的楷模。孔子求实的精神，群贤毕至、群星荟萃的教育成果，一整套的教育理论，对中华民族教育的形成、发展起到了不可估量的作用。

《十三经注疏》所收的《论语注疏》，包括三国时期魏国学者何晏的《论语集解》和宋朝学者邢昺的《论语注疏》。《十三经注疏》是旧时读书人的必备书，也是今天深入研究儒家经典必看的著作。

※ ※ ※ ※

台湾学者南怀瑾所著的《**论语别裁**》实际上是关于《论语》的讲演录，并不直接注释和翻译《论语》，而是串讲《论语》各篇。作者独具匠心地编撰了一个个历史故事，并用这些小故事来说明《论语》的内涵。该书最大的优点是文笔生动、妙趣横生，可以当做故事书来读。

※ ※ ※ ※

当代著名学者李泽厚以五年之功写成《**论语今读**》一书，出版后受到多方面好评。该书包括三部分：一是"译"，即对《论语》的白话文翻译；二是"注"，对前人注解择优收录；三是"记"，是作者本人对《论语》思想的发挥和评论。该书与其说是李泽厚所著的《论语》读本，不如说是作者借注解《论语》，整理和阐发本人对《论语》及整个传统文化的思考和理解。

庄　子

庄　子　（战国　约公元前 369 年—公元前 286 年）

庄子其人其书其学，在中国思想史、学术史、文学史上是一个极特殊的景观，甚至可以说是个异数。有关人心世道的说理文章，文辞居然这样优美，想象力如此丰富，意象这般瑰丽，先秦诸子中，找不到第二家。

——当代学者　刘梦溪

先秦诸子的竞起争鸣，开创了中国思想史上的一个黄金时代。在儒、道、墨、法几大学派中，庄子无疑是道家的集大成者。他运用各种瑰丽奇妙的文学形式，展现出一个繁复诡论的理论系统。在战国时代那个动荡喧嚣的环境中，庄子的思想映射出一片宁静的光辉。

庄子一生贫穷困顿，但却鄙弃荣华富贵、权势名利，力图在乱世保持独立的人格，追求逍遥无待的精神自由。他是继老子之后最伟大的道家思想的建构者、发展者与代表，他所著的《庄子》一书成为中国土生土长的宗教——道教的至尊宝典之一，堪称中华民族深邃而充满内蕴的思想资源与哲学宝库。《庄子》深刻地影响着每一个阶层的中国人的灵魂与生活，尤其为中国知识分子开辟了一个极富弹性的人格缓冲区。当他们在政治功业、人生建

树等方面遇到挫折而失意惆怅时，总能在《庄子》中寻找到皈依与平衡。《庄子》与《论语》作为两种思想力量对立抗衡，却又和谐地构筑起中国传统思想完整的、周延的人生境界与哲学境界。《庄子》告诉中国人，人可以用另一种方式逍遥天地，从另一个角度来思考生命。

在哲学上，《庄子》直接激发了魏晋玄学和禅宗的思辨，中国哲学史上的主要论题和基本观念，不少是引发于庄子；在文学上，这部书的独特风格成为启发后世浪漫主义创作的重要泉源。王羲之的《兰亭序》、陶渊明的《桃花源记》、李白的《春夜宴桃李园序》、苏轼的《赤壁赋》等脍炙人口的文章，都是以《庄子》中的思想言论为依托。清代著名文学批评家金圣叹曾将《庄子》、《离骚》、《史记》、《杜诗》、《水浒传》、《西厢

记》列为"六才子书"，以庄周为第一才子，而《庄子》为"天下第一才子书"。

K旷世杰作

《庄子》是一本奇书，在中国思想史上留下了深刻的影响，特别是在高层知识分子中间，更占据着无法取代的地位。《汉书·艺文志》中收录52篇，但流传后世的只有33篇。其中内篇7篇，通常认为是庄子所作；外篇、杂篇可能掺杂有庄子后学的作品。《庄子》是庄周毕生思想的凝结，堪称集道家思想之大成的作品，在文学意义上则代表了先秦散文的最高成就。

《庄子》是继《老子》之后，在战国中期道家学派出现的第二部史诗般的卓越著作，它以极富想象力、极富诗意、寓言式的独特文学风格，表达其深邃奥妙的哲学思想。《庄子》融哲理与文艺为一体，启迪人们的思维，引起人们的美感，几千年来，一直影响着我国哲学思想、文化艺术与宗教意识的发展。这部在我国传统文化史上有卓越地位、具有广泛而深远的社会价值的著作，从东汉起便为方士仙家所依附，继而在魏晋被道教奉为与《老子》同样重要的道书。自唐玄宗时起，更成为道教的第二部圣典——《南华真经》，庄子本人也被尊称为"南华真人"。

在这部道家经典著作中，《庄子》把"道"立为其哲学的基础和最高范畴。它既是关于世界起源和本质的观念，又是最高的认识境界。在作者看来，一切人为的制度和文化措施都是对天性的违逆，所以强调"独与天地精神往来"，个体的生命本然与宇宙大生命合而为一，从而达到绝对和完美的精神自由。

庄子的这些言论不是为国君而发，不是为自己的荣名利禄而发，他不是欺世盗名的伪儒者，也不是为辩而辩的名实家。他的终极关怀是每个人的自身，包括形体和精神的自由；他的最终理想是人与自然、与万物合而为一的和谐社会；他时时提醒人们反省自身，关怀宇宙中的所有人事物；他的言论总是和我们心灵中的某部分相应。因此数千年来，庄子笔下的文字仍闪耀着熠熠星光。

在先秦说理散文中，《庄子》无疑最具有文学价值。后代文人在思想、文学风格、文章体制、写作技巧上受《庄子》影响的，可以开出很长的名单。仅以第一流作家而论，就有阮籍、陶渊明、李白、苏轼、辛弃疾、曹雪芹等，由此可见其影响之大。闻一多、郭沫若都认为《庄子》是中国艺术的导源，每一部中国文学史几乎都是在他的影响下而产生。当代著名学者徐复观先生更进一步认为，中国文化中的艺术精神，穷究到底，只有孔子和庄子显示出来的两个典型。而尤以《庄子》影响最大、最深远。

《庄子》的文笔汪洋恣肆，想象瑰丽奇谲，气势波澜壮阔。书中的语言运用自如，灵活变化，将微妙难言的哲理说得引人入胜。庄子散文的最大特点就是广用寓言，全书大小寓言共计200多个，短者20多字，长者千余言；有些篇目全部由寓言排比而成，有些篇目通篇就是一个寓言。在庄子笔下，蝉和斑鸠、小雀都会说话；风、栎树和铜铁也能辩论、讲道理，一切有生命无生命的物体构成了一个奇妙而美丽的世界。而且，庄子深刻体会到时间的无限、空间的浩瀚、宇宙的无穷，他不仅站在个人的立场看待世界万物，也站在宇宙的高度看待世界万物。因而，《庄子》的想象虚构，往往超越时空的局限和物我的分别，恢弘谲怪，奇幻异常，变化万千。

唐代道教盛行，《庄子》一书受到许多著名的思想家、艺术家的欣赏和崇拜。历史上如唐代的李白、宋代苏东坡、清代曹雪芹都深受庄子的影响，近现代的一些思想家都对《庄子》有很高的评价。闻一多阅读《庄子》以后，特别崇拜庄子。他认为，魏晋时代，庄子成了"整个文明的核心"，"是清谈家的灵感的泉源"，从此以后，"中国人的文化上永远留着庄子的烙印。他的书成了经典"。这句话可以说是对《庄子》最好的评价。庄子本人既是一个哲学家，又富于诗人气质。其文章体制也已经脱离语录体的形式，标志着先秦散文已经发展到成熟的阶段。全书时如风行水上，自然成文；时如万斛源泉，随地涌出。想象奇诡，妙趣横生，不仅在先秦的理论文中，即在后世的古典散文中也罕有伦比。《庄子》中技进于道的文学艺术表现，超脱潇洒的人生观，使这部数千年前的哲学论著，也堪称中国浪漫主义文学的先驱。

JINGDIAN DAODU 经典导读

忙里偷闲读《庄子》

最古典的东西往往最时髦。如果把《庄子》改成时文，绝对是一本畅销书。它的诸多元素都符合现代人的阅读需要：工作紧张，爱听一些有趣而又富于哲理的小故事；心情浮躁，想服一服调整人心的清凉剂；灵感枯竭，要寻求一些别有洞天的思维方式。《庄子》虽被道学家们视为经典，却更具有现代精神，它扬弃世俗的束缚，强调生活的质朴，蔑视无上的偶像，否定神鬼的权威，张扬个性的自由，蕴涵人文的关怀，丝毫没有说教的嘴脸，生动活泼，妙趣横生，让人有一种莫名的阅读快感。

读其文而思其人，庄周先生，可谓是中国历史上第一等可爱的人物，散发着一种难以言尽的人格魅力。很难用一种中规中矩的评价来概括他的一生。我们未尝不可说，庄周是个特立独行的思想家，是文采斐然的散文家，是幽默大师，是故事大王，是逻辑学家，是心理医生，是穷光蛋，是常常感到寂寞的高手，是藐视权贵的奇才，是淡泊名利的隐士，是悲天悯人的仁者，是滔滔不绝的辩士，是好抬杠的朋友，是为老不尊的师长，是田园诗人，是经常援引神话的无神论者，是喜欢异想天开的理想主义者，是濮水边的渔翁，是田间的歌者。这一切，都不足以窥见他生前的点点滴滴。他本人也自命不凡，在他眼底下，凡夫俗子就如一窝叽叽喳喳、跳跳跃跃的小麻雀，官僚是一群猪猡，文人学士则如争吵不休的猴子。读读他笔下大鹏和小鸟的比喻，河伯与海若的对话，以及井底之蛙的设喻，便可见他的胸襟……

了解庄周先生多一点，便知他绝

非不食人间烟火的道行家，也非逃离现实生活的乌托邦理想人。他的声音听似空谷足音，悠扬而遥远，可以陶冶人、愉悦人、教化人。他的形象已经和他深爱的大自然和谐地融为一体，如天地般有大美而不言，如四时般有明法而不议，如万物般有成理而不说。

大哉庄子！（李怀宇）

庄子：在我们无路可走的时候

当一种美，美得让我们无所适从时，我们就会意识到自身的局限。"山阴道上，目不暇接"之时，我们不就能体验到我们渺小的心智与有限的感官无福消受这天赐的过多吗？读庄子，我们也往往被庄子拨弄得手足无措，有时只好手之舞之，足之蹈之。除此，我们还有什么方式来表达我们内心的感动？这位"天仙才子"幻化无方、意出尘外、鬼话连篇、奇怪迭出。他总在一些地方吓着我们，而等我们惊魂甫定，便会发现，呈现在我们面前的，是朝阳夕月、落崖惊风。我们的视界为之一开，我们的俗情为之一扫。同时，他永远有着我们不懂的地方，山重水复，柳暗花明；永远有着我们不曾涉及的境界，仰之弥高，钻之弥坚。"造化钟神秀"，造化把何等样的神秀聚焦在这个"槁项黄馘"的哲人身上啊！

"庄子钓于濮水。楚王使大夫二人往先焉。曰：'愿以境内累矣。'"

先秦诸子，谁不想做官？"一朝权在手，便把令来行。""在其位，谋其政。""君子之仕，行其义也。"谁不想通过世俗的权力，来杠杆天下，实现自己的乌托邦之梦？庄子的机会来了，但庄子的心已冷了。这是一个有趣的情景：一边是濮水边心如澄澈秋水、身如不系之舟的庄周先生；一边是身负楚王使命，恭敬不怠、颠沛以之的两大夫。两边谁更能享受生命的真乐趣？这可能是一个永远聚讼不已、不能有统一志趣的话题。对幸福的理解太多样了。我的看法是，庄周们一定能掂出各级官僚们"威福"的分量，而大小官僚们永远不可能理解庄周们的"闲福"对真正人生的意义。这是有关对"自由"的价值评价，这也是一个似曾相识的情景——它使我们一下子就想到了距庄子700多年前渭水边上发生的一幕：80多岁的姜太公用直钩钓鱼，用意却在钓文王。他成功了。而比姜太公年轻得多的庄子（他死时也大约只有60来岁），此时是真心真意地在钓鱼，且可能毫无诗意——他可能真的需要一条鱼来充实他的辘辘饥肠。庄子此时面临着双重诱惑：他的前面是清波粼粼的濮水以及水中从容不迫的游鱼，他的背后则是楚国的相位——楚威王要把境内的国事交给他。大概楚威王也知道庄子的脾气，所以用一个"累"字，只是庄子要不要这种"累"？多少人在这种累赘中体味到权力给人的充实感、成就感？这是生命中不能承受之"重"。

"庄子持竿不顾。"

好一个"不顾"！濮水的清波吸引了他，他无暇回头看身后的权势。他那么不经意地推掉了在俗人看来千载难逢的发达机遇。他把这看成了无聊的打扰。如果他学许由，他该跳进濮水洗洗他干皱的耳朵了。大约怕惊走了在鱼钩边游荡试探的鱼，他没有这么做。从而也没有让这两位风尘仆仆的大夫太难堪。

他只问了两位衣着锦绣的大夫一个似乎毫不相关的问题：楚国水田里的乌龟，它们是愿意到楚王那里，让楚王用精致的竹箱装着它，用丝绸的巾饰覆盖它，珍藏在宗庙里，用死来换取"留骨而贵"呢，还是愿意拖着尾巴在泥水里自由自在地活着？二位大夫此时倒很有一点正常人的心智，回答说："宁愿拖着尾巴在泥水中活着。"

庄子曰："往矣，吾将曳尾于涂中。"

你们走吧！我也是这样选择的。这则记载在《秋水》篇中的故事，不知会让多少人暗自惭愧汗颜。这是由超凡绝俗的大智慧中生长出来的清洁的精神，又由这种清洁的精神滋养出拒绝诱惑的惊人内力。当然，我们不能以此悬的，来求心智不高内力不坚的芸芸众生，但我仍很高兴能看到在中国古代文人中有这样一个拒绝权势媒聘、坚决不合作的例子。是的，在一个文化屈从权势的传统中，庄子是一棵孤独的树，是一棵孤独地在深夜看守心灵月亮的树。当我们大都在黑夜里昧昧昏睡时，月亮为什么没有丢失？就是因为有了这样一两棵在清风夜唳的夜中独自看守月亮的树。

一轮孤月之下一株孤独的树，这是一种不可企及的妩媚。

一部《庄子》，一言以蔽之，就是对人类的怜悯！庄子似因无情而坚强，实则因最多情而最虚弱！庄子是人类最脆弱的心灵，最温柔的心灵，最敏感因而也最易受到伤害的心灵⋯⋯

（鲍鹏山）

《D 大师传奇 DASHI CHUANQI

庄子是中国历史上伟大的思想家、哲学家和文学家。他特别善于运用文学性的语言，通过寓言、比喻、象征等方式表达深刻的哲理，思想恢弘，文笔汪洋恣肆。其人其书对中国古代思想和文学艺术的发展都产生了深远的影响。

庄子名周，宋国蒙人，是我国古代思想大解放、学术大发展的战国时期道家集大成的人物。他是一个敝屣富贵、不求闻达的人。他身处战乱频繁、朝不保夕的乱世，虽然贫无立锥之地，但丝毫不为贫所苦。不只超越了贫富，甚至超越了生死；死且不惧，自然任何事物都不能对其加以束缚。

相传他做过蒙城漆园吏的小官，但不久便辞官离去；布衣草鞋，糁汤野菜，安居陋巷著书。庄子晚年常垂钓于濮水、涡水，与鱼鸟共乐，甘于清静闲居的生活。后来，他觉得自己真的要与造物者相游了。弟子们想厚葬老师，庄子说："我以天地为棺椁，以日月为美玉，以星辰为珍珠，天地万物来为我送行，我的葬物还不齐备吗？"弟子们不觉垂泪，说："我们怕乌鸦和老鹰吃您的遗体。"庄子笑道："天上有乌鸦和老鹰来吃，地上也有蝼蚁来吃啊，要是夺了前者的食物给后者享用，不是太偏颇了吗？"终于弃世而去。

庄子是得到世界公认的我国先秦时期的思想大师之一，他的哲学不是简单的处世哲学，而是包含着理想追求的生命哲学，重在解脱世人的精神枷锁。庄子思想是中国传统思想发展演变中的最活跃的、不衰的观念因素，也是中国传统思想理解、消化异质思想文化的最有力的、积极的理论因素。庄子生活的时代是"王道衰微，诸侯力征"的战国，政治方面封建制度瓦解，诸侯纷纷兼并；而社会上，由于战争频繁，人民死伤无数。鉴于此，有志之士纷纷提出自己的主张，孟子力倡仁政，韩非主张用法……庄子则高逸尘外，不同浊俗，以"独与天地精神往来而不傲倪于万物，不谴是非，以与世俗处"来自我标榜，超越了人世间的成败、利害、得失、生死，肯定个体的自由价值，所以能"上与造物者游，而下与外死生，无终始者为友"。庄子的非凡才智和旷达的气魄是可想而知的。所以有人说他是"中国文学豪放派的鼻祖"实不为过。

《庄子》自古以来就是文人学士感兴趣的一本书，它不但涉及哲学、人伦、政治，而且谈论美学、艺术、语言、生物、养生等方面。在美学家眼里，多以为庄子开辟了有别于儒家的美学系列，对中国的艺术影响深远。在语言学者看来，庄子是一位语言大师。《庄子》语言之丰富生动，在先秦诸子著作中是无与伦比的，他第一次提出了寓言、小说的概念，创造了近 200 个寓言故事，以虚构的手法反映现实和表现理想，被称为"诙谐小说之祖"。

在今天，《庄子》不仅在国内，而且在国际文化界亦引起了普遍的关注。庄子思想对于全人类来说具有普遍和永恒的意义。庄子提出要用自然主义的态度处理人与自然、社会的关系，强调人的行为必须以不破坏事物的自然状态为原则，让事物依靠自身的功能自发地达到存在与发展的最佳状态。这种思想对于当今人类加强环境保护、保持生态平衡、走可持续发展的道路具有重要的借鉴意义。

延伸阅读 YANSHEN YUEDU

《列子》 相传为战国时期郑国人列御寇所著，与《老子》和《庄子》并称为道家的必读经典。书中记载了许多民间故事、寓言和神话传说；还有大量的养生之学以及古代气功的论述。《列子》是中国古代思想史上的重要著作之一，读起来辞采奔放，饶有趣味。

※　※　※　※

在庄学发展史上，晋朝的郭象是一位承先启后的关键人物。他的《庄子注》，一方面从根本上打破了庄学在两汉 300 余年间的沉寂局面；另一方面，把《庄子》改编成流传至今的定本，给后世树立了一个解释庄子的范例。后世对庄子注解评论的著作数不胜数，但郭象的《庄子注》始终是研读《庄子》者不可缺少的参考文献之一。

※　※　※　※

陈鼓应先生是当代庄学的著名学者之一，他的《庄子浅说》是研读《庄子》后有感而发，写下的一本简明全面的作品。一向被视为深奥幽玄的《庄子》，在陈先生笔下有如拨去云雾，气朗风清，有助于普通读者进入庄子的世界，了解庄子的风貌。

青少年必知的国学经典 QINGSHAONIAN BIZHI DE GUOXUE JINGDIAN

孟 子

孟 子 （战国 约公元前 372 年—公元前 289 年）

> 读《孟子》，第一，宜观其砥砺廉隅，崇尚名节，进退辞受取与之间峻
> 立防闲，如此然后可以自守而不至堕落。第二，宜观其气象博大，独往
> 独来，光明俊伟，绝无藏闪。能常常诵习体会，人格自然扩大。
>
> ——国学大师　梁启超

孟子一直是中国的一位英雄，在中国正统的哲学史中，他的影响力和地位仅次于孔子。因此孟子被誉为儒家"亚圣"，后代常以"孔孟"并称。孟子之所以成为中国历史上的百世之师，是因为其著作《孟子》中体现出的深刻思想和峻烈品格。他以孔子学说的继承者和捍卫者而闻名，其言辞的犀利和性格的刚烈在先秦诸子中独树一帜；他不被儒家谦谦君子的风范所约束，而是以纵横家雄辩滔滔的气势，在战国乱世中阐述自己"仁政"的主张和"民贵君轻"的思想。虽说这样的思想无法满足当时统治者急功近利的紧迫需求，甚而被人以为"迂远而阔于事"；但将其置放在一个大的文化背景下，却鼓荡着震撼人心的力量，闪烁着不可磨灭的光辉。孟子的一腔"浩然之气"，以及"富贵不能淫，贫贱不能移，威武不能屈"的清操峻守，千载之下依然可以想见其雄风。

在先秦儒家之文中，《孟子》一向以富于"文学"性著称。孟子为人自傲自负，锋芒毕露，好辩而且善辩，动辄与人言辞交锋。反映在文章里，不仅逻辑严密，而且具有强烈的感情色彩。他的文章议论风发、气势磅礴、奔放不羁，具有鲜明的个性和独特的风格，极富感染力，对后世文人产生了很大的影响。南宋时，朱熹将《孟子》与《论语》、《大学》、《中庸》合在一起，称为"四书"。直到清末，"四书"一直是中国文人的必读书，也是科举必考的内容。另外，《孟子》的语言明白晓畅，精练准确。它继承并发展《论语》、《左传》、《国语》等先秦散文开创的书面语言形式，形成了一种精练简约、深入浅出的语言风格。后来统治了我国 2 000 多年的标准书面语，在《孟子》那里已经臻于成熟，并成为后世古文家绝好的典范。

《孟子》不但是中国哲学史上的名著,也是文学史上一颗灿烂的明珠,具有深刻的思想性和极高的文学价值。孟子的思想来源于孔子,其核心在于"仁政思想";此外"养气说"也具有深远的影响,是孟子思想的精华。

孟子把孔子的"仁"发展为"仁政"的学说。他认为实行"仁政",就必须给百姓一定的财产,让每家农户有百亩之田、五亩之宅,有起码的生产资料;还要"勿夺农时",保证农民有劳动的时间;"省刑罚,薄税敛",使人民有最低的物质生活条件;加强道德教育,使人民懂得"孝悌忠信"的道理。孟子看到人民遭受封建地主阶级剥削压迫的苦难,企图采用这些措施来缓和阶级矛盾,以巩固地主阶级的统治,虽然有其历史的局限性,但在当时对发展生产却是大有裨益。

同"仁政"学说相联系,孟子还提出了"民贵君轻"的思想,说"民为贵,社稷次之,君为轻"。在国家、君主和人民之间,孟子突出强调的是人民的作用和地位。他针对当时一些国灭家亡的事实,认为"天时不如地利,地利不如人和",又说"得道者多助,失道者寡助",君主只有得到人民的拥护,才能取得和保持统治地位。因此他主张国君要实行"仁政",与百姓同甘共苦;对于残害百姓的国君,国人可以杀。商纣王是历史上有名的暴君,武王伐纣,孟子就认为做得对,商纣王昏庸残

暴,根本不能算作君王,所以"闻诛一夫纣矣,未闻弑君也"。

孟子反对国家分裂,主张统一,倡导天下要"定于一"。他认为,只有施行仁政者,得到了人民的支持,天下人都归之如流水,才能真正地无敌于天下。他的仁政思想对于后世的统治者影响是深远的。西汉初年从汉高祖刘邦一直到汉景帝所实行的轻徭薄赋,与民休息的政策;唐初"贞观之治"的种种措施,都是直接地从孟子的思想得到依托。这种思想一直成为2 000年封建社会开明政治家以"仁"大治天下的理论基础。

孟子很重视一个人的"养心",即主观修养,其最高境界即是使自己的道德达于正义感,这样就可以理直气壮,一身充满了"浩然之气"。孟子认为天下的基础是国,国的基础是家,家的基础是人。一个人能有好的修养,才能齐家;只有家齐,才能治国;只有治国,天下才能太平。他认为"浩然正气"是一种天地间的正气,即"富贵不能淫,贫贱不能移,威武不能屈";一个人只有具备这股正气,才能担当起治天下的大任来,才不负时代的期望。

孟子主张在义和利之间,要取义舍利;尽力做到"寡欲",克制自己的欲念,追求真理。一个人要有"恻隐之心"、"羞恶之心"和"辞让之心",从而做到行事仁义,待人以礼。这种崇高的义利观已成为中华民族的传统美德。他还认为,一个人要成大器,必须严格地艰苦锻炼。"天将降大任于斯人也,必先苦其心志,劳其筋骨,饿其体肤,空乏其身,行拂乱其所为,所以动心忍性,曾益

其所不能"这段话，一直激励后人刻苦自励，奋发向上。"富贵不能淫，贫贱不能移，威武不能屈"这掷地有声的言辞，也成为中国士人的人格标准，2 000多年来一直作为格言传诵至今。

《孟子》使用对话式的语录体，明白晓畅、通俗易懂，比起《论语》更富于文采和气势。他往往用生活常理来打比方，运用灵活，一语中的，从而引起读者广泛的共鸣；还根据不同的对象、不同的内容设喻，既有针对性，又妙趣横生，形成了特有的风格。孟子以善辩而著称，书中嬉笑怒骂，感情毕露，豪爽直率，痛快淋漓；具有若决江河、势不可挡的气势和锋芒毕露、万物披靡的词锋，俨然是战国时期纵横家的气概。他十分讲究辩论技巧，论辩中往往采取诱敌深入、欲擒故纵的方法，形成咄咄逼人的气势；加上严密的逻辑推理，陷论敌于自相矛盾的尴尬境地，使其无可置辩，甘心折服。孟子还明确提出了"气"的概念，并把"养气"和"知言"相结合，具体运用于对话和论辩；形成了文章中刚柔相济、分析精辟的论辩艺术；所以理由充分，气势磅礴，几千年来依然拥有无尽的魅力。

经典导读 JINGDIAN DAODU

✿ 儒家经书与文学典范

《孟子》一书以问对、答辩方式展开，以驳论为主要的论证方法。它翔实地记载了孟子的思想、言论和事迹，保存了丰富的史料，是研究孟子思想和先秦文学、历史、经济和哲学的重要著作。全书35 000字，说理精辟，文字流畅，语言形象，不仅是一部儒家的经典著作，也是一部优秀的古代散文集。

儒家经典。《孟子》一书是"拟圣而作"，它既吸收《论语》中的精华，也接受了《大学》、《中庸》的一些特点，反映最突出的是仁义思想。仁是儒家学说的中心，孔子常讲仁很少讲义，孟子则仁义并重，他有句名言，即"舍生取义"。汉文帝时把《论语》、《孝经》、《尔雅》和《孟子》各置博士之官，叫"传记博士"；《孟子》被视为辅翼经书的传记。两汉时，《孟子》已和《论语》并列。到五代和宋朝时，《孟子》被列入"经书"。到南宋孝宗时，理学家朱熹在《礼记》中取出《大学》和《中庸》两篇，认为是曾子和子思的作品，与《论语》、《孟子》合在一起，称为四书，于是孟子的地位更加提高了。

后世研究和注释《孟子》的著作很多，其中重要的有三部书，即赵岐的《孟子章句》、朱熹的《孟子集注》和清代焦循的《孟子正义》。以上三部书各有特色，都是研究《孟子》一书必不可少的参考资料。

优秀散文。孟子为人耿直豪爽、泼辣大胆，这一性格在《孟子》一书中，得到了充分的反映。例如，他教导学生说："说大人则藐之，勿视其巍巍然。"（《尽心下》）他见了梁襄王之后，对人说："望之不似人君，就之而不见所畏焉。"（《梁惠王上》）以上这些语言，"如闻其声，如见其人"，塑造了一个个栩栩如生的形象，这是《孟子》散文的一个重要艺术特征。

语言的高度形象化，是构成《孟子》散文形象性极其重要的手段。孟子不愧是我国古代的语言巨匠之一，《孟子》首先给人的印象是，明白晓畅、深入浅出。例如，孟子劝说梁惠王施行仁政的一段话："王如施仁政于民，省刑罚，薄税敛，深耕易耨；壮者以暇日修其孝悌忠信，入以事其父兄，出以事其长上，可使制梃以挞秦楚之坚甲利兵矣。"（《梁惠王上》）

精练准确是《孟子》语言的另一特色。例如，孟子劝说梁惠王不要好战时，描述了当时社会的阶级关系，说了这样的一段话："庖有肥肉，厩有肥马，民有饥色，野有饿莩，此率兽而食人也。兽相食，且人恶之；为民父母，行政，不免于率兽而食人，恶在其为民父母也？"（《梁惠王上》）这好像是一幅画卷，把2 000多年前社会阶级对立的情景再现于我们眼前。

《孟子》还特别注意细节的精工镂刻。有一次，孟子和齐宣王谈论管理国家时，他问齐宣王："假如一个国家的政治搞不好，做国君的该怎么办呢？"宣王被逼得无话可说。《孟子》一书对这种窘境，只用了"王顾左右而言他"7个字，既不写脸色，也不记言语，只用了一个"顾"字，真是画龙点睛。这一描绘，把宣王理屈词穷，只好回过头来左右张望，把话题扯到别处去的心理活动，暴露无遗。

孟子在文学上的成就，主要是他的散文创作，并且对后世影响很大，唐宋时的散文大师，几乎都以孟子的文章为典范。所以《孟子》一书，是一部优秀的古代散文集。（佚 名）

《孟子》的治国之策

闲来无事乱翻书，但即使是读2 000多年前的古书，如《孟子》，也让人觉得是批评时政的杂文，不能不令人感叹。

此书《离娄章句上》第八、九两节有这样两段话：不仁的人还能同他讲什么？他们面临危险还自以为安全，灾祸临头还自以为得利，把导致亡国败家的事当做快乐。不仁的人如果还能同他谈什么，那还会有什么亡国败家的事呢？一个人必然是自己招致侮辱，人家才来侮辱他，一个家必然是自己招致毁败，人家才来毁败他，一个国家必然是自己招致讨伐，别人才来讨伐他。《太甲》中说，天降灾，还可躲，自己作孽，就别想活。就是这个意思。

孟子还说，桀和纣失天下，是由于失去了人民。失去人民，是由于失去了民心。得天下有办法，得到人民，就能得到天下了。得人民有办法，赢得民心，就能得到人民了。得民心有办法，他们想要的，就给他们集聚起来。他们厌恶的，不强加给他们，如此罢了。人民归向于仁，如同水往下流，野兽向旷野奔跑一样。所以为深水赶来鱼的是水獭，为汤王武王赶来百姓的是夏桀和商纣，如果现在天下的国君爱好仁德，那么，诸侯们就会替他把人民赶来。哪怕他不想称王天下，也不可能了。

这里，孟子一开头就对丧失仁义之心的统治者失去了信心，以为与他们是没有什么理性可言的。认为与他们还可以谈理性，天下就不会有亡国败家的事了。这也说明孟子头脑清醒，目光如炬。的确，不说孟子之前的事，即使是在他之后的2 000多年来，斑斑史迹，无不证明孟子对垂死的统治者往往具有不可理喻的特征的论断是何等英明。一个统治者能够真正懂得以史为鉴的道理，并时刻保持如临深渊、如履薄冰心态的一般只在开国之初的几年而已，所以历史才会重复验证杜牧《阿房宫赋》中"后人而复哀后人"的名言。

同时，孟子还深刻地论证了一个政权或家庭的败坏和毁灭，归根到底还是其内部的腐败，人家来毁灭他，是因为已经到了他自己也将灭亡的时候。至于孟子所言，得民心者得天下，更是千古不变的真理了。虽然当今世界，由于国界的存在，人民还不能如战国时代那样自由地选择国家，所以虽然忍受独裁者的鱼肉、驱赶，大部分老百姓还是无可奈何。但一些施仁政而爱好仁德的国家，还是日益强大起来了，正是"哪怕他不想称王天下，也不可能了"。（佚　名）

大师传奇

孟子名轲，字子舆或子居，鲁国邹（今山东邹县）人。孟子是战国时期伟大的思想家，儒家的主要代表之一，是继孔子之后中国儒学的又一位奠基人。

相传孟子远祖是鲁国贵族孟孙氏，后来家道衰微，从鲁国迁居到邹国。他的母亲姓仇，父亲名叫孟激，字公宜，是一位怀才不遇的读书人。为了寻求更大的发展，光耀门楣，他抛别娇妻幼子，远赴宋国游学求仕，结果客死在异乡。孟母非常疼爱自己的儿子，曾经为了替孟子找一个合适的学习环境而三次搬家，最后搬到学宫附近才定居下来。稍大一点，孟子开始变得贪玩，母亲便剪断织机上的麻布，告诉儿子要勤奋读书，否则将会像那块麻布一样，变成一团废物。孟子牢记母亲的教诲，立志成才。而孟母"迁地教子"、"三断机杼"等教子故事，也成为千古美谈。

孟子长大后，被孔子的儒家思想所吸引，于是决定离开邹国到孔子的家乡鲁国深造，他的老师正是孔子的孙子子思的徒弟。通过学习，孟子深深被儒家学说所吸引，对孔子景仰有加，于是立志发展孔子的思想。学成以后，孟子先是以士的身份游说诸侯，企图推行自己的政治主张，先后到过不少诸侯国家。但是当时几个大国都致力于富国强兵，一心想着通过暴力的手段实现统一。孟子的仁政学说自然不会被他们接受，所以一直没有得到实行的机会。他刚到齐国的时候，齐王以有病为托词，不亲自来咨询政事，而是派人召见他。于是孟子也推托说有病，不去朝见。第二天他却出门为东郭氏吊丧，故意表明自己其实什么病也没有。齐王派人来探视，孟子的朋友一面替他周旋，一面告诉孟子不要回家，赶快去朝见；孟子却坚持非礼之召则不往，仍然不去，可见其傲岸的个性。

最后孟子选择了退居讲学，和他的学生一起，"序《诗》《书》，述仲尼之意，作《孟子》七篇"。他继承和发展了孔子的思想，提出一套完整的思想体系。他把孔子的"仁"发展为仁政学说，成为其政治思想的核心。把"亲亲"、"长长"的原则运用于政治，以缓和阶级矛盾，维护封建统治阶级的长远利益。孟子把伦理和政治紧密结合起来，强调道德修养是搞好政治的根本。他说："天下之本在国，国之本在家，家之本在身。"《大学》提出的"修身齐家治国平天下"，和孟子的这种思想就是一致的。孟子哲学思想的最高范畴是天，他继承了孔子的天命思想，剔除了其中残留的人格神的含义，把天想象成为具有道德属性的精神实体。他说"诚者，天之道也"，把诚这个道德概念规定为天的本质属性，认为天是人性固有的道德观念的本原。孟子的思想体系，包括他的政治思想和伦理思想，都是以这个范畴为基石的。

孟子还是一位伟大的教育家。他在40岁以前的主要活动就是效法孔子，广收门徒，开办私学，宣传他的思想学说。孟子十分重视人才的培养，注意因材施教。他把收徒讲学、传授知识看成人生的乐趣之一，他的名言"得天下英才而教育之"就是这个意思。在教学方法上他主张用启发式教学，用自己读《尚书》的经验告诫别人，如果不加思考选择地相信《尚书》上所写的一切，还不如没有《尚书》。叫人们不要迷信书本，要活学，要取其可用的部分。他教育学生要开动脑筋，思考问题；强调专心致志，持之以恒，并以故事形象做比：两个人同时下棋，一个人专心致志，目不转睛，另一个人却心有所思，左顾右盼。两个人虽然基础相同，可是收效却相差很多。

孟子是在我国封建社会确立时期出现的儒学大师。到东晋有人把孟子与孔子并称为"孔孟"，元朝文宗皇帝封孟子为"邹国亚圣公"。从此，以孔子、孟子为代表的儒家思想与政治路线，便被称为孔孟之道。儒家学说能在中国封建社会的长期发展中占据主导地位，孟子起了重要的作用。

YANSHEN YUEDU 延伸阅读

《孝经》 作为儒家经典"十三经"之一，是我国古代以孝治国的理论基础，是公元前3世纪的儒家学者所作。该书以孝为中心，比较集中地阐发了儒家的伦理思想，在唐代被尊为经书，被看做是"孔子述作，垂范将来"的经典。

※　※　※　※

《尚书》 我国现存最早的一部历史文献，其内容上起传说中的帝尧，下至春秋时期的秦穆公，按时间顺序可分为《虞书》、《夏书》、《尚书》、《周书》四个部分，其内容涉及我国远古至周这段漫长历史时期的天文、地理、政治、军事、法律等方面知识，是一部记言体史书。《尚书》被儒家列为经典之一，因而它又名《书经》。《尚书》在我国古代典籍中占有十分重要的地位，它自汉代被立为官学以来，一直备受人们的尊崇，成为整个封建社会最重要的教科书之一。

※　※　※　※

《孟子旁通》 以《孟子》原文为主线，春秋战国时期的社会历史和人物活动为背景，对孟子的思想及其人格进行深入浅出的讲述。一如南怀瑾先生其他的著作，清新生动、明白晓畅，在领略圣人微言大义之时，犹可会心一笑。

墨　子

墨　子 （战国　约公元前 468 年—公元前 376 年）

> 《墨子》中关于舍去己利，树立爱他的兼爱学说，是反对侵略战争的理论先导。这些理论是极为现代化的。"兼爱"过去只指中国，现在应作为世界性理论去理解。
>
> ——英国历史学家　汤因比

墨子是世界文明史上的巨人，胡适称他"也许是中国出现的最伟大人物"，鲁迅将他誉为"中国的脊梁"，毛泽东则认为他是"比孔子高明的圣人"。

墨子生前没有自己的著作，现今所流传的墨学思想集中在《墨子》一书中，大部分由他的弟子们整理而成。墨家的著述平实质朴，不加修饰，既没有华丽的辞藻，又没有玄妙的奥义，更没有哗众取宠的言辞。但其中流露出的伟大的智慧和崇高的救世精神，却异常震撼人心。墨子生逢战国初年，各诸侯国之间攻伐不断，战火频繁。他在乱世中不懈奔走，提出了一系列解决社会危机的方针和措施，着眼于广大平民的利益，发出了响彻千古的"悲天悯人的呼号"。在哲学史上，墨子有着"平民哲学家"的美誉，这不仅是指他的出身和地位，更主要的是指他在学术思想、精神气质和哲学观点等方面所表现出的民主和平意识，以及人道主义的救世精神。

作为墨家学派的创始人，墨子主张"兼爱交利"、人人平等。他的强本节用、强国富民的经济理论，非攻反战、防御自卫的军事思想，全面发展、身体力行的教育理念，尚贤使能、不避贵贱的人才观念，节俭自律、舍己救世的奉献精神，别开生面、体系完整的逻辑学说，以及前无古人、独树一帜的科学思想和发明创造，无论在当时还是如今，都有着巨大的研究价值和重要的思想意义。

墨子的学说，反映了春秋战国时代平民的愿望，代表了广大下层民众的肺腑之声，表现了一位伟大智者的崇高心灵，并成为我们民族精神绵延不绝的源头。谭嗣同曾明确表示，墨子的兼爱思想是其著作《仁学》的理论源泉；梁启超则大声疾呼："欲救中国，厥惟墨学！"几千年来，墨家思想在中国虽然不曾占据主导地位，墨子精神却始终薪火相传，激励着一代又一代仁人志士前赴后继，为真理和理想奋斗不息。

旷世杰作

墨子的思想博大精深，他的政治、哲学思想以及在科学技术等方面的见解，主要保留在《墨子》一书中。这部书是墨子及其弟子后学所著，堪称墨家学派的著作总汇，在《汉书·艺文志》中著录71篇，流传到今天的只有53篇，是研究墨子及墨家学说的基本材料。书分两大部分：一部分记载墨子言行，阐述墨子学说，主要反映了前期墨家的思想；另一部分包括《经上》、《经下》等6篇，一般称作墨辩或墨经，着重阐述墨家的认识论和逻辑思想，还包含了许多自然科学的内容，反映了后期墨家的思想。

墨学主要有兼爱、非攻、尚同、非乐等十大政治思想主张。墨子思想里最核心的东西是"兼爱"，所谓"兼爱"就是尽爱世上之人。墨子认为，"爱"是无差等无厚薄的，提倡人与人之间平等的爱，比起儒家的"爱有差等"更具有进步意义。他主张的"非攻"与"兼爱"完全一致，极力反对掠夺战争，认为掠夺战争是一种极不正义的犯罪行为。他在治理国家方面，提出了很多进步的主张。在政治上，主张"尚贤使能"，注重选拔使用人才；只要是贤能的人，就要提拔重用，让他们担任官

职，处理政事。

墨子针对统治阶级肆无忌惮地挥霍浪费和放纵私欲，提出节用、节葬、非乐的主张。其中"非乐"反对的是颓废淫荡的靡靡之音，并不反对音乐本身。他主张节用节葬，不仅合情合理，符合人民的愿望；而且很有胆识，在今天依然具有现实意义。他不赞成"命运"之说，是先秦思想家中第一个明确反对"命定论"的人。他把"天"和"命"区分开，相信"天"而不相信"命"。把本来只是一片苍茫的天说得有意志、有感情，把一切自然发生的现象看成是上天爱人的表现，其目的是给"兼爱"思想确立至高无上的权威。

墨家思想的另一个重要方面则是"非攻"，也就是反对攻伐掠夺的不义之战。墨子认为，当时进行的战争都属于掠夺性的非正义战争，因此在《非攻》诸篇中，反复申诉非攻之大义，认为战争是凶事。他说，古者万国，绝大多数在攻战中消亡殆尽，只有极少数国家幸存。这就好比医生医了上万人，仅仅有几人痊愈，这个医生不配称之为良医一样，战争同样不是治病良方。历史上好战而亡的统治者不可胜数。这无异于给那些企图通过攻战来开疆拓土吞并天下的人以当头棒喝。所以墨子主张以德义服天下，以兼爱来消弭祸乱。在墨子眼里，兼爱可以止攻，可以去乱。兼爱是非攻的伦理道德基础，非攻是兼爱的必然结果。

墨子主张非攻，是特指反对当时的"大则攻小，强则侮弱"的掠夺性战争。墨子以是否兼爱为准绳，把战争严格区分为"诛"（诛无道）和"攻"（攻

青少年必知的国学经典 QINGSHAONIAN BIZHI DE GUOXUE JINGDIAN

无罪），即正义与非正义两类。"兼爱天下之百姓"的战争，如商汤伐桀、武王伐纣，是符合天之利、鬼之利和人之利的，因而有天命指示，有鬼神的帮助，是正义战争。反之，大攻小、强凌弱、众暴寡、"兼恶天下之百姓"的战争是非正义的。

墨子也是中国古代逻辑思想的重要开拓者之一。在《墨子》一书中，他比较自觉地、大量地运用了逻辑推论的方法，以建立或论证自己的政治、伦理思想。墨子最早提出名实必须相符的思想，还在中国逻辑史上第一次提出了辩、类、故等逻辑概念。由于墨子的倡导和启蒙，墨家养成了重逻辑的传统，并由后期墨家建立了第一个中国古代逻辑学的体系。总的说来，中国古代逻辑思想不够发达，而《墨经》所阐述的逻辑思想，则已达到相当高的水平。

墨子思想中还保存有较多的宗教思想的影响。他承认天有意志和鬼神的存在，以天志为其全部思想的最后依据，认为天和鬼神都赏善罚恶。但他又反对天命思想，认为人与禽兽的区别就在于禽兽不必耕织，衣食已足；人则赖其力者生，不赖其力者不生，强调一切要依靠人自己的努力。他还提出衡量人们言行是非的三个标准：上古圣王的经验、百姓耳目之实和符合国家人民之利，这些思想都很有价值。《墨子》中说道："天下无人，子墨子之言也犹在。"这句充满哲理与豪情的名言，充分显示了墨家集团对自己学说的坚定信心。

经典导读

遗失的传统：《墨子》

先秦的时候，墨家曾经是非常重要的一个派别。孟子曾经感叹"天下之言，不归杨，即归墨"。到了韩非子著《显学》的时候，他说："世之显学，儒、墨也"。《吕氏春秋·当染篇》则把孔、墨并举，说"举天下之显荣者，必称此二士（孔、墨）也——孔、墨之后学，显荣于天下者众矣，不可胜数"。但是，等到司马迁写《史记》的时候，居然无法为墨子作传，只在《孟子荀卿列传》中附了一段小文章："盖墨翟宋之大夫。善守御，为节用。或曰并孔子时，或曰在其后"，除此以外就没有什么记述。

汉朝早期的时候，墨子仍然被视为智慧的代表，与孔子并称，比如《史记·李斯列传》中说："必有乔松之寿，孔墨之智"，《淮南子·主术训》中说："吴起、张仪，智不若孔墨"。但是自汉武帝"罢黜百家"之后，墨子似乎就从思想界消失了。直到清朝的重新校注《墨子》，2 000年间，只有韩愈等一两个人曾经说过同情墨子的话，至于注解的人就只有晋朝的鲁胜一人。

这种现象难道不是非常特别吗？譬如大地上原来有两条河流，几百年后，其中一条干涸了，人们只习惯到剩下的那一条去取水，于是，他们说：天下的水都必须从这条河中去取。假如墨子的思想是无益的，那么，它的衰微就没有什么可以感叹；假如这条河流的水是不可饮用的、无法通行的，那么它被堵塞，就没有什么可以感叹。但是，如果它的断绝只是由于人们的疏忽、无知与偏见，那么，当人们发现它的遗迹的时候，就会感到非常遗憾。历史并不是成王败寇的舞台，从泥土中挖出来的古希腊雕塑的碎片，其价值要远高于教堂的闪闪发光的镶玻璃。今天，当人们去审视墨子所遗留下来的思想时，不免会有同样的感慨。

一辈子饮用黄河水的人，他们也许会说：中国的水是浊的，他们也许会觉得饮浊水就是他们的命。但是，如果他们了解更多源头，就会说：这不过是历史造成的，并不是必然性。对于中国文化，人们已经发过许多议论，但是，那些想要把那些特点作为中国文化的天性的人，如果他们了解更多早期的生动活泼的思想，就会觉得自己的判断过于武断。我们马上就可以用墨子的思想来揭示这一类谬误。

保守性是人们所认为的中国文化显示出来的一个特点。这种特性的源头，就是孔子所说的"述而不作，信而好古"。但是，墨子早就明确反对这种态度，他把"述而不作"看做"甚不君子"者的一种。在《耕柱》篇中，他说："吾以为古之善者则述之，今之善者则作之，欲善之益多也"。老子说"知止不殆"，《大学》中说"止于至善"、"知止而后有定"，但是墨子告诉我们"善"是可以"益多"的，这是中国最早的"进步主义"。

爱因斯坦曾经推测科学是很难在中国产生的，因为科学依靠"逻辑与实验"，而这两者是中国传统所缺乏的。但是，如果他了解墨子的思想，他的说法就会不一样，因为在那里已经具备相当全面的"逻辑与实验"的思想。墨子的科学思想最集中地体现在《墨经》以及《大取》《小取》之中，其中不但已经有纯科学（比如试图对数学的基本概念"平、中、厚、圆、方"进行定义、试图对时空结构进行定义），而且已经对科学的方法论进行探讨（诸如对充分、必要、充要条件的研究，对辩论、推理方法的研究）。这几篇文章也许在完备性上还是比一个世纪后亚里士多德的《工具论》逊色，但是就它们在思想中引入了这种自觉性而言，它们是与亚里士多德的著作一样伟大的。如果考虑到由于长期的忽视，这一部分内容肯定有散失和模糊，这种评价就更有根据了。观察与实验也已经被有意识地进行了，诸如在光学、力学上的成就，墨子本人不但以"巧匠"闻名，在他的书中还留下了机械设备的发明。在这一切之上，也许更重要的是，墨子把这部分知识作为他教授学生的重要内容。因此，正如李绍崑先生说的，"（墨子）不仅是一位著名的科学发明家，而且即使不是中国古代唯一的最伟大的科学教育家，也是最伟大的科学教育家之一"。而这一传统的衰微直至长期断绝，的确是中国科学史中最不幸的事件之一。

到这里，我们还没有谈到墨子思想中最伟大的部分，还没有谈到他的"兼爱"、"非攻"的伟大理想，还没有谈到他对宿命论的猛烈攻击，还没有谈到他"急义"、"苦行"的伟大人格。他的理想社会是一个"上尊天，中事鬼神，下爱人"的社会，他认为父母、老师、君主都不是道德的最高权威，因此，他要讲"天志"、"明鬼"，但正像詹剑峰先生说的，"他的思想和活动是入世的，不是出世的，是此岸的，不是彼岸的"。从墨子开始讲学的时候起，就有人攻击他的政治观念、道德观念，但是，却几乎没有人怀疑过他的人格。《淮南子·修务训》中说："孔子无黔突，墨子无暖席。非以贪禄慕位，欲事起天下利，而除万民之害。"他是中国历史上最伟大的人格之一。（佚 名）

古人说，最大的声音是听不到的声音，最大的形体是看不见的形体。这些话听起来有些玄妙，但用在爱上就好把握了，最至高的爱是无言的。从古至今，"爱"或许是我们提到的最多的一个字眼，他被人们永远地追寻，被人们虔诚地崇拜……爱是至言，爱是真理，只有无遮盖、无保留、无算计，方可言爱，因为寻找到了爱就寻找到了幸福。墨子就是在说着"爱"走来，又说着"爱"引领着大家向前走去。现在我们靠近墨子，走向他的内心，了解他的思想，倾听他沉潜舒缓的低诉，我们必将获得生命中的大智慧，洞见历史深处的大光明。

墨子和孔子是老乡，曾经是孔门弟子，但却是从"非儒"起家，进而自立门户独创墨学。如果从封建礼教的角度来说，他这是背叛师门，犯下的罪过如同臣子叛国儿子弃父，是可以杀头的。不过，幸好的是，在那个时候，君

君臣臣、父父子子的繁缛礼教还没有形成系统用于整个国家的统治，不然，他的小命或许是要不保的。如果真是那样，我们将失去一个既入乎其内，又出乎其外的思想巨子，失去一个大爱无言的圣贤。

说他是思想巨子，是因为他自己开山立派，创立了墨家学说；说他是大爱无言的圣贤，是因为他是中国历史上最早站在下层体力劳动者和社会弱者的立场上说话的人；说他入乎其内，是因为他与众多的圣贤一道，展开思想的砥砺和交锋，共同创造出了百家争鸣的局面；说他出乎其外，是因为他不是一个单纯的思想者，他始终不脱离生产实践和科学实验活动，并在力的作用、杠杆原理、光线直射、光影关系、小孔成像、点线面体圆概念等众多领域都有精深的造诣。

墨子出身贫寒，他深知下层劳动人民的疾苦，即使有了名气，也没有因为人们看重他而让自己的生活改观，为自己捞些好处。他始终都和学生们一起穿粗衣、着草鞋、少饮食、勤劳动，以吃苦为乐事，并自称"贱人"。在他身上，真正体现出了艰苦朴素、勤奋向上的民族精神。不过，用现代人的一些观点看来，似乎他活得有点太不"潇洒"了，但正是这种不潇洒让他保持了生命永恒的辉煌，也正是这种不潇洒倡导出了一个民族优秀的品质——兼爱。兼爱，就是人与人之间互相理解、宽容、平等，强大的不要欺侮弱小的，聪明的不要欺侮愚笨的，富裕的不要欺侮贫困的。在诸侯兼并、兵荒马乱的年代，贫苦百姓妻离子散、流离失

青少年必知的国学经典

所，对于他们来说，生的希望是渺茫的，只有死才是经常光顾的，而弱小的诸侯国家则是强大的诸侯国家的口中之物，朝不保夕。墨子倡导的"兼爱"的根本出发点，正是为了阻止"强劫弱，众暴寡，诈谋愚、贵傲贱"(《天志中》)的暴虐行径，使弱小的诸侯国能摆脱灭亡的命运，使受欺压凌辱的人民能过上平安幸福的生活。出于这样为贫弱者代言的动机，墨子的"兼爱"学说总是着眼于实际的利益，让每个人能够得到看得见、摸得着的好处，实现"饥者得食，寒者得衣，劳者得息"的目的(《非命下》)。他说："小国城郭之不全也，必使修之间。"(《非攻下》)这就是"兼相爱，交相利"的道理。很显然，他的这些道理，都是真正从贫困的民众和弱小的诸侯国家的利益出发的。不论是君臣也好，父子也罢，让他们在人格平等的基础上做到真正相亲相爱。这和孔子等级森严的以血亲为宗法、本位为核心的"仁爱"学说相比，是更加人性化的。（佚　名）

《D 大师传奇
DASHI CHUANQI

墨子名翟，鲁国人，一说宋国人。活动年代大约在公元前468年至公元前376年。他的生平事迹，由于史文的残缺，已经难于详考。司马迁《史记》中甚至没有为墨子立传，仅在《孟子荀卿列传》附记了24个字。但在春秋战国的诸子百家中，墨家却是一个非常重要的学派。

墨子是个巧匠，具有相当丰富的生产工艺技能。他的木工技术很高，能在很短的时间内削一块三寸的木头做成车闸。相传墨子曾经受过儒者的教育，后来他发现儒家所讲的礼，如厚葬久丧，并不适用于一般的民众。于是离开儒家，创立了墨家学派。墨子的生活俭朴，只要温饱就很满足；他的弟子生活也差不多，吃野菜羹，穿短布衣，和孔子"食不厌精，脍不厌细"的讲究生活大不相同。墨子的思想反映了平民群众的利益，被很多人瞧不起；楚惠王的使者穆贺当面说他的学说是"贱人之所为"，荀子也批评他的学说是"役夫之道"。

墨子曾经是宋国的大夫。为了推行自己的政治主张，他还游历过齐、卫、楚等国。楚惠王（公元前488年—公元前432年）年间，巧匠公输般从鲁国来到楚国，为楚国制造舟战的器械钩拒，打败了越人。他又制成攻城的工具云梯，准备去攻打宋国。墨子得到楚欲攻宋的消息，便从鲁国赶来，脚上磨起了老茧也不休息，撕裂衣裳包住脚，走了十天十夜才到达楚都。他同公输般论辩，责备他帮助强大的楚国攻打弱小且毫无罪过的宋国是不义之举，接着又去和楚惠王讲道理。楚王和公输般都无话可说，但因为自己有云梯，仍然有恃无恐，想要攻打宋国。墨子便解下身上的革带做城墙，用木片当武器，在楚王面前较量城池的攻防战术。公输般九次攻城，墨子九次把他挡在城外。最后公输般攻城的器械已经用完，而墨子防守的器械还源源不断，公输般只好认输。他恶念顿起，想要杀死墨子，继续攻打宋国。墨子当面向楚王揭穿了这一图谋，并且说："我的弟子禽滑釐等三百人，已操持着我的防守器

青少年必知的国学经典 QINGSHAONIAN BIZHI DE GUOXUE JINGDIAN

械在宋国城上,等着你们楚国的军队。"楚王只好承诺,不会再去攻打宋国。

墨子是一位富有实践精神的思想家,他主张"非攻",不仅是止楚攻宋,还有许多行动贯彻这一主张。有一次,齐国将要讨伐鲁国。墨子前去游说齐将项子牛以及齐王,使他们打消了这个念头。又一次,楚国想要攻打宋国,也在墨子的劝说下而作罢。孟子虽然诋毁墨子的主张是"无父"、"禽兽"、"邪说",但也不能不承认"墨子兼爱,摩顶放踵利天下为之"的无私品格。

墨子创立了墨家学派,这是一个有组织纪律,具有政治性质而带有宗教色彩的团体。它的成员生活清苦,首领称为巨子,也叫钜子。每任巨子由上代指定,代代相传,墨者以巨子为圣人,心甘情愿地奉他为主。墨子是第一代巨子,相传为"墨子服役者百八十人,皆可使赴火蹈刃,死不还踵"。另一个巨子孟胜,为楚国阳城君守城战死,"弟子死之者百八十三人"。他生前派了两名弟子到宋国,把巨子传给田襄子。两名弟子完成任务后,没有听田襄子的劝阻,都返回楚国殉难。墨者团体的成员对类似宗教教主的巨子,有以死尽忠和舍命行道的精神。据《吕氏春秋·去私》记载:墨者巨子腹䵍住在秦国,他的儿子杀了人。秦惠王说,先生年老,只此一子,我已经赦免了他。腹䵍说:墨者的法律规定,杀人者死,伤人者刑,大王虽有好意,我不能不执行墨者的法度。于是不听秦王的劝说,终于把儿子处死。可见墨家规约之严格。

墨者巨子推荐弟子到各国去做官,他们也必须忠实于墨家的学说。

如果不能推行墨家的主张,就要依据"背禄而向义"的精神,自动辞职。墨子的弟子高石子因为卫国君主不采用他的意见,便辞去高官厚禄,得到了墨子的赞扬。在齐国做官的墨者胜绰,随从齐国军队三次侵犯鲁国,遭到墨子责备,并将他斥退。

墨家有经济上的互助义务,做官的墨者,需将俸禄的一部分交到团体中来。墨子的弟子耕柱子在楚国为官,因对过往的墨者招待不够丰厚而遭到非议,不久便"遗十金"于墨子。这种互助不仅限于经济方面,他们标榜"为贤之道",有力量的人要尽力帮助他人,有财产的人要尽力分给他人,有道德的人要尽力教化他人。"为贤之道"是墨家的主张,也是他们立身处世始终不渝的准则。

Y YANSHEN YUEDU 延伸阅读

在中国传统文化中,《鬼谷子》历来享有"智慧禁果、旷世奇书"之称,它的哲学思想是实用主义的道德论和价值观,讲求名利与进取,其实践方法论是顺应时势,知权善变。它曾对社会尤其是战国时期纵横家的理论起过重要的指导作用,是中国先秦时代游说、纵横之学的登峰造极之作,在国内外都产生过重要的影响。

※　※　※　※

孙中原所著《墨子说粹》选取了《墨子》一书中的精粹内容,给予必要的评述论说,浅显易懂,以便于当今读者了解墨者在各方面的深邃智慧,共同继承、发扬先人创造的这份珍贵文化遗产。

青少年必知的国学经典

荀　子

荀　子 （战国　约公元前313年—公元前238年）

　　《荀子》体制宏伟，结构绵密，析理精微，标志着先秦说理散文的成熟与定型。

——当代学者　聂永华

　　荀子堪称是先秦杰出的思想家、文学家和教育家，他是继孔子、孟子之后又一位儒家著名学者，在继承前期儒家学说的基础上，吸收了各家的学说并加以改造，建立起自己的思想体系。

　　在战国末期，荀子已经是声名远扬的人物，法家的代表人物韩非、对秦国统一做出了重要贡献的李斯都是他的学生。荀子的思想博大精深，在中国历史上有着重要的地位。他率先提出"人性本恶"说，在当时和后世都有着振聋发聩之力。汉代以后，经学兴起，儒家经典《易》、《诗》、《礼》、《乐》、《春秋》均为荀子所传。他的思想和社会实践对战国末期社会政治和思想学术的发展，对中国古文化的传承，都产生过重大影响。

　　《荀子》中的文章观点深刻鲜明，结构严谨，逻辑清晰，说理透彻。语言丰富多彩，善于比喻，排比对偶句很多，有着独特的风格。书中的五篇短赋，开创了以赋为名的文学体裁，在文学史上有着重要地位；他采用当时的民歌形式写的《成相篇》，文字简洁明白，朗朗上口；运用说唱形式表达了自己的政治、学术思想，堪称独创之举。

　　荀子的唯物主义哲学思想对汉唐思想家也产生了重要影响。东汉桓谭的形神关系理论、王充反对鬼神迷信的思想及其唯物主义自然观，都是对荀子思想的继承和发展，唐代著名思想家柳宗元的《天说》、《天对》，发挥了荀子"天道自然"、"明天人之分"的观点；刘禹锡则借用荀子《天论》的题目写了《天论》一文，发展了荀子"制天命而用之"的思想，提出了"天人交相胜"的著名学说。

K 旷世杰作 KUANGSHI JIEZUO

　　据《史记·孟子荀卿列传》记载，

《荀子》这部书是荀况晚年为总结当时学术界的百家争鸣和自己的学术思想而编写的。《荀子》全书共32篇，其中很多是内容详细而逻辑严密的论文，基本上包括了他的重要思想。

《天论》、《非相》等篇，反映了荀子的唯物主义自然观。荀子在《天论篇》开头便说明，事物的存在是客观的，不依人的意志为转移；而且事物的发展变化是有规律的，这种规律也不会依人的意志为转移。这种观点否定了天有意志的说法，把自然界的客观规律与人类社会的发展状况区分开来，这就是荀子"天人相分"的观点。在主张尊重自然规律的基础上，荀子进一步提出，要发挥人的主观能动性，"制天命而用之"。他认为，与其顺从天而颂扬它，不如掌握自然的变化规律并加以利用；与其坐在那里等老天降下恩赐，不如因时制宜，使天时为生产服务。这种"人定胜天"的思想，可以说是先秦唯物主义思想的最高峰，不仅在当时独树一帜，对后世也产生了深远的影响。

在《非相》篇中，荀况坚持朴素的唯物主义思想，用大量的历史事实，彻底否定和批判了唯心主义相术。他认为，观看人们的相貌，不如研究人们的思想；研究人们的思想，不如选择正确的思想方法。相貌不能决定人们的思想，而思想却受一定方法的支配。方法正确，而且思想能遵循它，虽然相貌丑陋，也不妨碍成为君子。虽然相貌好，但思想方法不对，最终免不了成为小人。每个人的祸福与相貌无关，而是由人们后天选择什么道路决定的。

荀子的认识论思想主要是通过《解蔽》、《正名》、《劝学》等篇来阐释的。他首先肯定：客观世界是可知的，而人具有认识事物的能力。认识的过程是通过感官接触外界事物，再由思维器官进行理性的加工，即主客体相结合。荀子同时指出，认识过程中的片面性和主观性是一大"蔽"，要解蔽就须"知道"；只有心智清明，全面客观地看待事物，才能使认识符合正道。在知行关系上，《荀子·儒效》篇中说"知之不若行之，学至于行之而止矣"，强调"行"的重要性。名实关系上，则认为"实"是"名"的客观基础，"名"一定要符合"实"，提出了"制名以指实"的观点。

荀子重视学习和教育，认为学习对人而言至关重要。在《劝学》篇中，他指出人的知识才能不是天生的，而是后天学习教育的结果，从而驳斥了"生而知之"的先验论。他特别强调后天学习的重要性，认为知识和道德修养都是通过积累而成，并用"青出于蓝而胜于蓝"的著名比喻，说明学无止境、后来居上的道理。告诫人们在学习上要专心一意、力求博学，发扬"锲而不舍"的精神。荀子的很多言论，都成为激励后人奋发向上的名篇佳句。

荀子最著名的理论是他的性恶学说，在人性论方面，提出了与孟子"性善"论截然相反的观点。他认为人性秉承于天，是一种与生俱来的、质朴的自然属性。既然天有其客观规律，其中并不包含理想、道德，那么人性也不可能生来就具备理想、道德的原则。所以，人性生来就渴求功名利禄，声色

青少年必知的国学经典

犬马;而"善"则是后天人为的,是后天环境和教化学习的结果。表面上看,似乎荀子低估了人,但实际上恰好相反。荀子的哲学可以说是教养的哲学,他的总论点是:凡是善的、有价值的东西都是人努力的产物。价值来自文化,文化是人的创造。正是在这一点上,人在宇宙中与天地有同等的重要性。

那么,人在道德方面如何能善?如果人性本恶,那么道德的起源又在哪里?在这一点上,荀子特别强调"礼"的作用,并从两个方面加以论证。首先他说,人的力气没有牛大,跑得不如马快,但却能驱使牛马为自己服务,正是因为"人能群,彼不能群"。要想活下去并且生活得更好,人们必须合作互助,生活在某种社会组织中。既然有了社会组织,就需要行为的规则,这就是"礼"。为了在一起生活而无争,各人在满足自己的欲望方面必须接受一定的限制。礼的功能就是确定这种限制,遵礼而行就是道德,违礼而行就是不道德。另一方面,荀子认为人与禽兽的分别"莫大于礼"。禽兽有父子,分雌雄,这是自然;但父子之亲,男女之别,则不是自然,而是社会关系,是人为和文化的产物。社会关系和"礼"是人类应当具备的,只有这样才使人异于禽兽。

在儒家学说中,礼是一个内容丰富的综合概念,它指礼节、礼仪,又指社会行为准则。对于前者的解释,荀子也做出了重大的贡献。此外,荀子在政治、经济、军事、逻辑理论等方面也都提出了自己的独到见解。作为战国末期的著名思想家,他对诸子百家的思想进行了历史性的概括、总结;取百家之长,建立了自己的哲学体系,对后世的影响可谓深远。

经典导读

石破天惊话荀子

《史记》言:"荀子十五岁游学于齐"。通过历史的回音壁,不难看出荀子的伟大之处。他是先古一枝独秀的朴素唯物主义思想家,他无愧于集先秦诸子百家之大成、开一代师风的旷世大儒的伟大称号。

从孔、孟、老、庄的著述里,从历代史学家、政论家昭然世人的文章中,可以清楚地看出春秋战国时的诸子百家,政治倾向迥异不一,处世哲学截然不同。孔子告诉平民怎样做人,庄子告诉人们怎样活人,而荀子则告诉那些帝王将相怎样治国。孔子讲的是"三纲五常",君君、臣臣、父父、子子,荀子讲的是富国强兵,国家统一,执政爱民,开源节流。孔、孟、老、庄迷信鬼神,听天由命;荀子讲的是天人合一,事在人为。孔孟的治国理论是以仁治国,以德治国;荀子讲的是王霸并用,法礼治国。孔子的学生七十二贤,囿于思想家、教育家圈内;荀子的学生中既有治国能臣李斯,也有文可安邦、法可治世的韩非,同样,也造就了名重古今的思想家、文学家丘浮伯。

众所周知,被称为千古一帝的秦始皇,曾自诩为德高三皇,功盖五帝,他集皇与帝于自身,给自己定名为秦始皇,是谁帮秦始皇统一中国的?是荀子的学生李斯。秦始皇从执政之日起,就起用李斯,李斯在秦国推行尊师荀况的帝王之术,富国强兵,法礼兼用的方略,力助他吞并六国,一统天下,完成了"书同文,车同轨,量同衡"的历史使命,直到秦始皇命丧沙丘,李斯都是他倍加信任的宰相。秦始皇拜读了荀子的另一个学生韩非的法学著作后,大有相见恨晚之慨,为了得到韩非这位旷世奇才,秦始皇不惜用倾国之兵,大举犯韩,胁迫韩非归秦为他所用。李斯妒贤嫉能,向秦始皇进谗致使韩非罹难;而赵高篡政后,李斯也死于腰斩,秦二世暴政而亡。然而,历史还是如实地书写下秦始皇建立的强秦帝国。

荀子自称儒家,在批判诸子百家思想的基础上,博采众家之长,他的学术思想达到了诸子思想的巅峰。然而,这位少小离家,最终长眠于齐鲁大地的中华巨星,不仅生不逢地,故乡没有给他虎啸山林、龙游大海的机遇;而且生不逢时,也为荀子演绎了徒与不众、光辉不博、令人扼腕长叹的悲剧。

从历代伟人、名家的评价中不难看出,不仅历代帝王运用荀学治国理政,在近年出版的《十大名相》中,细心的读者一定能读出"十大名相"不仅有荀子的学生李斯,还有北宋的王安石、明代的张居正、清代的曾国藩,他们无一不尊崇荀子之学,效荀子之举,成为霸业中兴之能臣,成就了他们运筹帷幄,革故鼎新,一代风流的威名。

荀子的伟大思想为历代统治者所用,为什么却没有像孔子、孟子那样,一个被捧为至圣,一个被尊为亚圣那样的运气呢?分析个中原因,皆因他的学术思想超越了时代,"木秀于林,风必摧之",属于他的时代还没有到来。历代帝王,无一不认为自己是上天的"宠儿",不可一世的"龙种",他们可以使用荀子的治国方略,但永远也不想承认荀子比他们高明,去颂扬荀子这位超越了他们的"超天才"。那么,历代史学家、文学家的公论何在?揭穿了,荀子的学说超越了时代,在真理、真谛还不被当时的时代认识之前,野蛮足以绞杀文明,阴霾也能遮天蔽日,正如哥白尼的"太阳中心说",在愚昧、邪恶、迷信漫长的封建时代,休道舆论公正,超前的思维没有给自己带来杀身之祸、没有让自己付出生命的代价就已经算不幸中之大幸了。因为历史人物的千秋功罪,生死荣辱,无一不抵押在特定的历史背景下。

秦始皇暴戾民生、奴役人民、焚书坑儒、草菅人命,他的暴政不可避免地给后辈崇尚儒家的史学家、文学家造成对荀子及其学生的偏见。但这不能归罪于荀子,因为秦王朝践踏了荀子"平政爱民"的立国根基,肢解了荀子完整的治国理论思想体系,由秦始皇的残暴而联想到荀子,不能不使后辈史学、文学家对荀子耿耿于怀,怒目相视。"城门失火,殃及池鱼",毫无疑问地也给荀子的悲剧命运再次雪上加霜。孔子、孟子所以比荀子幸运,还有一个荀子的学说为封建社会不能接受的原因。2003年山东教育出版社出版的《中国思想的起源》一针见血地道破

青少年必知的国学经典

天机:"我们认为这是因为孔孟鼓吹的仁论,性善论,温情脉脉,既适合中国的血缘社会,又迎合了人类的虚荣心。荀子对邪恶人性的揭穿,冒犯了人类的尊严,直戳人类所谓自尊的痛处,对社会的批判太尖锐,太深刻了,触犯了时忌,他对名、实等哲学问题的探讨,很难为缺乏哲理分析的同胞理解,曲高和寡,致使一代宗师,划时代的巨星,就这样湮没在黑暗社会和茫然的人群之中。"

伟人仙逝英灵在,松柏自有后人栽。荀子尽管命运多蹇,他的功业可以被历代统治者冰封雪藏,但他对人类文明史所做的贡献,将永世传承,不可磨灭,他的闪光思想所形成的冲击波一次次地冲破黑暗与封杀,还给荀子以公平,因为历史是最公正的法官,时代是最公平的裁判。(孙延林)

人的需要模式:荀子的一种解读

"需要"一词是现代词汇,在中国古代,与"需要"对应的词是"欲"或"利"。在中国早期思想史中,对人的"需要"问题做出全面探讨和系统阐释的是战国末期著名的思想家、中国早期思想文化的集大成者荀子。

荀子在承认"人生而有欲"的前提下,认为人的欲望在其展示过程中表现为人的各种不同的需要,需要有高低层次之分,因而它在社会中的地位也就不一样,概括说来,荀子关于人的需要学说,可概括为以下四个不同的层次:

第一层次是人的本能需要。荀子把这种需要视为人的最基本的生理要求,他说:"饥而欲食,寒而欲暖,劳而欲息"是人人具有的生理本能,并且目之辨黑白美丑,鼻之辨芬芳腥臊,耳之分音声清浊,口之辨酸咸甘苦以及骨体肤理之辨寒暑疾痒等都是人本能的不同表现,对于人的这种最基本的需要,社会必须首先予以满足,谁也不能泯除剥夺人的正常需要。荀子针对早期许多思想家提倡的"无欲"、"去欲"、"寡欲"的观点提出了批评,他认为重要的在于导欲、节欲,而不在无欲、去欲,荀子甚至认为有些政策的制定和设计,正是以人的"多欲"本能为前提的。总之,荀子不否认人有满足自己生存需要的权利,但他强调指出,满足的方式必须严格限定在"礼义"规范制度的范围内,也就是说,人的需要欲望不能随意发泄,而要有一定的"度量界限",符合一定的礼义规范,这种观点在现在看来仍具有一定的借鉴意义。

第二层次是人的享乐需要。在荀子看来,享乐需要虽比人的本能需要在境界上高一层次,但仍没有脱离本能需要的领域,所谓享乐主要是指物质方面的享乐。他指出,随着社会的变迁和时代的发展,人们已不满足于基本的生存需要,而是"食欲有刍豢,衣欲有文绣,行欲有舆马",温饱问题解决以后,人们对衣食住行有了更高的要求,"重色而衣之,重味而食之,重财物而制之,合天下而君之,饮食甚厚,声乐甚大,台榭甚高,园囿甚广",因此,荀子的享乐需要侧重于目好美色,耳好乐章,口好佳味,心好利益,骨体肤理好愉逸等方面。

前两个层次的"需要"，可称之为人的"自然需要"或"物质需要"。

人的自然需要都是天赋之禀性，是无法遏制的本能冲动，在此种意义上，人的这种需要与较高级动物的需要有相似之处，但又有本质性区别，荀子虽主张人们应满足这种自然需要，但他反对人们一味去追求它。在社会历史发展过程中，人还产生了一种对动物来说不存在的需要，就是说，"人除了有'肉体'的需要外，也还存在着'精神'的需要……"，而这种"需要"就其本质而言是由社会的经济基础所决定的。

第三层次是人的政治权力需要。荀子说："夫贵为天子，富有天下"；"臣使诸侯，一天下"。希望成为天子，臣使诸侯，称霸天下，是人人都有的愿望，但此愿望并非人人都能得到。荀子认为，一般人只能达到物质满足的程度，而精神的需要和满足只有圣王君子才能做到，君王都希冀能把国家治理好，最终实现自己政治上的目的，这就是他所谓的"为人主者，莫不欲强而恶弱，欲安而恶危，欲荣而恶辱"的含义。

第四层次是人的道德完善需要。这在荀子人的需要层次上位于最高层，也是荀子努力追求的理想境界。荀子通篇都在教导人们要加强道德品性方面的主观修养，努力培养和提高自身的道德水准。在荀子看来，这一修习砥砺过程就是道德境界不断完善、不断实现的过程。荀子树立的理想道德人格是"禹"，禹所达到的境界

就是人们所追求的目标。荀子认为，人或许一辈子都不会成为圣人，但人人每时每刻都有成为圣人的可能。

这两个层次的"需要"是人类所特有的"需要"，可以称之为人的"道德需要"或"精神需要"。

那么，在荀子所谓的两种需要类型之间究竟有一种什么样的关系？这个问题用中国传统哲学的范畴术语表述就是义（后者）、利（前者）之辩问题。这个问题在中国思想文化史上长期以来一直争讼不休，孔子把义、利对立起来，主张"君子喻于义，小人喻于利"；孟子则崇义贬利，以为"何必曰利，亦有仁义而已矣"；荀子作为儒家思想的代表人物，在总体上没有超越孔孟思想的范围，其理论带有明显的崇义贬利倾向。他认为："利"是包容于"义"之内的，人生的价值和意义在于舍利取义，义与利相比更为重要，换言之，道德生活要高于物质生活。只要道德生活充实丰富，一切物质利益便可随之而来，礼义之重要甚至到了可以取代一切的程度。荀子把一味追求物质利益的人斥之为"小人"，于是在荀子思想中出现了一个不可调和的二律背反矛盾，这一矛盾是以形而上学的思维方式为其前提的，他先规定了君子是小人之反，然后指出，圣人君子在追求的价值目标上往往侧重于精神需要方面，而小人则拼命追逐物质需要，无形中，荀子把人的物质需要与精神需要对立了起来，可以说，荀子最终没有完全摆脱儒家崇义贬利思维模式的影响。（王　杰）

荀子，姓荀名况，当时的人也尊称他为荀卿，是战国时期赵国人。汉代著作为了避汉宣帝刘询讳，写作孙卿。对于其生卒时间，由于《史记·孟子荀卿列传》没有确切年代记载，生平不可详考。目前学术界比较通行的说法，荀子大约生于公元前313年，卒于公元前238年。

荀子曾经两次到齐国稷下（现在山东临淄西门）游学。稷下学宫是战国时期各学派荟萃的中心，对当时的学术风气和社会文化都产生了很大的影响。学宫根据学者的学问、资历和成就，授予他们不同的称号，包括博士、学士、上大夫、列大夫等。齐襄王时期，老一代学者大都作古，荀子在学术上的成就则日益突出，成为列大夫中年龄最长，资历最深的宗师；先后三次担任"祭酒"，也就是学宫领袖的官职，主持稷下讲坛长达24年。

除在齐国讲学之外，荀子还曾经西入秦国考察政事，《荀子·强国》一篇详细地讲述了在秦国的所见所闻。经秦相引见，荀子拜会了秦昭襄王，劝说秦国实行儒家的仁政王道思想。认为取得天下，哪怕做一件不义的事情，杀一个无罪的人，也是不行的。但在那个群雄并起的乱世，荀子的主张不可能得到秦王的认同，他只好重返齐国。当时齐王建刚刚继承王位，国事混乱不堪，大权被君王后掌握。荀子因为在上书中有涉及君王后的言论，受到很多人攻击，于公元前255年接受楚国春申君黄歇的聘请，任楚国兰陵县令。

相传，公元前255年荀子赴兰陵途中，看到沿途灾荒，饥民一路乞讨而行，老幼不能相顾，心中十分惨伤。到任后，他立刻开仓放粮，救济百姓，实行新政，兴修水利。但还不到半年，又遭谗言毁谤，辞官去了赵国。荀子在赵国居住了7年，在孝成王面前议论军事，将天下兵争形势归结为"兵不血刃"，但这种"仁战"思想也是一样的不合时宜。公元前247年，在楚国春申君的固请下，他再次出任兰陵县令。

荀子担任兰陵县令17年，继续推行新政。他制定吏法，监督县衙内的官吏各司其职。他考察兰陵的地理、环境、民情，沿湖北行寻找水源。第二年春天就着手测量渠道路线，冬天征调民夫修堤坝、开水渠，形成千亩良田。他申明礼义，严格法度，减轻了当地的赋税和徭役，兰陵逐渐变得仓廪丰实，府库充裕。同时还兴建学室，开办讲学处，慕名前来求学的人中，就有后来注释《诗经》的学者毛亨。后因春申君黄歇被杀，荀子受株连入狱，放出后免官。他就在兰陵安家，著书讲学直至逝世。

荀子一向被认为是儒家经学早期传授中的一个十分重要的人物，他兼通诸经，是先秦非常重要的大学者。荀子当时声名远播，此后很长时间内也一直受人尊崇，但从宋代以后，理学家往往抬高孟子而贬抑荀子，将他从儒家"道统"中排除出来。可是，荀子的思想学说依然流传深远，张衡、王充、柳宗元、王夫之、戴震等著名思想家和学者,还有近代的资产阶级革命民主派,都不同程度地受到他的影响。

管子是春秋初期著名的政治家、军事家、经济学家、哲学家,他所处的时代,正是中国历史上"礼崩乐坏"、社会急剧变化的时代。几经人事变换的管仲终由鲍叔牙推荐,被齐桓公任命为卿,尊称"仲父"。在管仲相齐的40年间,他大刀阔斧地进行改革,在军事、政治、税收、盐铁等方面进行了卓有成效的改革,使齐国国力大盛。他帮助齐桓公以"尊王攘夷"为口号,"九合诸侯,一匡天下",使齐国成为春秋时期第一个称霸的大国。而管仲的思想才学就体现在《管子》一书中。《管子》共有86篇,其中10篇亡佚,实存76篇,集有一批"管仲学派"的思想和理论。其内容博大精深,主要以法家和道家思想为主,兼有儒家、兵家、纵横家、农家、阴阳家的思想,更涉及天文、伦理、地理、教育等问题,在先秦诸子中,"襄为巨轶远非他书所及"。可以说,《管子》是先秦时独成一家之言的最大的一部杂家著作。

※　※　※　※

唐代杨倞曾经为《荀子》作注,但此后一直很少有人关注这部书,直至晚清才有学者对它进行校勘诠释。王先谦采集各家之说,发挥己见,编成《荀子集解》。该书引征广博,脉络清晰,是《荀子》一书较为完善的注本。

※　※　※　※

当代学者孔繁所著《荀子评传》,是"中国思想家评传系列"丛书之一。这部书以荀子本人的著作为中心,参考了历代对荀子学说的评价,对荀子的思想做出了全面而精到的阐述。

※　※　※　※

刘禹锡是唐代著名的文学家和思想家,其哲学论作《天论》与《荀子·天论》篇同名,继承和发展了荀子以来的唯物主义自然观。他认为客观世界的发展变化有一定规律,建立了天人关系学说,指出天地万物各有其不同的职能和作用,对发展中国古代唯物主义做出了重要贡献。

韩非子

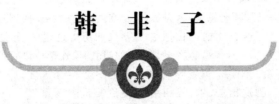

韩 非 （战国 公元前 280 年—公元前 233 年）

《韩非子》标志着先秦理论文的进一步发展，后世的理论文章，可以与之相比的也不多。

——《中国文学史》

在中国整个封建君主时代，存在着两个圣人。一位是孔子，孔子及其儒家思想被历代君主所宗奉，他是显性的圣人；另一位则是韩非，韩非的整套君主专制主义的政治策略始终是历代君主独裁统治的基础。当代学者往往形容中国古代政治的特点是"外儒内法"，由此可见法家学说的重要作用。不过韩非的理论往往被君主帝王们在暗地里运用，不及孔子之显赫张扬，惟其如此，更见出韩非这位隐性圣人的吸引力所在。

韩非倡导一种纯粹的君主独裁论，也就是古人称道的"帝王之学"，具体而言，就是法、术、势兼治的专制论。他归纳出一系列政治权谋，其大胆、犀利和手腕之高明令人惊叹。对这些政治权谋作如此深入的研讨，并直截了当地加以描述，在古今中外的典籍中实属罕见。对于充满野心和统治欲的政治家来说，无疑极具诱惑力，因此也

有人指责这"完全是一种法西斯式的理论"。然而，韩非无疑是战国时期法家最重要的代表，法家学说正是在他手中发展成熟，成为能与儒家分庭抗礼的政治和哲学流派；秦国也正是因为遵循了韩非所倡导的法家思想而国力日壮，最后完成了统一六国的伟业。

《韩非子》是韩非法家学说的体现，不但以其犀利深刻的思想光芒照耀千古，还具有相当高的文学价值。韩非散文的特点是锋芒锐利，议论透辟，推证事理，切中要害。篇幅长的文章如《五蠹》将近七千言，这是先秦理论文的进一步发展。他的分析能力极强，如《亡征》一篇，分析"可亡之道"达47条之多。郭沫若曾将《韩非子》视为先秦散文的"四大台柱"之一，他认为"孟文的犀利，庄文的恣肆，荀文的浑厚，韩文的峻峭，单拿文章来讲，实在是各有千秋"。

41

韩非是战国时期法家思想的集大成者。所谓"法家",顾名思义,就是以法制治国,与儒家所鼓吹的以仁德治国相对。以法治为中心,韩非将早期法家思想家商鞅、申不害、慎到等人的思想融会贯通,创造出法、术、势相结合的政治思想体系。

法,就是统治者公布的政策、法令、制度,前期法家代表商鞅首先提出"法"治的主张。韩非子强调治国要有法律,赏罚都要以"法"为标准。法是整个社会的行为准则和规范,任何人都不能独立于法外。他说:"法不阿贵,刑过不避大臣,赏善不遗匹夫。"也就是说,在"法"面前,不存在贵族和平民之分。"术"就是国君驾驭群臣的权术,由国君秘密掌握,使得大臣们摸不清国君的心理,不敢轻举妄动,背后搞鬼。"术"最先由申不害提出。但韩非认为,申不害重术不讲法,往往造成新旧法令相互抵触、前后矛盾;商鞅重法不讲术,则难于对官吏察辨"忠"和"奸",导致国君的大权旁落于大臣之手。所以他主张"法"和"术"必须结合,二者缺一不可。同时,韩非还指出了"势"的重要性。"势"就是国君占据的地位和掌握的权力,也是统治者实行统治的必要手段之一。这一理论最初是由慎到提出的,韩非吸取了这一理论,他认为,要推行法令和使用权术,必须依靠权势;没有权势,即使是尧这样的贤明君主,连三户人家也管理不了。因此,韩非提出"抱法而处

势"的主张,认为只有稳固地掌握了权势,才能有效地推行法和术。

法、术、势相结合的政治理论是韩非全部思想最具个性的部分,这一理论在由混乱的春秋战国过渡到统一的秦汉的历史过程中,起到了直接的推动作用。就连李斯也心悦诚服地称韩非的学说为"圣人之论"、"圣人之术",是治天下的"帝道"。

法家重视"法",自然不会赞同儒家以仁道治国的思想,韩非甚至视儒家为不共戴天的敌人,譬如著名的《五蠹》篇称:"儒以文乱法",认为儒者是祸害国家的因素之一。但有趣的是,历史记载中韩非子的老师,正是战国时期的大儒荀子,在《韩非子》一书当中,也不难发现荀子思想的踪迹,譬如韩非坚信人性本恶,因此需要以严刑峻法来制约人性,这种人性恶的观点,显然是继承荀子而来的。另外,韩非还吸纳了一部分道家的学说,《韩非子》中有《解老》、《喻老》两篇,就是对老子学说的阐发。

韩非的法家学说在后世可以说是毁誉参半。一方面,他主张法律面前人人平等,这些都有其历史进步性;另一方面,由于法家一味强调法的作用,主张实施严刑峻法来统治国民,便不能不催生出暴政。秦朝遵循法家思想,在统一六国后实施极端独裁的恐怖统治,刑罚酷烈,甚至焚书坑儒,推行愚民政策,最终众叛亲离,迅速败亡,这不能不说是法家思想的责任;另外,韩非等法家思想家所推崇的"术"和"势",往往在政治生活当中演变出一些阴谋权术之类的卑鄙丑陋的内

容,这也是法家的缺陷之一。我们今天阅读《韩非子》,应该对这些利弊之处有清楚的辨别。

另外,从文学的角度来说,韩非懂得运用各种手段来阐述自己的思想。从逻辑的严密、论述的细致、条理的清晰来看,在战国散文中是首屈一指的。因为他喜欢把道理说得很透,一层一层地铺展,所以篇幅大多很长。因为他的思想尖锐,又很自信,所以文风峻峭,言辞犀利,语气坚决而专断。他还善于运用大量的譬喻和寓言故事来论证事理,增强了文章的生动性和说服力。

经典导读
JINGDIAN DAODU

《韩非子》:一本有切世用的书

《韩非子》是在先秦诸子百家争鸣中涌现出来的一部集法家学说大成的政治著作,共20卷,凡55篇。有人认为书中有些篇章为后人伪托,胡适甚至断言只有7篇系韩非所作,但实际除《存韩》后半篇为李斯的言论外,其余都出自韩非之手。

韩非出身战国时期韩国贵族,曾与李斯同学于荀子。他的一生适逢韩国横遭强邻侵凌,国土日削,岌岌可危之时。为此,他多次上书韩王,谏以富国强兵之术,但均未被接受。于是,他愤而著书立说,写成了《孤愤》《五蠹》等几十篇文章,针对现实,总结历史经验教训,提出了一套完整实用的治国方略。他的文章传到秦国,秦王见了大为赞赏,称若能见到此人,死也心甘。韩王遂派韩非出使秦国。韩非到秦国后,上书秦王保存韩国,结果受到忌才的李斯、姚贾的谗言陷害而死。

尽管韩非死于非命,但他的文章并未因人亡而遭唾弃,相反更受世人重视。李斯称它们为"圣人之论",将之作为治秦的国策;而秦朝主管图书档案的御史则将它们编成《韩非子》一书以存世。韩非排斥仁爱,反对复古,主张君主掌握大权,修明法制,以术御臣,厚赏重罚,奖励耕战,富国强兵。他的学说是统治者控驭臣民的政治哲学,即所谓帝王之学,因而备受历代统治者的青睐。虽然秦以后的各个王朝表面上或推崇黄老之术,无为而治;或尊奉儒家学说,以孝治天下;但内里则无不以韩非的术治理论为圭臬。毛泽东就曾一针见血地指出,"其教孔、孟者,其法亦必申、韩"。正因为韩非的学说直接促进了在中国延续达2 000多年之久的君主专制制度的建立,并成为支撑整个中华帝国大厦的理论基石,所以综观中国古代,包括儒家在内的诸子百家中,还没有哪一家的实际政治效应和政治影响能超过韩非的,这就难怪蒲阪圆在《增读韩非子题辞》中,慨叹"诸子中,惟韩非书最切世用"。

韩非虽就学于荀子,但他又批判地吸收了老子、墨子等思想家的学说,并综合了商鞅、申不害、慎到等前期法家的思想,最终构建了一套以法治为重心、法术势三者兼治的君主专制的政治理论体系。就此而言,他的学说包容了春秋战国时期的大量的文化成果,是先秦各种体系、学派思想发展的必然产物,因而他的学说尽管为封建君主度身定做,但也揭示了不少具有普遍意义的社会规律和

政治原理。这些规律和原理,时至今日,仍会对各级政治管理和企业管理产生启发和借鉴作用。(李志著)

《韩非子》的思想主张

《韩非子》一书,重点宣扬了韩非法、术、势相结合的法治理论,主要反映在《难势》、《难三》、《定法》、《扬权》、《有度》等篇中。在韩非看来,商鞅治秦只讲"法",不讲"术";申不害只讲"术",不擅"法";慎到片面强调"势",这都是不全面的,"皆未尽善也"。只有把"法"、"术"、"势"三者有机地结合起来,才是切实可行的。

在"法"、"术"、"势"三者之间,"法"是根本,"势"是基本前提,"术"是执行"法"的必要方法。他列举"千钧得船则浮,锱铢失船则沉"说明"势"的重要,又列举"弃隐栝之法,去度量之数,使奚仲为车,不能成一轮","无庆赏之功,刑罚之威,释势委法,尧舜不能治三家"作例子,说明"法"的重要,"法"、"术"、"势"三者缺一不可,相辅为用。韩非"法"、"术"、"势"相结合的理论,达到了先秦法家理论的最高峰,为秦统一六国提供了理论武器,同时,也为以后的封建专制制度提供了理论根据。

韩非的哲学思想,主要反映在《解老》、《喻老》两篇中。

韩非借解释道家《老子》一书,对《老子》哲学体系的核心"道",进行了唯物主义的改造,赋予了客观物质性的内容。他说:"道者,万物之所然也,万理之所稽也。"在这里,韩非又第一次提出了"理"的概念范畴。"道"是"理"的依据,"理"是"道"的体现。各种事物所以客观存在,都是由它的特殊规律即"理"决定的,而各种事物的特殊规律即"理"又必然受总规律即"道"的支配。各种特殊规律即"理"的总和,就构成了总规律的"道"。

韩非对《老子》的"德"也作了唯物主义的改造。德是事物内在的本质,事物内在的本质决定了事物的性质。在"道"和"德"的关系问题上,韩非主张"德"是"道"的功效。他说:"道有积而德有功,德者道之功。"道是根本的,德是道的功效,两者不能割裂。韩非对道和德的解释,涉及了一般和特殊这对哲学范畴,它标志着人们的抽象思维水平又有了飞跃,对客观规律性的认识更加深刻了。

在认识论方面,韩非受荀况的影响最大。他认为,人们的认识都必须依赖于感觉器官,人的眼睛能看东西,耳朵能听声音,心能思考问题,这都是人具有的自然属性,所以他称之为"天明"、"天聪"、"天智"。他清楚地说明了人的感觉和思维器官与认识对象的关系,坚持了唯物主义的认识路线。在认识方法上,韩非主张"去喜去恶",切忌主观偏见和先入为主的成见来左右人们的认识。检验认识的标准上,则提出了"参验"的方法。韩非所说的"参验",就是对各种情况在进行排列分类的基础上,进行比较分析,然后检查验证认识的正确与否。他认为只有按认识的规律办事,才能"得事理则必成功"。反之,就是主观的妄想和臆测,这样就必然失败。韩非的认识论,虽然还属于朴素唯物论的范畴,但它的理论思维水平，无疑是先秦思想家中最高的。

韩非的朴素辩证法思想也比较突出，他首先提出了矛盾学说，用矛和盾的寓言故事，说明"不可陷之盾与无不陷之矛不可同世而立"的道理。虽然韩非的主观意图是说明法治与礼治的根本对立，着意批判儒家宣扬的礼治思想，为法治战胜礼治制造理论根据，但它确实客观地揭示了当时儒法两种思想根本对立的现实。韩非对矛盾的转化条件，也作了辩证的解释。如国家的强弱，他认为关键是实不实行法治。"国无常强，无常弱。奉法者强则国强，奉法者弱则国弱"。又如祸福的转化条件，他认为关键是"行端直"和"骄心生"这两个条件。"行端直"，则祸能转化为福；"骄心生"，则福能转化为祸。他还以水火为例，说明矛盾转化的条件性。水本来是能够克火的，但若把水盛在锅里，火就可以反过来克水，把水烧干，这是因为条件不同的缘故。韩非又用他的朴素辩证法思想解释历史现象，形成了他的进步历史观。他认为时代在变迁，社会在发展，因循守旧、复古倒退是没有出路的。他用"守株待兔"这个寓言故事，猛烈抨击顽固守旧的陈腐思想，为推行他的革新变法主张寻找理论根据。（佚　名）

《D 大师传奇》

据《史记·韩非列传》载，韩非是战国七雄中韩国的公子，出身可谓显要。这个显贵的地位和接近权力中心的生活环境所造成的影响，在他的思想和学说中很容易发现。譬如因为他生长于深宫之中，不可能对下层的广大人民和普通官吏的生活有太多的了解，更不会有什么同情，这就决定了他的学说很难像同时代的儒家、墨家、农家那样，有着显而易见的平民色彩。韩非的理论，其唯一的服务对象就是君王，他在自己的著述中孜孜以求的，也不外是维护君王地位的巩固和权势的独尊。

与儒家譬如孟子相信人性本善正相反，人性恶是韩非理论的根本起点和前提。韩非子之所以会抱有这样的观念，与他的生活环境和经历也密不可分。战国末期是一个权力斗争异常残酷激烈的时代，不仅在战场上进行着规模空前杀戮惨烈的战争；在各国的庙堂之上、宫廷之中，也充满了尔虞我诈、勾心斗角的争斗。韩非长期生活在权力斗争的中心，对其中的丑恶看得入木三分，目光所及尽是邀宠谄媚或弑君篡位之徒。他们把所有的聪明和机巧全用在了权力斗争之上，为了结交党羽、陷害异己、压倒对手、夺取权势，手段之恶劣、心思之狡黠，无所不用其极。这种人性的负面在韩非面前的充分展开，使他整日整月整年生活在恐怖之中。在他的作品中，我们看不到一点欢乐和舒畅的气氛，有的只是算计人的刻薄和怕被人算计的恐怖。在韩非的心目中，这就是全部生活，在这个世界中的人性自然是恶的。因此，人性恶成为韩非全部学说的逻辑起点。韩非清醒地认识到人性之恶会在政治生活当中造成何等纷乱的后果，同时也很清楚地了解通过人性之恶，通过制造恐怖和增加恐怖，能够在公共生活中产生的积极作用，于是"惨礉少恩"成了韩非学说的一个主要特征,这一点又外化为《韩非子》55篇峻刻、犀利的文风。

同时,整个春秋战国时期强凌弱、众暴寡、大鱼吃小鱼或者一群小鱼聚集起来吃大鱼的特定历史事实又成了韩非最深厚最现实的知识底蕴,在《韩非子》全书中到处充满着这样的故事。这些知识积累和他的人生经验互相印证,这就使他有理由以充满恐惧和疑忌的目光打量周围世界。

另外,对韩非的理论造成潜在影响的,可能还有他自身的因素。《史记》说韩非"为人口吃,不能道说,而善著书"。一个天姿超群、思想深邃、志向远大的人偏偏不能把他胸中的才学表达出来,这肯定会在相当程度上影响到他的心理状况、对周围人事的感觉,继而影响他对自己学说的构建。可以肯定,这种生理上的压抑长期得不到有效的释放和排遣,必然会加重韩非本已无法承受的"说难"、"孤愤",强化他人生的凝重、苦涩感和对现实世界的疑惧、动摇乃至丧失他对人性的最低限度的信任。而这些也都将渗透进他的理论学说当中,继而表现在他所要推行的政治策略里面。可以想象,他的学说、政策,肯定是刻薄少恩,充满肃杀甚至是残忍的意味。就像韩非的前辈商鞅(约公元前390年—公元前338年)当年在魏国也得不到重用,在忍受多年的寂寞之后,终于被秦王起用,掌握大权。结果商鞅的政策也同样严酷,连老朋友也不能被赦免。然而,韩非并未能得到像商鞅那样的好机会,尽管他几乎就要得到这种机会了。他在自己的国家韩国得不到重用,却被韩的敌国秦的国君赏识,秦王甚至为了他而对韩国大兴刀兵。然而可发一叹的是,讲究"术"、"势"、权谋的韩非终于竟因为他所鼓吹的学说而败亡:韩非的同学李斯担心韩非的到来会冲击自己在秦廷的地位,于是向秦王进了谗言,将韩非下了牢狱。最后,又在秦王悔悟之前,逼得韩非服毒自杀。法家学派的代表人物落得这般下场,真不能不说是命运的讽刺。幸好,韩非的思想仍然为秦王所遵循,并在数十年后造就了中国历史上第一个封建帝国,这般功绩,也足以让韩非声名不朽了。

延伸阅读 YANSHEN YUEDU

《慎子》是战国时期法家代表慎到等人所著。慎到(约公元前390年—公元前315年),赵国人,原来学习道家思想,是从道家中分出来的法家代表人物。齐宣王时他曾长期在稷下讲学,对于法家思想在齐国的传播做出了贡献。《史记》说他有《十二论》,《汉书·艺文志》的法家类著录了《慎子》42篇。后来很多都失传了,《慎子》现存有《威德》、《因循》、《民杂》、《德立》、《君人》五篇,《群书治要》里有《知忠》、《君臣》两篇,清朝时,钱熙祚将其合编为七篇,刻入《守山阁丛书》。

※　※　※　※

《商君书》又称《商子》,也是法家的代表作之一,传说是商鞅的作品。商鞅曾经执政秦国,他的思想有很多被韩非以及后来的秦国统治者所继承,想要全面研究一下法家思想的读者,不妨旁涉一下这本书。

青少年必知的国学经典

孙子兵法

孙 武 （春秋　生卒年不详）

> 孙子是军事史上最负威名的思想家之一。他的思想不但在中国，而且对中国之外的许多国家，都有很大的影响……《孙子兵法》对军事战略提出了很概括的见解，它的内容是许多不受时间限制的作战指导原则，而不是应付种种具体情况的详细的建议和忠告。从这个方面说，它是名副其实的兵典，学者和军人总能从中获得教益。
>
> ——美国著名学者　波拉克

孙武，我国古代著名军事家，他的一生除了立下赫赫战功之外，更主要的是为后人留下许多珍贵的军事理论，被誉为"武圣人"，历代思想家、军事家无不对他推崇备至。

孙武是中国古代第一个形成军事战略思想的伟大人物，他的《孙子兵法》是中国古典军事文化遗产中的璀璨瑰宝，其内容博大精深，思想精邃富赡，逻辑缜密严谨。自问世以来，对中国古代军事学术的发展产生了巨大而深远的影响，被人们尊奉为"兵经"、"百世谈兵之祖"。历代兵学家、军事家无不从中汲取养料，用于指导战争实践和发展军事理论。春秋战国时期，军事家常引用《孙子兵法》作为自己的军事行动的理论根据；汉代以后，更是被视为指导战争的金科玉律。三

国时著名的政治家、军事家曹操第一个为《孙子兵法》作了系统的注解，为后人研究运用《孙子兵法》打开了方便之门。在以冷兵器为主的漫长的历史时期，《孙子兵法》一直是军事家必读的教科书。

《孙子兵法》不仅是中国的谋略宝库，在世界上也久负盛名，现在已经翻译成数十种文字，广为流传。法国著名政治家、军事家拿破仑，在兵败滑铁卢之后，偶然得见《孙子兵法》，无限感慨地说："如果20年前能见到这本书，历史将会是另外一个结局。"美国最著名的军校——西点军校，一直把《孙子兵法》定为必读书。不仅如此，《孙子兵法》论述的基本理论和思想还被运用到了现代经营决策和社会管理等诸多方面。

凡读过这部兵法的人，无不倾心

于其深邃高妙的思辨内容、博大精深的军事理论，以及凝练隽永的文学语言。其问世虽久，但书中所包容的哲学思维，以及在这些哲学文化意识指导下所阐述的战争规律和原则，至今仍然闪烁着熠熠光辉，被称为令人叹为观止的罕世之作。

旷世杰作
KUANGSHI JIEZUO

《孙子兵法》全书共分13篇，有6 000余字，是我国现存最早的一部兵书，也是世界上最早的兵书。这部书基本上是以权谋为经线，以战争的一般进程为纬线来组织的，使兵法各篇既能各自独立成章，更是一个有机整体的呈现。

第一《计篇》，论述怎样在开战之前和战争中实行谋划的问题，以及谋划在战争中的重要意义。孙武认为，在开战之前，必须对敌我双方的基本条件做周密的研究和比较，认真地实行谋划，以便制定正确的作战计划。决定战争胜负的基本条件有五项，就是道义、天时、地利、将帅、法制。对这些条件胸有成竹，就可以判断战争的胜负。在战争过程中，也必须根据利害关系和不断变化的形势进行研究策划，采取机动灵活的措施，"攻其无备，出其不意"地打击敌人。

第二《作战篇》，论述速战速胜的重要性。因为出兵打仗要耗损国家大量的人力、物力、财力，拖久了就会使军队疲惫、士气低落、补给枯竭，别的诸侯国会乘机进攻。从速胜的思想出发，孙武反对以当时简陋的作战武器去攻克坚固的城寨，也反对在国内一再征集兵员和调运物资，主张在敌国就地解决粮草，厚赏士兵，优待俘虏，用缴获来补充壮大自己。只有这样做，才能迅速战胜敌人。

第三《谋攻篇》，论述用计谋征服敌人的问题。孙武认为"不战而屈人之兵"是"善之善者"，不损伤自己的兵士将帅，迫使敌人不战而降是最理想的作战方案。至于怎样才能做到"不战而屈人之兵"，孙武认为上策是"伐谋"，其次是"伐交"，再次是"伐兵"，通过政治攻势和外交手段来征服敌人，其次才是武装力量。孙武在此篇中还提出了"知己知彼，百战不殆"的思想，认为谋略必须建立在了解敌我双方情况的基础上。

第四《形篇》，论述用兵作战要先使自己"立于不败之地"。孙武认为：战争的胜负决定于敌我双方力量的大小，要想战胜敌人，就必须在力量的对比上使自己处于绝对优势，还要等待有利时机，善于抓住敌人的弱点，这样，就能轻而易举地战胜敌人。兵力不足就防守，兵力有余就进攻；防守时要十分严密地隐蔽自己，进攻时要打得敌人措手不及。

第五《势篇》，论述用兵作战要造成一种可以压倒敌人的迅猛之势，并要善于利用，做到以一当十，所向无敌。造成这种"势"，首先要给自己创造条件，使本身具有战胜敌人的强大力量。其次，要"择人而任势"，选择熟知军事、知人善任的将帅，指挥士兵作战灵活自如，引诱敌人陷入圈套，然后用伏兵狠狠地打击。

第六《虚实篇》，论述用兵作战须采用"避实而击虚"的方针。第一，要使我方处于主动地位，使敌方处于被动地位，把战争的主动权掌握在自己手里。善于用兵作战的人，能够设法调动敌人，而不被敌人所调动。第二，要出其不意，攻其不备，打击敌人兵力空虚之处。第三，要集中自己的兵力，并设法分散敌人的兵力，造成战术上的我众敌寡。孙武指出，运用避实击虚的作战方针，要从分析敌情出发，随着形势变化而变化。

第七《军争篇》，论述如何争夺有利条件，使自己掌握作战的主动权。孙武认为，首先必须了解各诸侯国的政治动向，熟悉地形，使用向导。其次必须行动统一，步调一致，"勇者不得独进，怯者不得独退"。第三，要求指挥正确，机动灵活，"避其锐气，击其惰归"。做到以上几点，才能在战争中处于有利的位置。

第八《九变篇》，论述将帅指挥作战应根据各种具体情况灵活机动地处置问题，不要机械死板而招致失败。孙武强调，将帅考虑问题要兼顾有利和有害两方面。在有利的情况下要想到不利的因素，在不利的情况下要想到有利的因素。根据不同的斗争目标，采取不同的斗争手段；要立足在充分准备的基础上，不能存侥幸心理。还要克服偏激的性情，全面冷静地考虑问题。将帅要从实际出发处置问题才能战胜敌人，所以对于国君违背实际的命令可以不执行，因此，他大胆地提出了"君命有所不受"。

第九《行军篇》，论述行军作战中怎样安置军队和判断敌情，还论述了军队在山地、江河、沼泽、平原四种地形，以及各种特殊地形上的不同处置办法。孙武还提出了31种观察、判断敌情的方法，把看到、听到和侦察到的各种现象加以分析，只有掌握真实的敌情，才能制定出正确的作战方案，获得胜利。

第十《地形篇》，论述用兵作战怎样利用地形，着重论述深入敌国作战的有利之处。孙武认为，深入敌国等于把士兵置于死地，他们会迫不得已拼死作战，发挥更大的战斗力，而且，深入敌国，还可就地补充军粮，士兵因为离家太远而不会逃散，服从指挥，一心一意作战，从而夺得战争胜利。

第十一《九地篇》，论述军队在9种不同战略地形下进行突袭作战的指导原则，特别强调要根据官兵在不同作战区域所具有的心理状态，制定切合实际的战略战术，确保在战略进攻中实施突然袭击以取得成功。

第十二《火攻篇》，论述在战争中使用火攻的办法、条件和原则等问题。孙武认为，火攻着眼点在于摧毁敌人的人力、物力和运输线，其方法必须变化运用，而且应该注意防备。除了发火的器材必须平时有准备，纵火还要选在天气干燥和刮风的日子。实施火攻必须和士兵的进攻互相配合，这样才能发挥最大的作用。

第十三《用间篇》，论述使用间谍侦察敌情在作战中的重要意义，并论述了间谍的种类和使用间谍的方法。孙武十分重视间谍的作用，认为军队应当依靠间谍提供的情报而采取行动,这是取得胜利的关键之一。

《孙子兵法》是一部理论体系完备、历史影响深远的军事学术名著,是春秋以来战争经验和规律的总结,奠定了我国古典兵学体系的理论基础。千百年来,这部书以"兵经"、"第一部战略学著作"见称,不仅为中国的历代兵家所重视,而且被世界公认为成就最高的古典兵学体系之一。《孙子兵法》中的许多战略和战术思想对于现代企业经营管理具有一定的启发作用,因而也成为现代管理学者经常阅读的重要文献。书中丰富的辩证法思想推动了古代中国辩证思维的发展,它所表达的思想理论,也是中国古代辩证法的一个源头,具有很高的哲学研究价值。

《孙子兵法》为何魅力无穷

美国研究《孙子兵法》的学者詹姆斯·克拉维尔在他 1981 年版《孙子兵法》一书的序言中说:"我深信,如果我们现代的军事和政治领袖们研究过这本天才的著作,那么,越南战争可能不会弄成那个样子,我们也许不会输掉朝鲜战争……而且两次世界大战很可能得以避免……"

克拉维尔先生的论断可能带有过多的理想主义或浪漫主义色彩,因为作为历史现象,越南战争、朝鲜战争,更不用说两次世界大战,都是一系列不以军事政治领袖的意志为转移的客观因素所决定的。但是,他强调《孙子兵法》对当代战争与和平的重大意义,这一点是完全正确的。

在中国历史上,许多帝王将相和学者都曾热衷于研究《孙子兵法》。自从这本书于法国大革命前夕率先译成法文(后来又译成其他西方文字),西方人破天荒第一次"发现"了古代中国震撼人心的兵法智慧。

当世界进入 20 世纪时,西方人"重新发现"了孙子。例如,第一次世界大战后,杰出的英国军事思想家利德尔·哈特就发现,"孙子的现实主义和中庸之道"与克劳塞维茨的"绝对"战争观念截然相反,而后者曾统治西方军事思想,并且在战争中,特别是在第一次世界大战中,造成了不必要的流血。利德尔·哈特这位"大战略"和"间接路线"战略的倡导者说,他在 20 多年中论述的战略战术原则几乎全部体现在孙子的 13 篇之中。

接着,第二次世界大战后,或者更确切地说在所谓"核时代",西方某些战略家再一次"重新发现"了孙子,把他的思想看做解决核冲突的最佳出路,于是有了"孙子核战略"之名,指的是核威慑,而不是所谓"克劳塞维茨核战略"所提出的打核战争。与此同时,许多企业家,如"财富 500 强"的老总们,惊喜地发现《孙子兵法》是赢得当今激烈商战的强大武器。于是,人们看到近些年来在日本等地有关这个主题的文献如潮水般涌来,使读者眼花缭乱。随着冷战的结束和国际舞台上经济竞争的加剧,这一趋势必将愈演愈烈。

青少年必知的国学经典

为什么孙子的书至今仍保持着长盛不衰的生命力和新鲜感？那是因为他的书浓缩了中国古代最优秀的战略智慧的精华。它是战争的经典，但又不局限于战争。它涉及政治、经济、地理、心理学以及凌驾这一切之上的哲学。它以高度概括的形式，总结放之四海而皆准的规律和原则。换句话说，它包含着一系列普遍适用于任何形式、任何层次的竞争和冲突的真理。简言之，《孙子兵法》是克敌制胜的艺术、创造奇迹的科学。从这个意义来说，《孙子兵法》不仅属于中国，如今已光耀世界。（佚　名）

《孙子兵法》的"计"

《孙子兵法》是中国也是世界上最早、最有影响的军事理论著作，其主导思想至今仍然发挥重要的作用。这不仅反映在军事方面，而且反映在政治、外交、经济、管理乃至日常生活和竞技体育的方方面面。所有领域都充满斗争，《孙子兵法》提供了战而胜之的哲学。

从学术角度讲，《孙子兵法》是中国仅有的一两个领域的系统著述。时至今日，古今中外还没有如此全面的军事思想论述。它不仅是中国几乎所有军事论著的基础，而且同外国的著作相比也毫不逊色。西方军事理论公认经典著作是克劳塞维茨的《战争论》，姑且不谈这本书是作者未完成的著作，而且它在许多地方过于含糊难懂，不到百年，大部分内容已陈旧过时。至于其他的军事学和战略学著

作，诸如马汉的制海权等著作则更是军事史上的匆匆过客。只有《孙子兵法》的许多原则，在经历战争的四个时代的发展之后，依然熠熠生辉。这四个时代是从 2 500 年前的冷兵器时代到热兵器时代再到空战及机械化时代一直到 20 世纪末的电子战时代。

《孙子兵法》含有丰富的哲理以及普遍适用的思想原则。甚至在一些"过时"的篇章中，如"火攻"等都有值得反复玩味的话题。但如果我们不停留在"计"这个技术层面上，那么它在理论层面上的思想恐怕更有普遍的、持久的价值：

一、军事是国之大事。孙子虽没有明确讲"战争无非是政治通过另一种手段的继续"，可是他对于军事的地位有明确的认识。他说："兵者，国之大事，死生之地，存亡之道，不可不察也。"但军事只是达到政治目标的一种手段。因此，他提出著名的论断："是故百战百胜，非善之善者也；不战而屈人之兵，善之善者也。""故上兵伐谋，其次伐交，其次伐兵，其下攻城。"

特别是他考虑全局利害，而不是采用单纯军事观点。他提出鲜明的观点："夫兵久而国利者，未之有也。""故不尽知用兵之害者，则不能尽之用兵之利也。"实际上，这是放之四海而皆准的真理。孙子的高明之处在于他反对穷兵黩武，为打仗而打仗，为使计而使计。

二、信息的重要性。他有一句名言：知己知彼，百战不殆。实际上，他讲的"知"还有许多具体内容，"知天知地"，"知九变之术"，"知迂直之计"，

"知屈伸之利，人情之理"，"知可以战与不可以战"，等等。

在如何获知方面，《孙子兵法》第十三篇"用间"十分精彩，这是最早论述间谍作用的文献。孙子同样看到"用间"的方方面面，知道敌人也可以用，其中也可能有假情报等。

三、争取主动。孙子对具体作战方法有许多论述，主要精神立足于主动作战，而非被动挨打。例如他主张速战速决："兵之情主速，乘人之不及，攻其所不戒也。"但在不是所有情况都有利的情形下，则要"造势"，形成有利于己、不利于敌的态势。"善战者，求之于势，不责于人。故能责人而任势。"

四、管理思想。《孙子兵法》不仅在军事思想方面十分先进，而关于治军方面的管理思想近年来也受到国内外的重视。老子与孙子被列为几十位有影响的管理思想家之首。在一个企业中如同在一个军队中一样，官兵素质、教育训练、管理协调、赏罚激励等同样构成"企业文化"的要素。在军队中士气的重要不言而喻，在企业和其他单位中，人际关系尤为重要。孙子最早表明，军事除了硬件之外，软件的重要性。

《孙子兵法》提供的"计谋"形成中华民族2500年来斗争哲学的主导技术，但单纯技术观点并不能带来胜利，许多情况下还遭到失败。究其原因，处处用"诡道"，"为用计而用计"而导致全局目标的丧失。另一方面，只重视意识形态及精神力量，忽略了硬件的发展，自然也不会有好结果。战争也好，斗争也好，竞争也好，理论原则、谋略、武器三者缺一不可。（胡作玄）

大师传奇
DASHI CHUANQI

孙武，字长卿，后人尊称其为孙子、孙武子。他出生于公元前535年左右的齐国乐安（今山东惠民），具体的生卒年月日不可考。孙武的祖先原本姓妫，被周朝天子册封为陈国国君，后来由于陈国内部发生政变，携家带口逃到齐国，投奔齐桓公。在齐国定居以后，由姓妫改姓田。100多年后，田氏家族成为齐国国内后起的一大家族，地位越来越显赫，在齐国的领地也越来越大。第五代后人田书，做了齐国的大夫，很有军事才干。因为领兵有功，齐景公在乐安封给他一块地，并赐姓孙氏。孙书的儿子孙凭，做了齐国的卿，成为君主以下的最高一级官员。孙凭就是孙武的父亲。

贵族家庭给孙武提供了优越的学习环境，他得以阅读古代军事典籍《军政》，了解黄帝战胜四帝的作战经验以及伊尹、姜太公、管仲等人的用兵史实。当时战乱频繁，兼并激烈，孙武的祖父、父亲都是善于带兵作战的将领，他从小也耳闻目睹了一些战争，这对他在军事方面的培养是非常重要的。但孙武生活的齐国，内部矛盾重重，危机四伏。齐景公初年，齐国四大家族的内乱愈演愈烈。孙武对这种内部斗争极其反感，不愿纠缠其中，萌发了远奔他乡，施展自己才能的念头。在齐景公三十一年（公元前517年）左右，孙武长途跋涉，投奔吴国，他的一生事业就此在吴国展开。

孙武来到吴国后，结识了从楚国

而来的名将伍子胥，并结为密友。公元前515年，吴王阖闾即位。他礼贤下士，任用伍子胥等一批贤臣；又体恤民情，注意发展生产，积蓄粮食，建筑城垣，训练军队，因而大得民心。即位3年后，吴国国内稳定，仓廪充足，军队精悍，向西进兵征伐楚国的准备工作已经基本就绪。伍子胥向阖闾提出，这样的长途远征，一定要有一位深通韬略的军事家筹划指挥，方能取胜，于是向吴王阖闾推荐了正在隐居的孙武。可孙武自从来到吴国后一直隐居著书，吴王连这个名字都不曾听说，认为一介农夫不会有大本事。伍子胥便反复推荐，仅一个早上就推荐了七次，吴王才答应接见孙武。

孙武带着他的兵法进见吴王，吴王看过之后，赞不绝口。但为了证明孙武不只是一位纸上谈兵的人，便给孙武出了个难题，要求用宫女来试验一下。他下令将宫中美女180名召到宫后的练兵场，交给孙武去演练。孙武把180名宫女分为左右两队，指定吴王最为宠爱的两位美姬为左右队长，同时指派自己的驾车人和陪乘担任军吏，负责执行军法。分派已定，他站在指挥台上宣布操练要领，一切行动都以鼓声为准。安排就绪，孙武便击鼓发令，但纵然三令五申，宫女们只觉得好玩，不听号令，捧腹大笑。孙武便召集军吏，根据兵法，斩两位队长的首级。

吴王见孙武要杀掉自己的爱姬，马上派人传命说："寡人已经知道将军能用兵了。没有这两个美人侍候，寡人吃饭也没有味道。请将军手下留情！"孙武断然回答："臣既然受命为将，将在军中，君命有所不受。"执意把两名美人斩首，任命两队排头充当队长继续练兵。当孙武再次击鼓发令时，众宫女前后左右，进退回旋全都合乎规矩，阵形十分齐整。阖闾因为失去爱姬，心中不快，孙武便亲自去见他，说："令行禁止，赏罚分明，这是兵家的常法。对士卒一定要威严，只有这样，打仗才能令行禁止，克敌制胜。"听了孙武的一番解释，吴王阖闾怒气消散，拜孙武为将军。

在孙武的严格训练下，吴军的军事素质有了明显的提高。公元前512年，阖闾、伍子胥和孙武指挥吴军，攻克了楚的几个属国。这时阖闾头脑发热，想要长驱直入楚都，孙武认为这样做不妥，劝说吴王暂且收兵，蓄精养锐。伍子胥也同意孙武的主张，两人共同商订了一套计策，组成三支劲旅，轮番袭扰楚国。弄得楚国连年应付吴军，人力物力都被大量耗费，国内空虚，属国叛离。吴国却从轮番进攻中抢掠了不少财货，在与楚对峙中完全占据上风。公元前506年，吴军大举进攻，占领楚国的国都郢。孙武以3万军队攻击楚国的20万大军，获得全胜，创造了以少胜多的光辉战例。

公元前496年，阖闾听说越王允常去世，便不听孙武等人的劝告，仓促出兵，想要击败越国。结果大败而归，阖闾也伤重身亡。太子夫差继承王位后，孙武和伍子胥整顿军备，以辅佐夫差完成报仇雪耻大业。公元前494年春天，夫差率10万精兵迎战越王勾践，在孙武、伍子胥的策划下大败越军。勾践带着5 000名甲士跑到会稽山上凭险抵抗，由于吴军团团包围，只得向吴屈辱求和。吴国在南方大获全胜之后，便向北方中原地区进逼。公元前485年，夫差联合鲁国，大败齐军。公元前482年，夫差又率领着数万精兵，到达黄池（今河南封丘县南），与晋、鲁等诸侯国君会盟。吴王夫差在这次盟会上，以强大的军事力量为后盾，争得霸主的地位。孙武虽没有直接参加攻齐取胜、与晋争霸两事，但在此前精心训练军队和制定军事谋略，对夫差建立霸业有不可抹杀的巨大贡献。

随着吴国的如日中天，孙武显赫的名声达到了顶点，同时似乎也走到了功名的尽头。此后，他的名字便从各种史料中消失了。也许他厌倦了战场厮杀，隐居于江南的青山碧水之中；也有人猜测，孙武可能是在伍子胥被吴王夫差错杀以后，深知"兔死狗烹，鸟尽弓藏"的道理，才悄然归隐山林。总之，孙武从此远离了人们的视线，不再理会胜负输赢。但他的兵法却一代代流传下来，成为人们心目中战无不胜的经典。

YANSHEN YUEDU 延伸阅读

《孙膑兵法》 作者为孙膑，传说他是孙武的后代。在战国的兵家中，孙膑以讲求机变而著称，是当时著名的军事家。《孙膑兵法》在唐代以前便已经散失，但在1972年2月，山东临沂银雀山一号汉墓出土了竹简本的《孙膑兵法》。经过学者们的认真整理，失传已久的古兵书终于重见天日。

※ ※ ※ ※

《六韬》 又称《太公六韬》或《太公兵法》，是中国古代著名兵书。传说是周朝的姜子牙所撰写，当今学者大多认定《六韬》成书于战国时期。这部书通过周文王、武王与太公望对话的形式，论述治国、治军和指导战争的理论、原则，具有重要的价值，受到历代兵家名将的重视。北宋神宗元丰年间，《六韬》被列为《武经七书》之一，为武学必读之书。

※ ※ ※ ※

克劳塞维茨是普鲁士军事理论家，被誉为西方近代军事理论的奠基者。他先后研究了1566年—1815年所发生的130多个战例，总结了自己所经历的几次战争的经验，写出了一部体系庞大、内容丰富的军事理论著作《战争论》。这部书被誉为西方近代军事理论的经典之作，对近代西方军事思想的形成和发展起了重大作用。《战争论》与《孙子兵法》代表了东西方不同的军事思想，对照观看很有趣味。

青少年必知的国学经典

左 传

左丘明　（春秋　生卒年不详）

　　左氏主要是采用了以史传经的方法，因而发展出今日可以看到的一部伟大的史学著作《左传》，其意义实远在传经之上。传经是阐述孔子一人之言；而著史则是阐发了242年的我们民族的集体生命，以构成我们整体文化中的一段生动而具体的形象。

——当代学者　徐复观

　　左丘明是春秋时期著名的史学家，同时也是一个天才的文学家。他知识渊博，品德高尚，曾经深为孔子所推许；他双目失明，却一生笔耕不辍，司马迁因而发出"左丘失明，厥有《国语》"的赞叹。《左传》全称《春秋左氏传》，是左丘明最重要的作品，也是先秦时代内容最丰富、规模最宏大的历史著作。

　　《左传》代表了先秦史学的最高成就，是研究先秦历史和春秋时期历史的重要文献，对后世的史学产生了很大影响，是我国第一部完整的编年体史书。而且由于它具有强烈的儒家思想倾向，强调等级秩序与宗法伦理，重视长幼尊卑之别，同时也表现出"民本"思想，因此也是一部重要的儒家经典。

　　《左传》同时也是一部非常优秀的文学著作。以记事为主，兼载言论，叙述详明，文字生动简洁，全面反映了当时的社会历史面貌，最为人所称道的就是书中对于战争的描写，生动地记叙了春秋年间发生的几次重大战事。因其善于描写复杂的战争事件，并能准确地捕捉到战争的性质、特点，因此被称为"相斫书"，为历代军事家所喜爱，几乎能与《孙子兵法》相媲美。《左传》还以丰富翔实的史料，用文学的笔法来叙述历史事件，描写历史人物，这不仅使《春秋》这部经书变得有血有肉有灵魂，对史学的发展和普及也发挥了决定性的作用。

　　《左传》以孔子所修《春秋》为纲领，把这个时代各方面的变迁、成就、矛盾、冲突，都以让历史自己讲话的方式，系统完整地表达出来，而且充满趣味。使生在今日的人，对公元前722

年到公元前481年的这一段古代史，还可以有着清楚而生动的把握。这种史学上的成就，不仅开我国传统史学之先河，而且也标志着历史散文的巨大发展。上承《尚书》《春秋》，下启《战国策》《史记》，在我国史学史、文学史上均占有极为重要的地位。

旷世杰作

《左传》是一本古代编年体历史著作，儒家经典之一，西汉初称《左氏春秋》或称《春秋古文》。西汉末年刘歆所见到的则称"古文《春秋左氏传》"，《左传》就是《春秋左氏传》的简称。《春秋》是春秋时期鲁国的国史，据说曾经过孔子的增删修改，而《左传》则是对《春秋》加以传述的著作。

《左传》的写作年代，至今没有定论，杨伯峻《春秋左传注·前言》推测成书在公元前403年魏斯为侯以后，周安王十三年（公元前389年）以前。

《左传》记事基本以《春秋》所载鲁十二公为次序，但在时间上要超出《春秋》的范围。《春秋》在广阔的社会背景下，记录了诸侯、卿大夫的活动，并把笔触深入到商贾、卜者、刺客、乐师、妾媵、百工、皂隶等各个阶层；通过对齐桓公、晋文公、秦穆公、楚庄王、吴王阖闾、越王勾践等霸业盛衰的叙写，反映了当时诸侯国之间错综复杂的角逐；而对鲁季孙氏，齐田成子，晋国韩、赵、魏诸卿与公室的矛盾，郑子产的改革等描述，又深刻地揭示了社会内部的变革及其趋向。

左氏在叙事中敢于直书不讳，带

有鲜明的倾向性。他往往以"礼也"、"非礼也"作为对人物的评判，其观念较接近于儒家，强调等级秩序与宗法伦理，重视长幼尊卑之别，同时也表现出"民本"思想。书中虽仍有不少讲天道鬼神的地方，但其重要性却已在"民"之下。如桓公六年文引季梁语："夫民神之主也。是以圣王先成民而后致力于神。"庄公三十二年文引史嚚语："国将兴，听于民；将亡，听于神。"此类议论，无疑具有历史的进步意义。

前人评说"左氏艳而富"，这表明《左传》在文学性方面比《春秋》有了很大增强。从《春秋》只作大事记式的记录，到《左传》中出现戏剧性的故事情节和栩栩如生的人物形象，是历史散文的一大进步。如隐公元年记"郑伯克段于鄢"，作者按事件的开端、发展、高潮、结局有组织、有层次地加以叙述，表现了郑伯的狡诈狠毒、共叔段的野心勃勃、武姜的偏心酿祸，概括了郑国统治集团内部几十年斗争的历史。从中既可看到历史的进程，又可看到出现于历史舞台上的人物的举动神情。把历史的真实性、倾向的鲜明性、表达的形象性结合起来，通过具体的人物活动去展现历史画面，创立了中国历史撰述的优良传统，为后世史传文学的发展打下了良好的基础。

叙写战争是《左传》之所长，全书写军事行动400多次，写得最为出色的，便是春秋时代著名的五大战役（城濮之战、崤之战、邲之战、鞌之战、鄢陵之战）。作者善于将每一战役都放在大国争霸的背景下展开，对于战争的远因近因，各国关系的组合变化，战前

青少年必知的国学经典

策划、交锋过程、战争影响，以简练而不乏文采的文笔——交代清楚。这种叙事能力，无论对后来的历史著作还是文学著作，都是具有极重要意义的。另外，描写擅长外交辞令的人物形象，也是《左传》突出的长处。

《左传》对后世史学、文学都有重要影响。汉司马迁发展了《左传》的传统，写出了亦史亦文的巨著《史记》。宋代司马光的《资治通鉴》不仅内容上与之相接续，体裁、手法也以之为师。在文学方面，《左传》更是后世文人取法不尽的宝库。

经典导读

 ### 春秋笔法与传统精神

读古书，《左传》往往是必选书目，因为它的文学性，更因为它是经史兼备的典范。讲传统文化的人历来喜欢用各自的话描述传统精神，却很少有人从文献典籍的角度来思考。其实，传统精神的核心就是经史合一、互为体用。

《左传》原本是《春秋经》的传注，相传为鲁人左丘明所作，后来独立成书，与《公羊传》、《谷梁传》并称《春秋》三传。说《春秋》，离不开春秋义法和笔法。一部最早的编年史被后人依儒家观念发挥衍生出众多精妙的"微言大义"，并通过隐约其辞的史笔凸显出来，这本身就是经学和史学精神互为体用的集中体现，而且贯穿整个思想的历程。由于春秋"书法"、"书例"最早是由公羊学家提出，很多人总错误地把它当作今文学派的专利，殊不知《左传》也讲笔法。杜预在他的《春秋左传集解》里便既解经例、又解史例，这充分表明忽视《左传》的经学成分是不合情理的。另外，我们不要忘记，"微言大义"一词来源于尊《左传》的古文学家刘歆《移书让太常博士》一文，即"及夫子没而微言绝，七十子卒而大义乖"。尽管近现代以来随着经学的衰落，研究《春秋》、《左传》渐渐只说其史学和文学价值，但它们所说的义法和笔法沟通了经史，铭刻在传统精神中，所以近人辜鸿铭用英文译写《春秋》时便是以"中国人的精神"为书名的。

清代史家章学诚有过"六经皆史"的论断，事实上《二十四史》又何尝不是无"经"之名的"经"呢？《春秋》尊王攘夷、道尽华夷之辨，《二十四史》正是建立在正统经学思想基础之上的正史，几千年的政治观、历史观和文化观无不以此为中心。《春秋》褒贬美刺、维护儒家秩序，《二十四史》也是宣扬忠孝、协除奸邪那一套。有人说《二十四史》是帝王家史，《春秋》难道不是鲁王家史？至于《左传》开创的以春秋笔法的隐性形式和"君子曰"的显性形式阐发大义，均为《史记》、《汉书》等史书继承。可见，在《春秋》、《左传》那里，经史是并通为一的，后世的经书、史书也概莫能外。大到天下兴亡、小到论资排辈，我们的传统精神就是以历史故事的形式积累、传递和展开的。故而，中国的思想家和史学家往往兼于一人之身是毫不奇怪的。

史家述史历来有所谓"直笔"、"曲笔"之说，这显然源于春秋笔法。秉笔直书本为史官的天职，然而史料无一不烙上写者的倾向，以至于保留下来的"直笔"也成了"曲笔"的一种特殊形式。而且，从大文学的层面来讲，"直笔"、"曲笔"又构成修辞，所以胡适以来的许多学人甚至认定春秋笔法是我国修辞的最早萌芽。这种修辞不仅体现在典籍思想里，也融入到民间思想中。我们平常所说的"隐恶扬善"、"长幼有序"、"适可而止"等等，塑造的便是含蓄的谦谦君子和礼仪之邦。众所周知，《左传》重"礼"，对于违"礼"之事，往往以"直笔"极尽鞭挞之能事。当然它也遵循春秋笔法"为尊者讳、为贤者讳、为亲者讳"的"曲笔"原则，有所顾忌。

近几十年来，《左传》的译注本有不少，其中以杨伯峻先生的《春秋左传注》和沈玉成先生的《左传译文》为目前国内最好的本子。杨先生的注释吸收了前人的学术成果，修正了千百年来的误说，是典型的集大成著作；沈先生的译文是杨注的姐妹篇，准确易懂，文采斐然，可读性强，很有自己的特点。我想，读《左传》应该透过文学性，回到通过其经学和史学思索反映的传统精神中来。（芜　菲）

铁笔如椽唱大风

中国是一个崇尚谋略也盛产谋略的文明古国，几千年军事史中，各种权谋机变、阴诡虞诈不可胜数。时至今

日，中国军队仍被世界各国称之为"谋略型"，与"技术型"的美军和"力量型"的俄军并称为当今世界三大军学流派。春秋时代是我国古典文明的萌芽期，军事学术百花齐放，争霸战争中种种奇谋妙计更是层出不穷。

《左传》在对军事斗争的具体交战行动进行记述时，将主要的着眼点都放在了交战各方谋略的运用和对抗上。从谋臣策士的谋划分析，统兵将帅的指挥布置，直到国君国相的决断处置，无不写得淋漓尽致，基本构成了战争描写的主要脉络。特别是其中对于军事谋略的分析阐述更是历来为人所称道。后世许多著名军事家都将《左传》当做一部兵书而加以研习。以灭吴之战著称的西晋名将杜预对《左传》便钟爱有加，常在行军打仗、舟中马上之际捧读《左传》不止，甚至自称为"《左传》癖"，他为《左传》作的注被后人广为推崇，并收入了《十三经注疏》。其他如唐将徐绩、李靖、宋朝岳飞、宗泽、虞允文等名将都非常重视《左传》的军事学术价值。《左传》中对春秋战争记述的另一个内在特点就是记述的谋略化。作者把主要的描写笔触放在了交战双方的谋略运用上，不仅注重对双方在战略上的一些重大谋划进行分析，而且对交战中双方一些具体而微的战术战法进行了精确而细致的描述。

从最直观的层面来看，战争是一种暴力与暴力直接对抗的社会斗争形式。但是如果从更深的层面上来思考和体察，我们就会发现战争的意义远远不止于此。仅从对抗这一形势来

看,战争中暴力与暴力的直接冲突只是对抗的表象而已,而在这种表象之下,对战争实质起着指导和推动作用的则是对抗双方在谋略上的运用。谋策是关于军事战略、战术的谋略、预测的科学。军事谋略理论像所有的理论一样,都是以过去的战争实践来揭示战争的规律,使人们便于把握错综复杂的军事活动的多元交叉关系,从而做出最正确、最坚决、最大胆、最实用的战略战术选择。孙子说:"上兵伐谋,其次伐交,其次伐兵,其下攻城。"军事对抗最高级的形式是"伐谋",即通过各种精巧的谋略运用,迫使敌人屈从于本方的意志,从而达到不动干戈就实现政治企图的目的。

《左传》重点记述的春秋时期五大战役,是春秋时代交战规模最大、波及面最广、影响也最为深远的战役,更是各种军事谋略角逐最激烈的大舞台。抛开影响战争胜负的其他因素不谈,在五大战役中集中了春秋时期最精彩的军事谋略。

在记述各种战略性军事谋略的同时,《左传》也十分注重对各种精妙的战术战法进行细致的分析探讨。除五大战役外,《左传》在记述一些中小规模战役时也十分注意描绘其中重点军事谋略的应用。在𦈡葛之战中,郑国军队就是采用左、中、右三个方阵组成的"鱼丽之阵"和两翼攻击战法,击败了周王室的军队;燕、郑两国的北制战役中,郑国军队又是采取包抄战法,从后方袭击了燕国军队而获胜。

当然在春秋初期,军事谋略的应用尚不广泛,有时一些谋略带有很大偶然性,比如楚国令尹子元讨伐郑国的战役中,郑人由于慌乱而"县门不发",结果阴差阳错地造成了一个"空城计",吓退了楚军。但随着军事学术渐趋成熟,战争谋略也日益高级化。后世广为采用的一些著名谋略和先进的战略战术在这时开始为交战各国所应用,如假途灭虢、远交近攻、以逸待劳、趁火打劫等,同时一些比较高深的军事思想也开始出现,如曹刿的"彼竭我盈,故克之"是古代防御战术的典范;宋国大夫子鱼提出的"明耻教战"和楚国大夫斗廉提出的"师克在和,不在众"等军事思想均对我国古代军事学术的发展有着重要的贡献。到了春秋末期,出现了像孙武这样的军事天才,军事理论研究更是登堂入室,大放异彩,春秋军事学术至此归于成熟。

《左传》在记述战争时很注重详略的安排,对于重大战役都不惜笔墨进行全面而详尽的记载;对一些中小战役往往只是集中刻画其中成功的谋略运用和施用谋略的人。军事谋略的发展变化和实际应用始终是记述的中心脉络之一,形成了一个谋略化的记述体系。《孙子兵法》提出的"上兵伐谋"思想则是对整个春秋时期战争经验的总结,是对整个军事学术的哲学概括,它揭示了战争行为的本质。战争史证明,没有不用计谋的战争。在战争中,敌我双方的较量,绝不仅仅是军事实力的比赛。谋略参与战争的过程,常使战争发生奇迹变化,所有在战争史上以弱胜强、以少胜多的战争现象,无不是由成功的谋略所导演的。谋略之所在,乃是胜利之所在。(佚 名)

《左传》是我国古代一部宝贵的文化典籍，儒家十三经之一，被钱穆先生称为"一部研究中国古代史的基准观点所在"。作者左丘明是春秋时期著名的史学家，但在史籍上，关于他生平的记载却是只言片语，从而一直成为后世学者孜孜探求的课题。

现在可以确认的是，左丘明的名字最早出现在《论语》当中。《论语·公冶长》："子曰：巧言、令色、足恭，左丘明耻之，丘亦耻之。匿怨而友其人，左丘明耻之，丘亦耻之。"从孔子的语气中不难判断出，孔子将左丘明引为同道，对于花言巧语、伪善的做法都感到很可耻。由此得知，左丘明是与孔子同时代的人，而且与孔子的关系较为亲近。因此，司马迁在《史记》中记载："是以孔子明王道，干七十余君，莫能用，故西观周室，论史记旧闻，兴于鲁而次《春秋》，上记隐，下至哀之获麟，约其辞文，去其繁重，以制义法，王道备，人事浃。七十子之徒口授其传指，为有所刺讥褒讳挹损之文辞不可以书见也。鲁君子左丘明惧弟子人人异端，各安其意，失其真，故因孔子史记具论其语，成《左氏春秋》。"

这一段话的意思是，孔子的思想不被当时各国诸侯所接受，因此便利用周王室的历史资料和鲁国国史，编纂成《春秋》一书，来寄托他的政治思想。孔子死后，因为《春秋》的文字简略，含义深邃，孔子的弟子们对这本书的理解渐渐产生了分歧。当时的鲁国

"君子"左丘明担心这种情况，便根据孔子生前关于历史的言论，写出了《左传》这本书。这里需要解释一下的是，后世传述《春秋》的书不止一本，最著名的，除了《左传》，还有《春秋公羊传》和《春秋谷梁传》，后两种书与《左传》的体例不大相同，《左传》偏重于记事，而后两种书都偏重于解释《春秋》经义。但按照司马迁的说法，《左传》同样也是一本依附于《春秋》的书。

从司马迁的说法中还可以看出，左丘明与孔子的关系很亲密，因此他能够了解孔子对于历史的看法和《春秋》的真实意图。据说，孔子曾经和左丘明一道在周王室观览史书，譬如学者严彭祖的《严氏春秋》引《孔子家语·观周》："孔子将修《春秋》，与左丘明乘，入周，观周与周史。归而修《春秋》之经，丘明为之传，共为表里。"就记载了这件事。另外，还有一些史料记载左丘明是鲁国的"太史"，也就是史官，从左丘明能够接触大量史料以撰述《左传》来看，这个记载很可能也是真实的。除此之外，关于左丘明的生平，今天能够知道的少之又少。然而无论如何，《左传》却一直和他的名字紧密相连，在历史长河和文学圣殿中熠熠生辉。

《国语》 这是一本记载春秋时期史事的史书，《左传》偏重于记事，而《国语》偏重于记言。有一种说法认为，这两本书都是左丘明的作品。《国语》当中也保留了很多先秦史料，许多

青少年必知的国学经典

地方可以同《左传》参考资证，是一本重要的史书。著名史学家金毓黻曾说过："凡研《左传》者，必读《国语》。"

※ ※ ※ ※

《战国策》 主要记载了战国时代的谋臣、策士们游说各国君主或互相辩论时所提出的政治主张、斗争策略和处世方略。同时也是一部文学价值极高的散文名著，文采飞扬、气势宏伟。从史学史的角度来看，《战国策》上承《左传》下启《史记》，在史书体裁由编年体向纪传体过渡之际起了桥梁作用。

楚　辞

屈　原　（战国　约公元前 340 年—公元前 278）

> 逸响伟辞，卓绝一世……其影响于后世之文章，乃甚或在三百篇以上。
>
> ——鲁　迅

战国时期出现的楚辞，在中国文学史上有着特殊的意义，它和《诗经》共同构成中国诗歌史的源头，以"瑰丽的文采、神奇的想象、综合的形式、浪漫的气息、时代的精神"，不仅让时人耳目一新，而且令后代景仰千古。楚辞这种体裁的开创者，就是中国历史上第一位爱国诗人屈原。

如果要寻找一位深刻地浸润着中国历代文人心灵，又广泛地影响着中国社会、历史、民俗的骄子，屈原无疑当为首选。屈原对后世影响最大的，首先是他那砥砺不懈、特立独行的节操，以及在逆境之中敢于坚持真理，始终心怀家园的精神。他以卓越的人格力量和深沉悲壮的情怀，鼓舞并感召了后世无数的仁人志士。怀才不遇的贾谊、"发愤著书"的司马迁、"不为五斗米折腰"的陶渊明、旷世独立的李白、忧国忧民的杜甫、"先天下之忧而忧"的范仲淹，还有张衡、曹植、阮籍、韩愈、柳宗元、白居易、苏轼、蒲松龄，历代文人无不心折于屈原的作品与人格。

抒发情怀、叙写心境的《离骚》，神奇瑰丽的《九歌》，隐含悲愤的《天问》——屈原的名字和他的诗篇千百年来为世人所传诵，在中国和世界树立起令人仰视的巍峨丰碑。自古及今，仁人志士都以"长太息以掩涕兮，哀民生之多艰"表达自己的情怀，身处逆境者多以"路曼曼其修远兮，吾将上下而求索"激励自己的意志。屈原那种忧愤深广的爱国之情，为了理想顽强不屈的抗争精神，早已突破了儒家明哲保身、温柔敦厚的处世原则，为中国文化增添了一股慷慨刚烈之气。而他九死不悔的执著意志、深沉的忧患意识、自我完善的高洁精神、坎坷多舛的悲剧命运、恢弘瑰丽的锦绣诗篇，更化作一缕永恒的精神血脉，穿越时空，涌动在几千年的历史文化之中。

作为崭新的文学样式,楚辞的创作开启了浪漫主义的先声,培养了屈原、宋玉、景差、唐勒等一大批人才。西汉末年,刘向辑录这些作家的作品,编成《楚辞》一书,形成了我国文学史中最早的浪漫主义流派。

楚辞的作者无疑应以屈原为其最杰出的代表。屈原的作品利用民歌体的形式,吸取民间文学的丰富养料,深邃的思想蕴涵于富有鲜明个性的艺术形象之中。尤其《离骚》、《九歌》,构思谨严而奇特,感情深挚而热烈,对后世文学影响极深。

《离骚》是屈原的代表作。这篇宏伟的政治抒情诗表现了作者的进步理想,为实现理想而进行的不懈斗争,同时也表达了斗争中所遇到的挫折以及内心的苦闷。屈原常常征引历史来抒发自己的情怀,从中寻找经验教训,其中有些地方可以和史书互相参证补充;从《离骚》中关于羲和、望舒、飞廉、丰隆、宓妃的记述,也可窥见上古神话传说的一斑,而"摄提贞于孟陬兮,唯庚寅吾以降"等看起来很艰涩的诗句,则是考证古代天文历法的重要资料。《离骚》闪耀着理想主义的光辉异彩。诗人那炽烈的情感、坚定的意志,追求真理,追求完美的政治,追求崇高的人格,至死不渝,产生了巨大的艺术感染力。

《九章》由九篇作品组成,其内容都与屈原的身世有关。例如《橘颂》用拟人化的手法,描绘橘树灿烂夺目的外表,和"深固难徙"的品质,以表现自我优异的才华、高尚的品格和眷恋故土、热爱祖国的情怀。《怀沙》一般认为是屈原临死前的绝笔,诗人再次表明自己至死不渝的志向,并以更为激愤的言辞指斥楚国政治的昏乱。《九章》的大部分都反映了屈原流放生活的经历,将纪实、写景与抒情相结合,以华美而富于表现力的语言,写出复杂的、激烈冲突的内心状态。

《九歌》本为古代乐歌,相传是夏启从天上偷来的。屈原在民间祀神乐歌基础上创作的《九歌》,沿用了古代流传下来的名称,共11篇。其中保存了关于云神、山神、湘水神、河神、太阳神等的神话故事,是研究上古民俗和楚文化的珍贵资料。《诗经》中的祭祀乐歌通常都是典雅而庄重的,《九歌》则不同。它用富丽奇幻的语言,描绘出盛大的、活泼而亲切的祭礼场面。诗中的神灵都被赋予了人类的品格和情感,美好而可亲,这些都反映出在南方的民间信仰中人神共处的特点。

《天问》是一首长诗,在它对自然宇宙和社会历史提出的172个问题中,也保存了许多神话传说和古史资料。例如,关于鲧、禹治水的传说所提出的一系列问题,就涉及鲧和鸱龟的关系,禹和鲧治水方法的不同,禹治水时曾得应龙之助,禹娶涂山氏女等细节;关于后羿的传说所提的问题又涉及后羿射日等细节。关于商之始祖契,以及自契至汤的历史,文献资料十分缺乏。《天问》透露了许多关于这段历史的重要线索,其中涉及契、王季、王亥、王恒、上甲微等殷人先公先王的内容，尤为宝贵。

在艺术成就方面，《楚辞》也达到了相当高的成就，对中国文学史产生了深远而广泛的影响。

首先，《楚辞》创造了一种新的诗歌样式，这种诗歌形式无论是在句式还是在结构上，都较《诗经》更为自由且富于变化，因此能够更加有效地塑造艺术形象和抒发复杂、激烈的情感。就句式而言，《楚辞》以杂言为主，词语繁复，很重视外在形式的美感，这为汉代赋体文学的产生创造了条件。

其次，《楚辞》突出地表现了浪漫的精神气质。这种浪漫精神主要表现为感情的热烈奔放、对理想的不懈追求、性格鲜明的抒情主人公形象以及神奇瑰丽的想象。《楚辞》中另一浪漫特征表现在它通过幻想、神话等创造了一幅幅雄伟壮丽的图景。《离骚》中那一次次壮观的天界之游，望舒先驱，飞廉奔属，想象极为大胆奇特，使得屈原的自我形象显得高大明洁、激动人心。

中国古代神话由于种种原因，传世较少，而《楚辞》，尤其《天问》是我国神话材料保存得较为集中的文学作品。《离骚》、《九歌》、《招魂》中都有不少神话或神话形象，使得诗歌显出缥缈迷离、瑰丽神奇的美学特征，对李白、李贺等后世许多诗人有着巨大的影响。

再次，《楚辞》的象征手法对后世的文学创作有重大影响。《楚辞》中典型的象征性意象可以概括为"香草美人"，它是对《诗经》比兴手法的继承和发展，内涵更加丰富，也更有艺术魅

力。由于屈原卓越的创造能力，使这些意象与他的生平遭遇、人格精神和情感经历融为一体，从而更富有现实感，也更加充实，赢得了后世文人的认同，并形成了一个源远流长的香草美人的文学传统。如曹植《洛神赋》曰："感宋玉对楚王神女之事，遂作斯赋。"李贺诗多寄情于香草美人，如凄婉哀绝的《苏小小墓》等。而蒲松龄一生不遇，在《聊斋志异》中渲染花妖的美丽形象，自云："知我者，其在青林黑塞间乎！"显然也是受到了楚辞香草美人传统的影响。

《楚辞》无愧为后世文学创作可堪借鉴的典范，要了解中国文化的源远流长和光辉历史，不读《楚辞》是不可能做到的；要理解中国文人的爱国精神和敢于牺牲自我捍卫真理的高尚情怀，不读《楚辞》也是不可能获得的。

经典导读 JINGDIAN DAODU

瑰奇浪漫的不朽诗篇

《楚辞》是以屈原为代表的一批诗人以"楚辞"体写成的一批诗作的集子，其中可以确定为屈原所作的诗歌有《离骚》、《天问》、《九歌》、《九章》、《招魂》、《卜居》、《渔父》诸篇。这些作品都是屈原卓越的艺术才能与浪漫、神秘、丰富多彩的楚文化尤其是楚民间文化相融合的结果，具有"书楚语，作楚声，记楚地，名楚物"的特点。

屈原是楚国贵族，曾任左徒、三闾大夫等官职，他曾滋兰树蕙培养人才，

举贤授能追求美政,同时致力于楚歌的改造和再创作。在屈原青春浪漫的早期,《九歌》诞生了。《九歌》是屈原在当时楚国民间祭歌的基础上创作而成的,它展示了这样一个奇特、瑰丽、充满神秘色彩的世界。这个世界不同于北方黄河流域那种古朴浑厚的风格,这里有庄严的东皇太一、威武的东君、变幻不定的云中君、缠绵哀怨的湘夫人、严肃的大司命、温柔的少司命、热情奔放的河伯、凄幽妖媚的山鬼、勇武刚强的国士魂;奇幻迷离的鬼神与幽峭朦胧的山水相交融,人对神的崇拜、景仰、眷恋与诸神之间的思慕、追求、渴望相映发,深沉的痛苦与淡淡的哀怨、绰约的身形与惆怅的心态相交织,这一切在屈原笔下如怨如慕,如泣如诉,忽起忽伏,忽断忽续,感伤婉约的调子弥漫其中,这使得《九歌》成为楚辞中最细腻、最动人性情、最耐人用心细品的一组作品。

然而,美好的事物往往很短暂。屈原固守着自己的美好理想,不断向楚怀王提出通过改革来谋求国富民强的主张,极强烈地体现着中国知识分子深沉的忧患意识、主动的使命感和坚定执著的精神,但风云变幻的政治斗争中仅有这些还不够,怀王的昏庸、奸臣的诋毁、小人的构怨使政治经验上略显单纯的屈原渐渐由中心被推到边缘。屈原忧心如焚,但却无能为力,这就决定了屈原的悲剧命运,他的理想、人格与现实的矛盾冲突是无法解决的。从此他将在这种矛盾的重压下走上一条上下求索的漫漫长路,记载这条长路上屈原行迹心迹的就是《离

骚》、《九章》、《天问》等作品。

楚国一天天接近沦亡的境地,楚怀王客死秦国,秦将白起攻陷了楚国首都,早已与屈原势不两立的楚顷襄王即位后只能让屈原在流放的路上走得更远。孤独的屈原来到了楚国先王之庙,看见墙壁上前人留下的天地山川历代兴亡的壁画,他的思索与激情相交织,向总括万物的"天"提出了质问,创作出了举世罕见的奇文《天问》。《天问》是一篇奇特而深邃的哲理诗,以"曰"字开头,通篇采用问难的形式,一连串提出 172 个问题,从天地开辟、山川自然问到夏商周三代的兴亡,一直问到楚国和他自己。这么多的疑问寄寓着屈原的思索:如果天有道,道是公平的,那么自己的命运为什么坎坷多艰?如果天无道,不公是常理,那么自己存在和奋斗的价值与意义何在?屈原的自我煎熬与痛楚渐深了:作为知识分子,作为楚国贵族,奉献自己的全部才华与能力报效祖国振兴国家是屈原必然的选择,然而在两代昏庸君王统治下,耿介高洁的屈原四处碰壁也是一种必然的结果。做出妥协与群小党人同流合污,也许政治事业上能显达,但这与屈原的高洁人格相悖;效法各国奔走的游说之士,另择他国,这又完全抛弃了自己的爱国兴国理想;那么保持自己的品格,正道直行,眼前又几乎无路可走。屈原真的到了"穷途",可是"诗必穷而后工",屈原的诗篇也渐渐被磨砺得沉郁浓重了,这一路上断断续续的矛盾、犹豫的心路历程的真实记录就是《九章》,《九章》无疑是作铺垫、补充来呼唤《离骚》的。

知识分子的独善情怀、高洁品格、政治家的用世激情、爱国者的依依乡恋与残酷、无奈、失意的现状交织在一起，化作悲剧性诗的火焰，在屈原心中灼烧。诗人快要自焚了，这时的屈原已近乎癫狂状态了：他以峨冠博带、与日月争光的形象自诩，但行吟在汨罗江畔的他却是形容枯槁、脸色憔悴、披头散发落魄极了。他要以诗人的方式全美自己，他只能以诗人的方式全美自己！伟大而孤独的诗人在重重困境中以命中注定的悲剧方式坚守了自己的心灵与理想，汨罗江的浪花永远吟唱着屈大夫最雄伟壮丽的诗篇——《离骚》。这首长篇政治抒情诗是屈原生平、理想、情感、斗争的艺术性诉说，我们从中看到了屈原深沉的忧患意识：他对于民族故国一往而情深，因之而喜，因之而悲，他为了自己的祖国忍辱负重含悲苦行，山河破碎，黍稷离离，屈原的心与之一起破碎；我们也看到了屈原执著的人生追求：他举贤授能，追求美好，为实现理想九死不悔，他从现实走到幻想走到问卜，寻求出路矢志不渝；我们更看到了屈原自我完善的高洁人格：他不与群小苟合取安，即使周流天下，幻境毁灭时，他仍未退让半步，当他既不可去，又不可留，矛盾无法解决时，他以死来殉自己高洁的人格与心中的理想。

从一篇篇屈原诗篇中，我们看到了《诗经》中所没有和少有的特质：深婉细腻的情致和无处不在的"我"。《诗经》的情大多典雅冲和，可到了《楚辞》中，感情则变得炽烈、激越、昂扬或缠绵、细腻、深沉了；同时诗中有了"我"，有了强烈的自我意识，有了个性，诗的生命也就充满了内质与魅力，直指向我们的心灵深处，给我们带来感动、眼泪、欢喜、惆怅。屈原的笔有点铁成金、化腐朽为神奇的力量，他将充满原始意味的神巫故事、寓言神话引来了，他将楚人的俗词鄙语、淫祀巫风引来了，它们化作神秘的气氛、浪漫的情调、优雅的韵致、绮丽的色彩、迷狂的激情点染着《楚辞》；他又引来天地万物驱遣比兴，他用兰花香草、荷衣蓉裳来象征自己品格之纯洁高尚，他将群小党人比作萧艾臭草、恶禽秽物。这一切的特色，专家们往往称之为浪漫主义。（佚　名）

屈原与《楚辞》的影响

从屈原在当时社会中的身份来说，他是一位政治家，而不是一般意义上的"诗人"；但以他的巨大的创作成就来说，他又是我国文学史上第一位伟大的诗人。《诗经》中也有许多优美动人的作品，但它基本上是群众性集体性的创作，个性的表现甚少。而屈原的创作，却是用他的理想、遭遇、痛苦，以他全部生命的热情打上了鲜明的个性烙印。这标志了中国古典文学创作的一个新时代。

屈原是一位具有崇高人格的诗人。他关心国家和人民，直到今天仍作为坚定的爱国者受到高度评价。虽然他的爱国和忠君联系在一起，在这一点上，他并不能背离所处时代和社会的基本道德原则，但同时也要看到，屈原又具有较为强烈的自我意识。他并不把自己看做君主的奴仆，而是以君主从而也是国家的引路人自居。他对自己的政治理想与人生理想有坚定的信念，为追求自己的理想不惜与自身所属社会集团的大多数人对抗，宁死不渝。这就在忠君爱国的公认道德前提下，保存了独立思考、忠于自身认识的权利。作为理想的殉难者，后人曾从他身上受到巨大感召；他立身处世的方式，也被后世正直的文人引为仿效的榜样。

屈原的作品，以纵恣的文笔，表达了强烈而激荡的情感。汉儒曾说，《离骚》与《诗经》中的《小雅》同为"怨而不伤"之作，明代诗人袁宏道于《叙小修诗》中驳斥道：《离骚》"忿怼之极"，对"党人"和楚王都"明示唾骂"，"安在所谓怨而不伤者乎"？并指出："劲质而多怼，峭急而多露"，正是"楚风"的特点。他的意见显然是正确的。不仅如此，屈原赞美自我的人格，是率性任情，真实袒露；咏唱神灵的恋爱，是热情洋溢、淋漓尽致；颂扬烈士的牺牲，是激昂慷慨、悲凉豪壮……总之，较之《诗经》总体上比较克制、显得温和蕴藉的情感表达，屈原的创作在相当程度上显示了情感的解放，从而造成了全新的、富于生气和强大感染力的诗歌风格。由于这种情感表达的需要，屈原不能满足于平实的写作手法，而大量借用楚地的神话材料，用绮丽的幻想，使诗歌的境界大为扩展，显示恢弘瑰丽的特征。这为中国古典诗歌的创作开辟出一条新的道路。后代个性和情感强烈的诗人如李白、李贺等，都

从中受到极大的启发。

屈原是一位爱美的诗人。他对各种艺术的美，都不以狭隘的功利观加以否定。《九歌》、《招魂》中，处处渲染音乐歌舞的热烈场面和引发的感动。"羌声色之娱人，观者憺兮忘归"，在屈原笔下，是美好的景象。同样，他的诗篇，也喜欢大量铺陈华美的、色泽艳丽的辞藻。他还发展了《诗经》的比兴手法，赋予草木、鱼虫、鸟兽、云霓等种种自然界的事物以人的意志和生命，以寄托自身的思想感情，又增加了诗歌的美质。大体上可以说，中国古代文学中讲究文采，注意华美的流派，最终都可以溯源于屈原。

在诗歌形式上，屈原打破了《诗经》那种以整齐的四言句为主、简短朴素的体制，创造出句式可长可短、篇幅宏大、内涵丰富复杂的"骚体诗"，这也具有极重要的意义。

总之，《楚辞》同《诗经》共同构成中国诗歌乃至整个中国文学的两大源头，对后世文学形成无穷的影响。而由于时代的发展，以及南北文化的区别，《楚辞》较之《诗经》，已有显著的进步。因之，它对后来文学的影响，更在《诗经》之上。（佚　名）

大师传奇

屈原是中国第一位爱国主义诗人，名平，字原，又名正则，又字灵均。生于郢都（今江陵纪南城）屈氏贵族家庭。父亲屈伯，有较高的文化素养，因此屈原自小受到良好的家庭教育，"博闻强志，明于治乱，娴于辞令"。18岁

前后被楚怀王召至宫中,他的政治和文学生涯主要在江陵度过。

最初,屈原是楚宫文学侍臣,每天跟随怀王游猎,或在宫廷宴会上赋诗吟歌,政治上很难有所作为。他以江汉地区遍生的橘树为题,写下了著名的《橘颂》,咏赞其"受命不迁"的品质,以抒发自己的爱国志向。

22岁时,屈原被提升为左徒,参与楚国朝政。他认为楚国疆土广袤、物产富饶、人才荟萃,具有统一中国的条件,决心辅助楚怀王实现统一大业。他在外交上提出联齐拒秦的"合纵"政策,与另一强国秦国抗衡,并出使齐国,促成六国在楚国郢都会约,结成"合纵"联盟,楚怀王被推举为"纵约长"。这一行动遏制了秦国东进攻势,屈原因此受到楚怀王信任。接着,他又在内政方面进行改革,奉命制定《宪令》,修明法度;还提出了削弱贵族特权和任人唯贤的主张。

屈原的改革触动了大贵族的利益,因而横遭谗毁,被贬为三闾大夫,"合纵"联盟也随之解体。在秦国威胁日益严重的情况下,怀王再次起用屈原,并派他出使齐国,使两国关系修好。然而秦昭王即位后,极力拉拢楚国,并订立所谓"黄棘之盟",麻痹楚王。亲齐疏秦的屈原受到更大的排斥和打击,终于被驱出郢都,放逐汉北。这时他写下了长篇抒情诗《离骚》,以浪漫主义手法表达对"美政"的向往,对奸臣小人的憎恨,以及对祖国前途的忧虑。这部作品是我国第一部爱国主义抒情诗,在文学史上树起了一座高大的丰碑。

后来楚怀王被囚,客死秦国。尸体运回楚国后,屈原悲恸万分,写下了惊心动魄的《招魂》。同年,顷襄王听信靳尚等大贵族谗言,再次放逐屈原。临行前,屈原瞻仰了纪南城中先王宗庙和公卿祠堂,温习历史,审视现实,深忧国家命运,悲愤难以消解。遂提笔一气呵成,写下了气势磅礴、构思奇特的长诗《天问》。流放江南期间,秦国进一步攻击楚国,郢都沦陷。听到这个消息,屈原悲痛欲绝,以强烈的感情写下了深沉哀婉的《哀郢》。四月,他顺沅水而下,来到洞庭、湘水一带。初夏,这位爱国诗人为世间留下了最后一篇作品《怀沙》。不久,便怀抱着楚国的泥土,自沉于汨罗江。

传说屈原自沉的日子是夏历五月初五,每年这一天,后世的人们都要用各种形式纪念先贤。他们用苇叶包起糯米扔进江中,让水里的鱼虾不去碰屈原的遗体;还划着船敲锣打鼓,把那些鱼虾吓走。据说,这就是民间赛龙舟、吃粽子等风俗的由来。屈原能在身后得到人们发自肺腑的崇敬,正在于他堪与日月争光的高尚人格。

司马迁的《史记·屈原贾生列传》对屈原的人品、辞赋作了崇高的评价;后世文人也无不对屈原推崇备至,李白《江上吟》诗云"屈平辞赋悬日月,楚王台榭空山丘",杜甫《戏为六绝句》之五诗云"窃攀屈宋宜方驾,恐与齐梁作后尘",都表达了对屈原的敬仰之情。

屈原的清峻节操以及抗争精神,对身陷逆境却永不低头的优秀中华儿女是莫大的支持。他的遭遇是中国封建时代正直的文人士子普遍经历过

青少年必知的国学经典

的,因此,这种精神也能够得到广泛的认同。西汉贾谊因为才高受嫉,谪迁长沙,作《吊屈原赋》,以屈原自拟;司马迁从屈原遭谗被放,却写就千古名篇《离骚》的事迹中汲取了巨大的精神力量,完成了《史记》的撰述。可以说,哪里有士子之不遇,哪里就有屈原的英魂,屈原精神成了安顿历代文人士子痛苦心灵的家园。

延伸阅读 YANSHEN YUEDU

《诗经》 中国最早的诗歌总集,原本叫《诗》,共有诗歌 305 首,因此又称"诗三百"。从汉朝起儒家将其奉为经典,因此称为《诗经》。《诗经》对中国的文学、政治、语言、甚至思想上都有非常深远的影响。《诗经》是中国诗史的源头,它积淀了丰厚的上古文化内涵,具有不朽的诗史意义,它开创了中国诗歌关怀现世、注重民生疾苦、再现普通民众思想情感的诗歌之路。

※　※　※　※

自《皇览》而下,历代的封建王朝曾经屡次运用政府的力量组织人力,搜检皇家藏书,编纂成不少的大型类书。这些类书汇集了大量的文献资料,加以分门排比,其性质约略相等于现代的百科全书和资料类编。它们在当时起着传授知识、临文备查的作用。对后世读者来说,它们集中而又分类别地保存了历代丰富的文献资料,因而具有较为可贵的参考价值,为学术研究者所重视和使用。然而这些古类书也多有散佚,在遗留下来的几部规模较大的类书中,保存唐代以前丰富的文献资料的,《艺文类聚》是颇为重要的一种。《艺文类聚》在研究唐以前的中国历代的政治、经济、军事等各方面具有极其重要的参考价值及学术价值。

※　※　※　※

东汉王逸的《楚辞章句》共 17 卷,是现存最早的《楚辞》注本,也是《楚辞》成书以来的第一部全注本。前 16 卷注释屈原至刘向的作品,第十七卷注释王逸自己所作的《九思》。王逸籍贯属于故楚,对楚地方言比较熟悉,注释中对前人的观点加以辨正,同时阐明自己的见解。每篇前缀有序文,或加后序,概述要旨,条理明晰,是历代《楚辞》研究者必读的注本。

吕氏春秋

吕不韦 （战国 ？—公元前235年）

《吕氏春秋》首尾大略完具，编次亦极整齐。不徒包蕴弘富，并可借其编次，以考见古代学术之条理统系，诚艺林之瑰宝也。

——著名史学家 吕思勉

吕不韦是战国时期著名的商人和政治家，后来位至秦国丞相。当时的秦国已经隐然有一统天下的气概，不仅经济繁荣、军事强盛，文化实力也取得了历史性的跃进。这一文化进步的突出标志，便是《吕氏春秋》的问世。

《吕氏春秋》是战国百家争鸣时代最后的文化成就，同时作为文化史即将进入新阶段的重要标志，可以看作一座文化发展的里程碑。尽管是多人所汇编，但突出表现的还是吕不韦治国、治家、治天下的大政方针政策，包括吕不韦对一些前朝政治和思想的评价等等，对于汉代的政治和思想有着重大的影响。就学术思想的演变而言，它掀起了秦汉之际的道家思潮，推动了汉初唯物主义哲学的发展。

《吕氏春秋》兼容了孔门一系的儒家学说，假托黄帝的古道家言，墨子一系的墨家思考，老子及庄子一流关于天道与人道的哲理；引用和采纳了相当庞杂的古典，也借用了相当丰富的今典，已经显示了它包容天下思想与知识的野心。书中采用的"十二纪"结构如同一个涵盖天地万物古今之事的基本框架，依天道循环变化，以四季十二月为纲，按"春生、夏长、秋收、冬藏"的联想，将天象、物候、农事、政事、人事等统统连系起来，综合各种思想、知识与技术，设想了一个日常思想与行为的秩序。据说，吕不韦自认此书"备天地万物古今之事"，命人将成书张贴在咸阳的城门之上，说如果有人能改书中一个字，就奖赏千金，一字千金的典故正由此而来。

《吕氏春秋》一书系统庞大，内容繁杂，难能可贵的是它在编排上做到了杂而不乱，很有技巧。并经常通过讲述寓言、故事、史实自然地将理论引入，又以反复设喻来引人入胜，绝不鼓噪乏味。从这方面看，《吕氏春秋》实在是一部妙书。

中国历史上往往在"道术为天下裂"、思想者纷出的时代里，容易萌生出种种或者深刻的、或者片面的思想，但随着历史的由分而合，思想也渐渐由分裂转向综合。春秋战国时期诸侯之间的战争常常也促进了另一种形式的思想交流，渐次兼并和吞食小国的结果，使各种地方性的思考汇集与融合到了一起。

战国末年，随着政治统一趋向的明显，终于产生了《吕氏春秋》这部企图调和诸子的著作。关于《吕氏春秋》的成书过程，据《史记·吕不韦列传》所记：战国时期，群雄鼎立，魏国有信陵君，楚国有春申君，赵国有平原君，齐国有孟尝君，都以喜养宾客名闻天下。吕不韦当时为秦相，觉得以秦国之强，而自己却不如四公子是一种羞耻，于是就广招门客并予以厚待，据说一时养士至三千人。当时诸侯都有很多辩士，如荀卿等人便以著书名闻天下，吕不韦也让他的门客把各自的见识写下来，集合众人之论而为《吕览》，共二十多万言。

《吕氏春秋》虽然成书于秦统一中国之前，但仍可以根据该书的基本趋势而定为秦汉时期的第一部著作。其中包括了哲学思想、政治思想、军事思想及人生思想，尽管体系庞大，却不乏真知灼见。

《吕氏春秋》虽然是吕不韦召集门下宾客"集论"而成，但开篇《序意》便冠以"文信侯曰"的字样。该书即使不出于吕不韦的手笔，也必然经过他的同意，《序意》中无疑也有他的见解。文中"法天地"的思想，"天曰顺，顺维生；地曰固，固维宁；人曰信，信维圣；三者咸当，无为而行"的思想，以及"行其数，循其理，平其私"，以达到崇"公"的思想，都是所谓黄老道德思想。

《吕氏春秋》在政治思想上也有不少因袭儒家的地方，它赞成儒家的修身、齐家、治国、平天下的理论，反对家天下，讴歌禅让的形式，有进步的意味。

《吕氏春秋》还主张继续分封诸侯，保持贵族制度。《慎势》说："观于上世，其封建众者其福长，其名彰。"意思就是，从前代的历史来看，分封诸侯众多的天子才能福泽深厚，声名远扬。然而战国末年消灭诸侯割据走向统一，是当时的趋势，主张分封诸侯的观点无疑是倒退的。但它又主张政治上的统一，譬如《谨听》说"乱莫大于无天子"。《执一》也说"以身为家，以家为国，以国为天下"。而《察今》中"故治国，无法则乱"，又是很明显的法家思想。由此可见，《吕览》把法家的赏罚跟儒家礼义糅合在一起，它的政治、道德思想是儒法兼而有之。

此外，《吕氏春秋》很重视阴阳家的《月令》，它把"月令"作为十二纪的架子，而十二纪是全书的主要部分。《月令》分"孟春之月"等十二月，即分春、夏、秋、冬四季，每季又分孟、仲、季三月。

《吕氏春秋》全书均以论说为主，不仅思想上兼收并蓄，艺术也是博采众家之长。诸子散文善于以寓言、神话传说、历史故事表达思想,《吕氏春秋》也不例外。据统计,《吕氏春秋》中的寓言故事有 300 篇之多。这些寓言故事的组织形式,与《庄子》,特别与《韩非子》的"储说"相似。不少文章中寓言故事占了大部分篇幅。《吕氏春秋》中的寓言并非简单堆砌,而是取材说理各有重点。《吕氏春秋》的发表,打破了秦国因有的法家定于一尊的传统,为秦国统一天下提供了一个宽阔的思路。吕不韦在此书《序意》中称:"凡十二纪者,所以纪治乱存亡也,所以知寿知吉凶也。上揆之天,下验之地,中审之人,若此,则是非可不可无所遁矣。"由此看来,《吕氏春秋》的写作,乃是吕不韦依托秦国之势从文化思想上来和诸侯争强的产物,其中还有吕不韦为秦的统一天下而进行理论准备的用意。

尽管如此,《吕氏春秋》保存了许多古代遗文逸事,有较高的史料价值,特别是保存了不少有关农业技术的记载,是宝贵的文献。在文学建树上,《吕氏春秋》在短暂的秦国统治过程中相对涌现的少数作品里独占鳌头,它文风畅达、言简意赅,有很多足可称道之处。

《吕氏春秋》的治国之道

《吕氏春秋》说的是治国之道,当然,其中也有八卦、五行、乐理以及养生之说,但并不妨碍其成为一本体现吕不韦治国方策、人文思想的书。这本书就是描述了按照吕不韦思想建立起来的秦国的样子。

《吕氏春秋》的内容有治国思想,还有历史范例,有些堪称治国的良训。可惜的是秦始皇不买吕不韦的账,一心以法家治天下,焚书坑儒。虽然想要万代流传自己的秦王朝,却只持续了短短的十余年。不知道这是秦始皇的可悲,还是吕不韦和《吕氏春秋》的可悲。难怪郭沫若在其《十批判书》"吕不韦与秦王政的批判"中写到:"秦始皇的成功一多半是时代的凑成。中国自春秋以来,由十二诸侯而成七国,无论政治上与思想上所走的都是趋向统一的路线,而始皇承六世的余威,处居高临下的战略地位,益之以六国诸侯的腐败,故收到了水到渠成的大功。但这并不是说他的方法正确了。相反,假如沿着吕不韦的路线走下去,秦国依然是要统一中国的,而且统一了之后断不会仅仅 15 年便迅速地彻底崩溃。"

不妨来看一下《吕氏春秋》表现出来的一些观点,姑且当作吕不韦的治国的依据吧。

吕不韦反对独裁。而正是这一点,秦王政对吕不韦最为不满。吕不韦反对独裁,主张君主天下制的最典型的表现就是"天下,非一人之天下也,天下之天下也"。这句话在我们现在看来当然不足为奇,在那个时候,禅让制被世袭制取代,天下为一姓之天下,君临天下。特别是在秦始皇这样一个非常专制的皇帝眼里,你敢著书立说来说不是一人之天下,这不就是让我秦王政将江山分与天下人吗，这显然对于秦王政这么一个专权的人来说是绝对不能接受的。其实，这也只是吕不韦蛊惑人心的一个方面，原来儒家不也是鼓吹"民为重，君为轻，社稷次之"。最后还不是一人、一姓之天下，那些尊奉儒家的人可曾让一个外姓人来接管江山，让天下人来做主天下事？不过是把这些当做粉饰天下、愚弄百姓的胭脂罢了。就算吕不韦真当上皇帝了，也只能是说一套做一套罢了。

尽管这样，也不能抹杀吕不韦提出这种思想的先进性，至少他看到了，一个朝代要想久远，就不能太独裁，必须为百姓也找一些精神安慰。就算天下是你秦王政的，但你要对外宣称，天下也是所有秦国子民的，如此一来，老百姓自然就不会造反。应该说秦始皇及其儿子——秦二世就自尝了苦果。秦朝以前，并没有大规模的农民起义，但正是在秦朝，爆发了大规模的农民起义，也使得秦氏江山改姓为刘。估计秦始皇要是知道的话，可能会重新启用，信任吕不韦，同时倍加推崇《吕氏春秋》。

另外，吕不韦其实是赞成广纳贤才的，这个不仅在《吕氏春秋》上有体现，在吕不韦当丞相的时间内，他也是这么做的。比如说日后的秦国丞相李斯，他的门客中有甘罗、张唐，还有司空马等等，都是比较出名的从外地来秦国的人。吕不韦深谙一个道理，人才是非常重要的，特别是在春秋战国的乱世，一个人甚至可以改变一个时代。于是他招贤纳士，才有了《吕氏春秋》。其实从秦国的发展来看，基本上也是外来人才当权，如吕不韦之前的秦国丞相蔡泽等等。

吕不韦似乎刻意地想把春秋战国以来各派的思想在他的手里汇集起来，取其精华，去其糟粕（当然，这只是按照他个人的意思来办理），但是有了这个想法后，他就会对各流派的思想有所取舍。虽然，他把儒家作为该书的一种主流思想，如尊师，顺民意、修齐治平的政治等，但是在一部《吕氏春秋》中如果仅仅只有这些，怕是不能被称之为"杂家"的。吕不韦也主张君主无为。无为思想是属于道家思想，无为而治则是道家所追求的一种境界。

如果说，这些尚不足以让秦始皇恼羞成怒的话，吕不韦在书中讴歌禅让就真的让秦始皇忍无可忍。当然禅让制在当时提出来是不是一种进步尚没有定论，毕竟夏朝过后，君主世袭制取代禅让制已经成为一种制度，此时提出来，不仅统治阶级会反对，就连老百姓也会笑其幼稚。禅让制，按照理想的方式当然要比世袭制先进得多，但在当时存在阶级差别的情况下，说禅让无疑是镜中花、水中月。在战国时期中叶，燕国演过一次禅让的闹剧，就成为当时学者间攻击禅让制维护君主世袭制的一个笑柄。此事重提，自然要引起包括秦始皇在内所有士大夫阶级的一致反对。

《吕氏春秋》里许多主张是儒家的主张尊师重教等等，是在一个渐趋统一的时代里推出儒家。儒家的主张在于"仁"、"爱"，在于用安抚的手段对待老百姓，用立言、立德、立行来让老百姓忘记阶级差别。吕不韦看到了一个经过长期纷争的时代将要结束的时候，应该从思想上安抚，达到思想上的统一的时候了，而这正如有些学者提出的那样，《吕氏春秋》的出现，正是那个时代归于一统的结果，或者说是产物。

其实，秦始皇所采取的一些措施都几乎与《吕氏春秋》的观点针锋相对，西汉建立之初，吸取亡秦之教训，采取的政策、措施与秦始皇也是针锋相对，说《吕氏春秋》的观点与西汉初期实施的政策有类似的地方，也应在情理之中。

应该看到，吕不韦的一些柔和措施，如重农，恢复生产，以及君主天下制等比较适合长久统治，而汉朝之所以统治那么久，也正是吸取了亡秦的经验。西汉初期的政权依稀是《吕氏春秋》里的秦国的影子。（刘光辉）

❀《吕氏春秋》的政治思想

吕不韦认为，君主不能滥用权力，必须对君权加以限制。这个思想他反复在《吕氏春秋》一书中提出，并且拿出了三种限制君权的办法。虽然都是好想法，却处处跟秦王政（后者更喜欢专揽权力）大唱反调。这就是吕不韦必死的原因所在。

第一，《吕氏春秋》书中主张分封制，以空间的分割来限制君权。吕不韦担心一旦建立一个大帝国，天下成为一家一姓的天下，就会导致君主独裁。所以他虽然也坚持贯彻秦国一贯的对外兼并扩张政策，但不以建立一个大帝国为最终目的，而是试图建立一个新的分封制体系，也就是他宣称的："诛暴而不私，以封天下之贤者"——只进攻诸侯中的坏诸侯（"暴"者），把坏诸侯（"暴"者）干掉，以其土地转封给贤人，使其成为新的诸侯。

让更多的贤者分享政权，以便限制君主的权力，这就避免了帝王独裁。吕不韦在书中说："天下，非一人之天下也，天下人之天下也。"这就是和帝王专制大唱反调。当然，吕不韦的这个"天下人"，不是指一般能喘气的人，而是指英豪贤能。

其实，吕不韦试图保留分封制，未必为错。分封制首先可以如吕不韦所理解的那样，避免一元独裁（通过地盘的分割，来限制君权的膨胀）。这符合吕不韦"反独裁"的思想。同时分封制也有它的现实意义：以当时落后的技术手段，庞大的中国硬要统一成一个大帝国来运转的话，管理成本一定提高，管理效率却未必提高。比如，国家版图过大了，交通手段却落后，财富和赋税向中央运输，势必造成人力物力的极大浪费。运输价值一钱的物资给中央，需要耗费几十钱的人工和路费。中央所得的甚少，而民间受其毒苦已深。人们饱受毒苦，所以陈胜吴广带头一闹，也就都跟着闹了。这是汉朝人总结的秦国灭亡原因之一。

吕不韦在《吕氏春秋》一书中，还认可了第二种限制君权的方法，即以武力限制君权。按照正统观点，人民拿起武力对付君主，那是犯上作乱，但吕不韦不这么看。他说，对于愚君，要叫他下岗，以禅让的办法避位（所谓"与贤"）。而暴君，下民则可以直接推翻他，所谓"废其非君而立其行君道者"，至少能揍他一顿，所谓"罚不避天子"。吕不韦讴歌了商汤灭夏、武王伐纣的革命行为。

第三个限制君权的办法，吕不韦强调君臣分工。君要"处虚"，"执其要"，把权力下放给大臣，而不能太过分地干预下属。臣子是要"忠"，但忠是忠于自己的职事，而不是忠于某个人。显然，这样的君臣观，是从"公天下"和"利于群"的原则出发的，是积极的，有利于国家的，不能简单理解成吕不韦想夺权。

总之，吕不韦的思想带有现代民主政府的特色，他一反商周以来的"家天下"观念，大胆提出限制君权，反对独裁，反对法家君权至上的理论体系，这都体现在《吕氏春秋》这本书里。《吕氏春秋》就是他的政治宣言。书中讲了无数小故事，不知道的还以为是故事书，其实每个故事背后蕴涵的都是吕不韦一套精密的治国理念。

《吕氏春秋》这本杂家著作抛出的时间，正是秦王政准备加冠的前一年。吕不韦对这本书倾注了巨大期望，书中的理论关系到吕不韦的政治命运乃至中国未来2 000年的政体走向。吕不韦希望秦王政受此书影响，在亲政以后能够按此书所阐明的"吕不韦公天下、反独裁思想"施政（当然，再次申明，这里的公天下是和贤人——如吕不韦这样的人公天下）。

然而，独断刚复的秦王政不肯接受"吕不韦思想"，他不喜欢限制君权

和分权，更喜欢君权专制，他爱看法家韩非子的书，对君主专制痴迷得超过历代帝王。韩非子的《孤愤》说得很清楚，君主应该牢牢掌握一国之柄，君主与贵重之臣之间不可两存，君主要用"法术势"控制好大臣。韩非子反对大臣分权太多，否则就会"国地削而私家富"，"主失势而臣得国"。

韩非子的书很好地教育了秦王政，秦王政叹息道："嗟乎，寡人得见此人与之游，死不恨矣。"于是他对韩非子思想身体力行，力求强化君权，表现为独揽朝纲，细大决策皆出于他，生怕大权旁落，被旁人不无愤懑地形容为"天下之事，无大小皆决于上"。吕不韦要想限制君权，提出公天下乃至分封制（从地域上限制君权）、君臣分权等口号，简直是与虎谋皮。最后，作为韩非子的思想的实践者，秦王政用一杯毒酒致死了异己学说持有者——吕不韦。吕不韦的死，就死在他限制君权的思想，与秦王政的专制情结冰炭不容。

吕不韦抱着自己的想法，就这么死了。他以"限制君权"为核心的吕不韦思想，以"公天下"为口号，一并在后来的两千年中死掉了。直到近代，民主理念的复苏，使我们再次看到了吕不韦思想的影子。（佚　名）

大师传奇

在中国几千年的历史长河中，曾出现过无数名人佳作，而且往往相得益彰，互为彰显。《吕氏春秋》堪称是居"杂家"之首的浩瀚之作，却不是其

编著者声名显赫的唯一由来。换句话说，权倾一时的秦相吕不韦即使没有召集门下著作此书，他的逸事杂谈也足以令后人众说纷纭。关于这位权臣的故事流传至今，至少有以下几个尽人皆知的成语，如奇货可居、食客三千、一字千金。

据史书记载，历史上的吕不韦出生在战国时代韩国的阳翟，也就是今天的河南禹县，靠经商致富。在中国古代，虽然也早有像司马迁这样的聪明人指出，"天下熙熙，皆为利来；天下攘攘，皆为利往"，认为平常人等终日忙忙碌碌无非为个利字。但商人总是没有多少地位，很少有人能像范蠡那样由从政而经商，变身为"陶朱公"而流芳千古。

"阳翟大贾"吕不韦却很希望光大门楣，争取政治地位，他知道，改变现状的途径要在社会现有的机制内寻找。或许是出于商人的本能，他选择了"风险投资"。吕不韦看中了秦国派到赵国做人质的王子子楚，因为他，还留下一个后世广为流传的成语叫"奇货可居"。据说，作为商人的吕不韦经常往来于各地做买卖，有一次来到赵国的都城邯郸，遇到了在赵做人质的秦国公子异人。异人是秦国太子安国君的儿子，但是母亲夏姬不得宠，因此被送到赵国当人质。当时正是两国交战期间，他的处境十分困窘。吕不韦却从商人的角度看到了他身上的价值。认为此人奇货可居，是稀有的值得投资的"货物"，日后必有大用。现在获取，有朝一日可赚取名利，这是一桩不错的政治交易。

于是吕不韦倾尽家财，帮助异人重返秦国继承王位。异人自然非常高兴，并表示有朝一日成为国君，必将与吕不韦共享天下。于是，吕不韦立即带了大量财宝去秦国，求见太子安国君十分宠爱的华阳夫人。经过吕不韦的劝说和收买，没有生过儿子的华阳夫人认异人为自己的亲生子，并怂恿安国君派人把他接回秦国，改名子楚。此后，安国君又答应华阳夫人的要求，立子楚为太子。几年后，秦昭王去世，安国君做了国君，即秦孝文王。孝文王即位一年后死去，子楚如愿以偿，继任国君，就是秦庄襄王。

吕不韦本人自然立下大功，于庄襄王元年，被封为丞相，称文信侯，赐食河南洛阳十万户，位极人臣。庄襄王死后，后来的秦始皇也就是嬴政继位，继续请他做丞相，前后掌权十多年。据说门下食客三千人，家僮万人，权势之大无人能及，这便是"食客三千"的来历。"一字千金"则是指《吕氏春秋》一书，吕不韦当政时招揽门客编辑而成，自认是融会先秦各家学说的完备之作，并悬出千金的重赏，寻求能更改其中一字之人。至于是否真的那么完美可以姑且不论，《吕氏春秋》一书倒确实是包容百家、内涵丰富的。

《吕氏春秋》以自然之"天"为思想之根本依据，又认为"人"即个人的生存合理性上通于"天"，这就在君主政治与社会规范之上提出了一个价值等级更高的"天道"。由于这种"天道"是由知识阶层来确认，而不是由贵族阶层垄断，便凸显出一个要求：权力服从于理性，政治服从于文化，统治者服从于文化人;强烈地表现了知识阶层希望"为帝王师"的想法。然而,在那个战乱不止,亟待统一,又需要实效的时代氛围中,这种凌虚蹈空的高论和手无寸铁的士人并不足以使统治权力俯首。

或者是因为《吕氏春秋》表现的治国策略和思想不为未来的始皇帝所喜,也或者是关于吕相淫乱宫闱的传言是真的,秦王十年十月,吕不韦被免去相国一职,与家人迁居蜀地,最后饮鸩自杀。据《史记》卷六的《索隐》记载:吕不韦被贬死后,门下宾客辩士数千人悄悄地把他埋葬在洛阳北邙山。这仿佛是一个象征,随着吕氏之葬,中国士阶层为帝王师的梦想也随之灰飞烟灭,但这种处士横议、自承道统的精神却在宾客门人的心底深藏,在一代又一代文化人的梦想中时时呈现出来,成为中国文化精神的不屈象征。

延伸阅读 YANSHEN YUEDU

刘向是西汉时期著名的经学家和大文学家,他根据战国时期纵横家的著作编辑而成的一部独特的国别史著作——《战国策》,是一部影响深远的集谋略、论辩于一体的巨著。《战国策》成功再现了波澜壮阔、风起云涌的战国时代,谋臣策士们运筹帷幄、纵横捭阖的谋略权术和词锋凌厉、汪洋恣肆的雄辩口才,是当时的英雄才俊们制定各项国家战略策略、用言辞游说政要、辩驳对手的真实记录和生动写照。其中众多的游说辞、论辩辞的文采与义理都堪称绝唱,已成为千古传诵的名篇。千百年来,《战国策》被广泛运用在政治、经济、军事、外交、公关等领域,并极富成效,极享盛誉。

※　※　※　※

《淮南子》 又名《淮南鸿烈》,由西汉初年淮南王刘安及门客李尚、苏飞、伍被等共同编著。《汉书·艺文志》列《淮南子》为杂家,实际上,该书是以道家思想为指导,吸收诸子百家学说,融会贯通而成,也是一部博取百家的著作,可以同《吕氏春秋》参照阅读。

※　※　※　※

许维的《吕氏春秋集释》是继东汉高诱《吕氏春秋注》、清代毕沅《吕氏春秋新校正》之后又一部整理《吕氏春秋》的总结性著作。它参校众本,引证古籍,博采近代各家的最新成果,采真削繁,并多出己见,书末还辑录历代各家对《吕氏春秋》的评语,为《吕氏春秋》研究奠定了一个新的高度和起点。

史　记

司马迁　（西汉　约公元前 145 年—？公元前 87 年）

> 司马迁是汉代成就最高的散文家,凭借一部《史记》足以傲世,他那渊博的学识、深邃的思想、不朽的人格,以及挥洒自如的神来之笔,令后代文人仰慕不已,千载之下依然可见其雄风。
>
> ——《中国文学史》

司马迁无疑是中国历史上最伟大的史学家,他的巨著《史记》,以及他的正直品格与不屈精神,都成为历代文学家和史学家的典范。司马迁将自己的心血、灵魂和全部的生命、激情都浇铸在了《史记》之中,在 25 史里,这样的作品,唯此一部。

《史记》是我国纪传体史学的奠基之作,同时也是我国传记文学的开端;它既是历史的"实录",同时也具有相当高的文学价值。司马迁在艺术上精心构思,巧于安排,运用多种手法,塑造了一系列鲜明生动的人物形象,生动地再现了古代广阔的生活画面。如:振臂一呼、应者云集的起义军领袖陈涉;叱咤风云、有古之勇士气概的项羽;不畏强暴、机智谦逊的蔺相如;爱国仗义、礼贤下士的信陵君……其气势之磅礴,场面之壮阔,人物形象之丰富,对后世的传记文学、小说、戏剧创作产生了深远影响。

《史记》的写作风格也是独具特色,语言上朴素简练、明白流畅,庄谐有致而又富于表现力,历来被奉为古代散文的楷模。从唐宋古文八大家,到明代前后七子、清代的桐城派,都对《史记》推崇备至,他们的文章也深受司马迁的影响。

《史记》所渗透的人文精神是多方面的。以立德、立功、立言为宗旨以求青史留名的积极入世精神,忍辱含垢、历尽艰辛而百折不挠、自强不息的进取精神,舍生取义、赴汤蹈火的勇于牺牲精神,批判暴政酷刑、呼唤世间真情的人道主义精神,立志高远、义不受辱的自尊精神……而《史记》这部经典之作中一系列血肉丰满的历史人物,也从不同侧面成为这些高尚人格的再现,许多人物成为后代作家仰慕和思索的对象,一直予人以鼓舞和启迪。

司马迁的史学巨著——《史记》，是古代第一部由个人独力完成，具有完整体系的史学著作。不但在中国史学史上有着极其重要的地位，而且开创了我国传记文学的先河，为中国古代文化建立了不朽的丰碑。近人梁启超《论中国学术思想变迁之大势》称赞这部巨著是"千古之绝作"。

《史记》共130卷，52万余字，全书由本纪、表、书、世家、列传五种体例构成。"本纪"是用编年方式叙述历代君主或实际统治者的政绩，是全书的大纲；"表"是用表格形式分项列出各历史时期的大事，是全书叙事的补充和联络；"书"是天文、历法、水利、经济等各类专门事项的记载；"世家"记载自周以来开国传世的诸侯，以及孔子等历代祭祀不绝的人物的传记；"列传"记载社会各阶层的代表人物事迹，其中包括著名的思想家、政治家、军事家、文学家及循吏、儒林、酷吏、游侠、刺客等，还有一部分记载了中国边缘地带各民族的历史。《史记》通过这五种不同体例相互配合、相互补充，构成了完整的历史体系。这种著作体裁又简称为"纪传体"，被历代史家所沿用，总体不变，只是例目有所增减，或例目的名称稍有不同，成为我国古代主要的史学体例之一。

《史记》纪事，其时间上起黄帝，下迄汉武帝太初年间，也就是作者本人所生活的年代；其空间包括整个汉王朝版图，以及周边当时能够了解的所有地域。这部书不仅是我国古代3 000年政治、经济、文化等各方面历史的总结，也是司马迁意识中通贯古往今来的人类史、世界史。在这个无比宏大的结构中，包含着从根本上、整体上探究和把握人类生存方式的意图。如司马迁本人在《报任安书》中所言，他的目标是"究天人之际，通古今之变，成一家之言"。所以，不能够把《史记》看成是单纯的史实记录，它在史学、文学以及哲学上，都有着极高的成就。

《史记》的叙事方式，基本上是第三人称的客观叙述。司马迁作为叙述者，几乎完全站在事件之外，只是在最后的"论赞"部分，才作为评论者直接登场，表达自己的看法。这种方式，为自如地展开叙述和设置场景提供了广阔的回旋余地。但是，所谓客观叙述，并不是不包含作者的立场和倾向，只是不显露出来。通过历史事件的展开，通过不同人物在其历史活动中的对比，实际也体现了叙述者的感情倾向。

为了再现历史场景和当时的人物活动，《史记》中的很多传记由一系列生动的故事构成。譬如廉颇和蔺相如的传记包含了著名的完璧归赵、渑池会、负荆请罪等故事，孙膑的传记包含了田忌赛马、杀庞涓等故事……这也是《史记》在中国众多的史籍中特别具有文学魅力的原因之一。与此同时，司马迁非常善于把人物置于尖锐的矛盾冲突中，通过人物的言行来完成人物性格的刻画。像著名的"鸿门宴"的故事，简直是一场高潮迭起、扣人心弦的独幕剧。人物的出场、退场、神情、动作、对话，乃至座位的朝向，都交代得一清二楚。具有逼真的文学表现效果，避免了冗长松缓的叙述，并且扣人心弦。而且在尖锐的矛盾冲突中，更容易展示人物的性格。

《史记》在人物形象塑造方面，一直以数量众多、类型丰富、个性鲜明著称。这部书以大量的个人传记组合成一部宏伟的历史，其中写得血肉充盈、给人留下深刻印象的人物，如项羽、刘邦、张良、韩信、李斯、屈原、孙武、荆轲等等，就有近百个。虽然仍以上层政治人物为主，但其范围已扩大到整个社会，包括中下层人物和非政治性人物。帝王、诸侯、农民领袖、卿相、将帅、后妃、宦官、文学家、思想家、刺客、游侠、商人、戏子、医师、男宠、卜者等代表着社会生活的不同侧面，又共同组成色彩斑斓且波澜壮阔的历史画卷。这些人物来自社会的各种阶层，从事各不相同的活动，经历了不同的人生命运。那些奋起草莽而王天下的起义者；那些看上去怯懦无能而胸怀大志的英雄；那些不居权位而声震人主的侠士；那些胆识过人、无往不胜的将帅；那些血溅五步的刺客；那些运筹帷幄、智谋百出的文弱书生；那些富可敌国的寡妇，敢于同情人私奔的漂亮女子……这些非凡的人物，构成《史记》中最精彩最重要的部分。因此《史记》洋溢着浪漫的情调，充满传奇色彩，宛如一部英雄史诗。

《史记》被列为中国第一部"正史"。自此以后，历代"正史"的修撰从未断绝，汇成一条文字记载的历史长河，堪称世界史学史上的奇迹。而且，

司马迁虽然是朝廷的史官，《史记》却是以他一人之力写就，并不体现最高统治者的意志，据说有些篇目还触怒了武帝。古代史官"秉笔直书"的优秀传统在司马迁身上得以再现，也正因如此，官修正史不仅仅是文治武功的点缀，而且成为一代之"青史"，成为不畏强权的峭然风骨。从这个意义上来说，司马迁给我们留下的，绝不仅仅是书。

《史记》中的广阔世界

司马迁以自己厚重、睿智而又深情的笔触开拓了一个更广大的天地世界。

在这个世界中，最光彩夺目的是一批充满豪气的悲剧英雄。他们是英雄，但往往带有悲怆、苍凉、壮烈、激昂的悲剧色彩，当然正是这种悲剧命运使英雄们更加可歌可泣，令人敬仰。同为帝王，齐桓公九合诸侯一匡天下，但因晚年的错误招致悲剧下场；项羽24岁起事，在7年的时间里睥睨天下，纵横万里，以狂飙巨澜的气魄号令诸侯推翻强秦，自封西楚霸王，真正旷古未有，但就在第七年却演出了一幕垓下悲歌、乌江自刎的人生结局；秦始皇、汉高祖、汉武帝看起来功成名就达到了人生顶巅，但心境的惶恐不安、寂寞孤独，同样是"无处话凄凉"。同为将相，伍子胥辅佐两代吴王称雄东南，最后竟死于吴王赐剑之下；信陵君为

青少年必知的国学经典

战国四君子中最贤者，当时公子无忌威震天下，秦兵不敢出攻魏国，但最终因他人谗毁，魏王疑忌，忧郁而死；屈原正道直行，滋兰树蕙，追求美政，致力改革以振兴楚国，但同列的贵族诋毁他，两代楚王疏远他，踽踽独行的屈原只能怀沙自沉汨罗江；韩信一生破敌立功无数，为汉高祖打下江山，但天下大定后见疑于刘邦，被杀于吕后之手；李广将军一生与匈奴70余战，最终自刎而死……他们的成功、荣耀与悲惨结局成为永恒的对照。有的悲剧英雄为了坚守节操或某种信念而从容赴死，义不食周粟的伯夷叔齐在首阳山采野菜充饥终于饿死；为了关于赵氏孤儿的郑重承诺，程婴自杀了。有的悲剧英雄见义勇为打抱不平，为解救国家和朋友的危难而奋不顾身，荆轲感燕太子丹知遇之恩，提一匕首入不测之强秦，写下壮士一去不复返的永远的悲歌；为了魏信陵夺军救赵的成功，侯嬴北向而自刭；为了继续朋友未竟的事业，乐师高渐离不顾安危将灌了铅的筑投向了秦始皇。更有一生困顿壮志难酬的孔子、孟轲，更有推动历史终遭不测的商鞅、晁错，这一系列的悲剧英雄在《史记》中相遇、交织、碰撞，散射出最炫目最撼人的锋芒。

在司马迁营造的这个世界中，有着最引人入胜的故事和最令人低回的场景。远古的五帝幽渺的行迹，最近的楚汉相争的过程在这个世界中展开，春秋五霸、战国七雄、吴越相覆、汤武革命、连横合纵、百家争鸣，侠客之游、刺客之行，刀光剑影、明争密计，宫廷的政变、内闱的厮斗、市井的传奇、朝廷的发迹、边塞的掌故、西域的远行，都在这个世界中纷至沓来，令人目不暇接，击节称快。那些穿插于这一系列故事中的场面则更令人惊心动魄、心折骨惊了。项羽长歌的悲壮潇洒，伯夷叔齐首阳山下临终作歌的激越悲切，飞将军李广自刎兴叹的无奈苍凉，汉高祖刘邦还沛作《大风歌》的落寞悲怆，刘邦面对太子已得商山四皓而自己已无力更易继承人的境况，与戚夫人作楚歌伴舞时的惆怅隐痛，都使这一部历史变得缠绵深沉充满情味，涌动着无限的感染力。

然而天才的司马迁纵横千里的笔触并未到此为止，他将目光投向更深邃更广远的天地之中。正如他自己以《史记》向汉武帝这样一位政治史上的英雄发起挑战并在文化的层面上突出了"文化复仇"一样，在《史记》中，他记录和盛赞了一大批以孔子、老子为代表的知识分子，为他们立传，为他们高唱，俨然以他们为中国历史上隐形的君王或教主，从文化的角度与政治相抗衡，这就使《史记》具有一种深沉的厚重的质感，将历史推向了文化。司马迁知道，社会不仅仅是天朝大国、帝土将相，流氓刺客、求签问卜，同样是社会的大事件，而贪官污吏、奸臣酷吏、富商大贾、宦官戏子、后妃妻妾也同样是在人类活动中发生着作用的分子，那四方的少数民族，那异域的奇特情调，那远方的葡萄、苜蓿、天马，那市井的熙熙攘攘，那经济状况的起起伏伏，都是这个世界的有机成分。司马迁笔下的历史，又走向了社会，是全面的社会、骨子里的社会。（佚　名）

力拔山兮气盖世

司马迁的《史记》是一部由崇高美贯穿始终的巨著，不管是那众多的历史人物，还是纷繁的历史场面，也不管是他那独特的文章风格，还是写作时的立意，都饱含着一股力量。

以浓墨来表现人，表现人在艰难困苦的环境中那种百折不挠的意志，是《史记》的最大特点。晋文公流亡十九年而复国之志未衰；越王勾践卧薪尝胆以求东山再起；韩信忍胯下之辱，发愤追求；陈涉身为佣耕者却有鸿鹄之志；苏秦以锥刺股苦学；屈原被放逐，仍有兴国之心……这些人物，身处逆境而不甘沉沦，身受磨难而刻意进取。那奋发、图强的力量深藏在他们的灵魂深处，一旦时机到来，就会像火山爆发、山洪奔泻那样令人触目惊心！

为正义事业，不畏强暴，敢与权贵抗争的人物，在《史记》中也比比皆是，这里有怒斥秦王，完璧归赵，"先国家之急而后私仇"的蔺相如；有慷慨悲歌、视死如归，敢于刺杀凶残秦王的荆轲；有在国危民难之际自荐，对着咄咄逼人的楚王，面不变色心不跳，力陈利害而博得楚国支持的毛遂；有明知诸侯怨恨，道路险阻而力行削藩的晁错；还有吴起、伍子胥、范雎、商鞅……他们在正义、理想、事业与权贵发生冲突时，毅然以凛然的正气，不屈不挠的精神捍卫了前者，这是多么壮美与崇高的人格！

悲剧人物在《史记》中占有很大的分量。正像鲁迅和老舍所说的："悲剧将人生的有价值的东西毁灭给人看。""它郑重严肃，要求自己具有惊心动魄的感人力量。"

《史记》中的悲剧人物虽然形象多样，性格各异，但大多数都有共同之处：他们所表现的是人们在追求中的挫折与失败，在奋发中的困苦与灾难，在斗争中的牺牲和毁灭。他们并不使人觉得消沉，让人感到悲观失望。他们是悲剧人物，却并不带有悲哀的色彩。他们总是以那种不懈追求、勇敢奋斗、坚贞不屈、积极抗争的精神，震撼着后来人的心，激励他们去为自己的理想和事业而努力追求。

项羽是大将项燕的后代。他自小就有叱咤风云之志，取代帝王之心。家里人先是送他去读书，他不肯，就去学剑，又学得不好。他叔父项梁责骂他，他答道："书足以记名姓而已。剑一人敌，不足学，学万人敌。"有一次，秦始皇游会稽，项羽与项梁一起看。项羽竟说："彼可取而代也。"

会稽暴动，是项羽戎马生涯的开始。他当机立断地杀死太守，又"击杀数百人，一府中皆已慑伏，莫敢起"。显露了他勇猛过人的豪气。秦将章邯带兵围困依附于项羽的诸侯赵王歇，军于巨鹿城，楚怀王孙心任命宋义为上将军，项羽为次将。项羽看到宋义违抗楚王命令，毫无救赵之意，就毫不犹豫地宣布他的罪过，斩了宋义的头颅。接着，他带领士兵，破釜沉舟，烧庐舍，呼声动天，猛攻秦军，很快就大获全捷。胜利后，项羽又带领士兵马不停蹄，长矛直指，继续向秦的统治中心咸阳捣进。不可一世、凶残暴虐的秦王朝在强劲的起义军刀枪下终于结束了其短暂的生命！司马迁在《项羽本纪》中，总是描写激烈矛盾斗争中、惊心动魄场面中的项羽，凭此表现他那倔强的性格、坚忍不拔的意志，一往无前、压倒一切的英雄气概！项羽最后失败了，但司马迁从不以胜败论英雄，在他的笔下，我们看到的是一个真正的英雄，就是兵败而死，也死得凛然正气的英雄！

恩格斯在赞扬文艺复兴时代的英雄时就说："他们的特征是他们几乎全都处在时代运动中，在实际斗争中生活着活动着，站在这一方面或那一方面进行斗争，一些人用舌和笔，一些人用剑，一些人则两者并用。因此就有了使他们成为完人的那种性格上的完整和坚强。"这段话也适用于赞扬司马迁《史记》中的英雄人物，他们像欧洲文艺复兴时的勇士一样，大都具有一种豪迈进取、积极奋发、建功立业的轰轰烈烈的精神气魄，他们大都投身到时代斗争的漩涡中去，经受着挫折、困苦，甚至流血身亡。他们都不希望自己是一个碌碌无为的庸人，都希望自己能在历史的长河中留下自己的一点印记。所以，当我们阅读《史记》的本纪、世家、列传时，我们感受到的是一种动人心魄的力量，是一种不可阻遏的强劲气势，使我们惊叹，让我们热血沸腾。这就是阳刚之美！这就是崇高之美！（安 公）

司马迁，字子长，夏阳龙门（今陕西韩城）人。他生于史官世家，祖先自周代起就任王室太史，掌管文史星卜。父亲司马谈在武帝即位后，任太史令达30年之久。司马谈是一个渊博的学者，对于天文、历史、哲学都深有研究，这对司马迁的早期教育无疑有重要意义。将近10岁时，司马迁随父亲迁居长安，同当时著名的经学大师孔安国、董仲舒学习《古文尚书》和《春秋》，这一切都奠定了他的学问的基础。

20岁那年，他开始漫游天下。据《史记·太史公自序》，这一次游历到达今天的湖南、江西、浙江、江苏、山东、河南等地，寻访了传说中大禹的遗迹和屈原、韩信、孔子等人活动的旧址。漫游回来以后，被任命为郎中，又奉使巡行过四川、云南一带。以后因侍从武帝巡狩封禅而游历了更多的地方。他的几次漫游，足迹几乎遍及全国各地。漫游开拓了他的胸襟和眼界，使他接触到各个阶层各种人物的生活，并且搜集到许多历史人物的资料和传说。这一切，对他后来写作《史记》起了很大作用。

元封元年（公元前110年），司马谈去世。临终前，把著述历史的未竟之业作为一项遗愿嘱托给司马迁。元封三年（公元前108年），司马迁继任太史令。此后，他孜孜不倦地阅读国家藏书，研究各种史料，并参与了《太初历》的制定工作。这是当时世界上最先进的历法，也是中国历法史上进行的第一次大改革。此后，他秉父遗志着手准备编写《史记》。

就在这过程中，发生了一场巨大

的灾难。汉武帝天汉二年（公元前99年），李陵率军抗击匈奴，力战之后，兵败投降。消息传来，武帝大为震怒，朝臣也纷纷附随斥骂李陵。司马迁看到安享富贵的朝臣对冒死涉险的将领毫无同情之心，极为愤慨，便直言不讳地说："李陵转战千里，矢尽道穷，古代名将也不过如此，虽然投降，也是情有可原；臣以为只要他不死，必定还会效忠汉朝！"

司马迁的话触怒了汉武帝，他认为司马迁为李陵辩护，无疑是在贬低当时出征匈奴的另一位将领李广利——宠妃李夫人的兄长。于是下令，判司马迁宫刑。当时，获罪的人可以出钱减刑一等，但家境并不富裕的司马迁拿不出这笔钱，只能入狱受刑。对于司马迁来说，这无疑是人生的奇耻大辱。他精神受到极大刺激，曾一度想自杀，但想到父亲的遗言，又以古人孔子、屈原、左丘明、孙膑、韩非等在逆境中发奋有为的事迹鼓励自己，终于以惊人的意志忍辱负重地活了下来。他在《报任安书》中说，"人固有一死，死或重于泰山，或轻于鸿毛"，与其让宝贵的生命在毫无价值的情况下结束，不如"隐忍苟活"，在著述历史中求得生命的最高实现。经过六年的囚禁生活，司马迁终于在征和元年（公元前93年）出狱。汉武帝对司马迁的才能还是爱惜的，任命他为中书令。从此，他一心于史学著述，终于完成了"究天人之际，通古今之变，成一家之言"的巨著——《史记》。

司马迁由于身陷囹圄、遭受宫刑，不再把修史仅仅看作是对以往历史的总结、对西汉盛世的颂赞，而是和自己的身世之叹联系在一起，融入了较重的怨刺成分，许多人物传记都寓含着作者的寄托，磊落而多感慨。司马迁修史过程中前后心态的巨大变化，赋予《史记》这部书更为丰富的内涵。

延伸阅读

《三国志》 是一部记载魏、蜀、吴三国鼎立时期的纪传体国别史，其中包括《魏书》30卷、《蜀书》15卷、《吴书》20卷，共65卷，记载了从魏文帝黄初元年（220年）到晋武帝太康元年（280年）60年的历史。作者是西晋初的陈寿，其叙事简略，三书很少重复，记事翔实。在材料的取舍上也十分严谨，为历代史学家所重视。史学界把《史记》、《汉书》、《后汉书》和《三国志》合称为前四史，视为纪传体史学名著。

※　※　※　※

《春秋》 是鲁国的史书，记载了从鲁隐公元年（公元前722年）到鲁哀公十四年（公元前481年）的历史。它是中国现存最早的一部编年体史书，该书的史料价值很高，文句极简短，几乎没有描写的成分，但它的语言表达，具有严谨精练的特点，反映了文字技巧的进步。被后人看做是一部具有"微言大义"的经典，是定名分、制法度的范本，并且，在史书和文学作品的写作上，也对后人产生很大影响。

汉 书

班 固 （东汉 32年—92年）

> 史书开有纪传体，是司马迁的大功。而换了朝代立刻来写一部历史，这是班固的贡献。以后正史都是学的班固《汉书》。这就无怪乎要"迁、固"、"《史》、《汉》"并称了。
>
> ——国学大师 钱 穆

班固是东汉时期第一流的史学家和文学家，他所编纂的《汉书》，是中国历史上第一部纪传体断代史。《汉书》记事详赡得体，大一统和正统思想浓重，在中国史学史上享有崇高的地位，对后世也有着极大的影响。

《汉书》是继《史记》之后出现的又一部史传文学典范之作，因此现代人经常将司马迁和班固并列，将《史记》和《汉书》并举。其实在唐代以前，《汉书》的地位是《史记》所不能企及的。这主要是因为《汉书》与《史记》相比，正统、保守的意味要更浓一些。班固汲取了《史记》的经验，加以改进和发展，以浓重的笔触全面地从时间、地域、人事、思想文化诸方面详细地记述西汉的统一大业，给汉代政权和多民族统一的国家以应有的历史地位，这是空前的史学成就。

《汉书》和《史记》一样，有着文史结合的特点。以《史》、《汉》为代表的两汉传记文学，是当时文学史上的主流之一，在中国文学史上有突出的地位。《汉书》的文学性虽然不如《史记》，但写社会各阶层各色人物，都秉承"实录"精神，平实中见生动，具体中有细节。以简洁的语言文字，通过某些典型情节的具体描写，使一些历史人物的个性、思想感情和历史活动形象地再现出来。《汉书》的语言风格与《史记》恰好形成鲜明的对照。它详赡严密，工整凝练，倾向排偶，又喜用古字，重视藻饰，崇尚典雅。《后汉书》的作者范晔说"迁文直而事露，固文赡而事详"，指出了《史》、《汉》的不同风格。这也代表了汉代散文由散趋骈、由俗趋雅的大趋势，喜欢骈俪典雅文章风格的人，对《汉书》的评价在《史记》之上。

中国数千年的历史长河中，《汉

书》确实是不容错过的瑰宝。

K旷世杰作
KUANGSHI JIEZUO

《汉书》又称《前汉书》，全书共120卷。主要记述的年代从汉高祖元年（公元前206年）开始，到王莽地皇四年（23年）为止，囊括了西汉一代（包括短暂的王莽政权）230年的史事。《汉书》体例严整，为我国历代的官修正史确定了一个典范。传世的"二十四史"，除《史记》和《南史》、《北史》外，都是沿用《汉书》纪传体断代史的体例。

《汉书》包括"传"70篇；专述典章制度、天文、地理和各种社会现象的"志"10篇；史"表"8篇。全书80万字，书中的史料十分丰富翔实。汉武帝之前的部分，基本上依据《史记》写成。汉武帝以后的部分，除吸收了班彪遗书和当时十几家读《史记》书的资料外，还采用了大量的诏令、奏议、诗赋、类似起居注的《汉著记》、天文历法书，以及班氏父子的"耳闻"。不少原始史料，班固都是全文录入书中，从而保存了许多珍贵文献。

《汉书》的"志"即是《史记》的"书"，但比《史记》增加了《刑法志》、《地理志》、《艺文志》和《五行志》四篇，所包容的历史现象更为博大丰腴。特别是《艺文志》，记述了当时和前代的书籍源流、存佚、内容，并作了分类，是我国留存最早的一部目录学书。以后的"正史"大多效仿它，写入这部分内容。作为史书，在叙事上，《汉书》的特点是注重史事的系统、完备，凡事力求有始有终，记述明白。这为我们了解、

研究西汉历史，提供了莫大方便。至今，凡研究西汉历史的人，无不以《汉书》作为基本史料。

就《汉书》的体裁而言，班固首创纪传体断代史在历史编纂学上是一个创举。《汉书》之前，中国没有一部断代史，在反映中国社会阶段性发展特点上存在着不足。班固首创断代史，并把它与纪传体相结合，使它们各自的长处得到充分发挥，为记载中国历史找到了最好的表现形式。正因为如此，《汉书》的创建得到历代史学家的尊重和历史的认可，纪传体断代史成为中国史学的主导流派，得到充分发展。这是《汉书》在中国史学史上做出的突出贡献。另外，由《史记》首创的纪传体是中国历史学成熟的标志。《汉书》继《史记》而起，对于《史记》体制上的粗疏之处作了技术改进，对纪、表、志、传诸部分都作了改造、补充，在记述形式与内容的统一方面为后世树立了榜样。于是它问世后，史家"竞弃马而学班"，"奔走班固之不暇"，《汉书》成为"后世不祧之宗"（章学诚《文史通义·书教下》）。

《汉书》的文学价值不容小觑。虽然在文学性上，《汉书》要稍逊于《史记》，但班固笔下仍诞生了许多为后人传诵的名篇。譬如《李广苏建传》、《盖宽饶传》、《张禹传》、《东方朔传》、《朱买臣传》、《霍光传》等。

我国史学有经世致用的传统，《左传》、《史记》等名著在这方面都很突出。《汉书》继承了这个传统，一方面注意记述经世之业。如写《沟洫志》，申明治河修渠乃"国之利害，故备论其

事"；写《贾谊传》，"掇其切于世事者于传"，不切世事者从略；写《晁错传》，"论其施行之语著于篇"，未施行之语一定抛开；写《董仲舒传》，也是"掇其切当世、施朝廷者著于篇"。另一方面，《汉书》还很注意究世变，"明监（鉴）戒"、通古今，才能"备温故知新义"。更有宣扬伦理教化，标榜劝善惩恶，等等，无一不是经世而讲求功用的。这对后来的正史，也有一定的影响。

《汉书》的详赡史事

详赡，是《汉书》的一大特点。《汉书》中有关武帝以前的史事，多采用《史记》，但实际上补充了很多内容，也有些修改。例如，《汉书》增设了《惠帝纪》及贾山、李陵、苏武、张骞等传，创立了《古今人表》和刑法、五行、地理、艺文等志；在萧何、韩信、刘安等传中增加了不少史料，特别是在一些纪传中记载了很多诏令、奏疏、诗赋、文章，这就大大丰富了汉代史的内容。有关武帝以后的记载，大概是缀集班彪《后传》及各家续《史记》之作，也有新撰的东西，加以总编而成。各家所作及《后传》早已散佚，具体情况不得而知。从班彪的《前史略论》中所说"今此后篇，慎核其事，整齐其文，不为世家，唯纪、传而已"来做推敲，《后传》大概只有纪、传，而无表、志。看来班固撰写《汉书》武帝以后史事的任务也是艰巨的，

撰十志尤非易事。

《汉书》体制的容量很大。十二纪写西汉十二世君国大事，记明年，多列事目，不写细节，起提纲作用。八表，有六个王侯表是从《史记》中的汉王侯表发展起来的；《百官公卿表》比《史记·将相名臣年表》丰富得多，既叙述秦汉官制演变，又记录汉代三公九卿任免升黜；《古今人表》把远古至秦末的人物列为九等，但其中未列汉代人物。十志，是律历、礼乐、刑法、食货、郊祀、天文、五行、地理、沟洫、艺文等，记述古代的政治、经济制度及文化思想史。七十传，一般是先专传、合传，而后是类传，记载西汉各种人物、各个民族及邻近诸国，末尾传写王莽及《叙传》。它对西汉一代史事和人物，几乎无所不包。

十志最能体现《汉书》的详赡。《食货志》记述西周至王莽时期的农业、农政、货币和财政的情况。《刑法志》记述古代至东汉初年的军制和刑法的历史变化。《地理志》概述古今地理沿革、汉代政区，以及各地区的范围、山川、户口、物产、风习，还有中外交通。《沟洫志》记述古今水利事业，记载了贾让的治河三策。《礼乐》、《郊祀》二志记载历来的礼乐文化和祭祀制度。《天文》、《律历》二志记有古代自然科学的宝贵资料。《五行志》详记了自然界古今很多的灾异现象。《艺文志》吸收了刘歆《七略》的成果，著录了西汉末年皇家藏书的情况，并综述了各种学术派别的源流和短长。这些详细的记载，把政治史、经济史、文化史、自然史的著述，在《史记》八书的基

87

础上，大大向前推进了一步，极大地丰富了历史的内容，对后世纪传体史书的"志"影响很大，对后来《通典》、《文献通考》的影响也是不小的。

关于阶级斗争史和国内外民族关系史，《汉书》有详细的记载。从它许多篇章所记载的内容，可以看出西汉统治者如何残酷地剥削和压迫广大人民，民众又是如何前仆后继地进行反抗斗争。仅以一篇《王莽传》来看，就可以了解到西汉末年阶级斗争如何的尖锐复杂，统治者将广大民众推入灾难深渊，赤眉、绿林起义则如火如荼，民众终于推翻了王莽统治。《汉书》所记载四周的国内外民族的历史，比《史记》还要丰富些。它除了记述匈奴、西南夷、朝鲜等的历史外，还在《大宛传》的基础上扩写为《西域传》，叙述了汉朝与西域间政治、经济、文化关系史，西域几十个国家或地区的历史，为研究我国古代民族史和中外关系史提供了极为珍贵的资料。

这样的记述，为后世的正史所取法，形成了一个优良的传统；也为后世研究汉代史者所取材，故《汉书》在中国史学史上享有"文赡而事详"(《后汉书·班彪附固传》)和"记事详赡"(《十七史商榷》卷七)的盛誉。（佚 名）

❀《汉书》的大一统和正统思想

大一统和正统思想，是《汉书》的一大特点。

我国的统一事业经过了漫长的历史道路。自夏、商、周，经春秋战国，至于秦、汉，终于实现了国家的统一。司马迁在《史记·秦楚之际月表序》中写道："昔虞、夏之兴，积善累功数十年，德洽百姓，摄行政事，考之于天，然后在位。汤、武之王，乃由契、后稷修仁行义十余世，不期而会孟津八百诸侯，犹以为未可，其后乃放弑。秦起襄公，章于文、缪、献、孝之后，稍以蚕食六国，百有余载，至始皇乃能并冠带之伦。以德若彼，用力如此，盖一统若斯之难也。"他惊叹统一的艰难，是以史实为根据的。他也以如椽大笔写下了我国由分裂走向统一的历史脚步，还热切地肯定秦汉的一统，说秦统一天下"成功大"，说汉通过削藩，发展郡县制，加强了统一，造成"强本干、弱枝叶之势"。但司马迁因受历史条件的限制，所著《史记》还只是勾画出由分裂到统一的历史大势及秦汉统一的初步的轮廓。

班固写《汉书》，竭尽心力同时也有条件来写西汉统一大业。他汲取了《史记》的经验，加以改进和发展，以浓重的笔触全面地从时间、地域、人事、思想文化诸方面详细地记述西汉统一，给统一的汉代政权和多民族统一的国家以应有的历史地位，歌颂汉的一统帝业，这是空前的史学成就。《汉书·叙传》说："凡《汉书》，叙帝皇，列官司，建侯王。准天地，统阴阳，阐元极，步三光。分州域，物土疆，穷人理，该万方。纬《六经》，缀道纲，总百氏，赞篇章。函雅故，通古今，正文字，维学林。"从大一统的角度来看这段文字，可以说是班固着意写统一大业的自我表白。而传世的《汉书》，确实体现了这个旨意。

同时，《汉书》推崇汉为正统。《汉书·高帝纪》写道"汉承尧运，德祚已盛，断蛇著符，旗帜上（尚）赤，协于火德，自然之应，得天统矣"，这是神化刘邦，兴汉符合天命，同时又否定被汉取代的秦朝及篡汉的王莽政权之历史地位。《汉书·王莽传》说秦朝和新莽都不符天命，只是"余分闰位"，没有合法的历史地位。这与《史记》肯定秦朝统一"成功大"相比，显然有着严重的偏见。这种封建正统观念是非历史主义的，但它对后世的影响很大，故后世封建史学家纷纷有正闰论之争。它又鄙视非汉的政权和非帝系的人物，将《史记》中列为"本纪"和"世家"的项羽和陈涉一律列于"传"。虽然记载的史实大致上照旧，但评论的调子却改变了，说什么："上嫚下暴，惟盗是伐，胜、广燆起，梁、籍扇烈"，陈涉和项羽推动历史的作用都不提了。这种体例上的安排及对人物的评论，鲜明地反映出作者的正统思想。

当然，《汉书》的大一统和正统思想，既有联系又有区别，如今应当审慎地予以分析批判。对大一统和正统思想应当区别对待，就是对正统思想也可作具体分析。（佚　名）

D大师传奇 DASHI CHUANQI

班固字孟坚，扶风安陵（今陕西咸阳东）人，出生于豪富兼外戚的家庭。父亲班彪，字叔皮，东汉光武帝时，官至望都长。班彪博学多才，专攻史籍，是著名的儒学大师。当时，有不少学者都曾着手为司马迁的《史记》写续篇，据《史通·正义》记载，写过《史记》续篇的人就有刘向、刘歆、冯商、扬雄等十多人。班彪对这些续作都不满意，便"采前史遗事，旁贯异闻"（《后汉书·班彪传》），作《后传》65篇，以续《史记》。

班固生在这个家学渊博的家庭中，幼年即聪慧异常。在父亲班彪的教育下，受儒学熏陶，九岁时便能著作文章、诵读诗赋，16岁入洛阳太学就读。他博览群书，穷究诸子百家学说，熟悉汉史掌故，为后来的著述打下了良好的基础。建武三十年（54年），班彪去世，留下了遗作《后传》。班固离开太学，返乡为父守丧，并阅读其父《后传》的手稿。他感到其父"所续前史未详"，于是有志于继承和发展前人的史学事业，自永平（58年—公元75年）初年起，着手编撰《汉书》，专写西汉一代230年的历史。

说到这里便不能不提到班固的弟弟班超。班超和做学者的哥哥不一样，不愿老死书斋当中，年轻时家境贫寒，班超为官府抄写文书以补贴家用，劳苦之际，不禁感叹：大丈夫应当像傅介子、张骞那样立功异域，以取封侯，于是投笔从戎，远赴西域，果真成就了一番伟业。

班固居家编著《汉书》，不料却被人上书明帝，告发他私改国史。自从司马迁著述《史记》之后，汉朝统治者便对私人的历史著作颇为忌惮，因此班固立刻被捕入狱，家中的书籍也被查抄。班超担心哥哥受屈而难以辩明，便赶往京都上书，在汉明帝面前申说班固著述之意，地方官也将其书稿送到朝廷。幸好当时的明帝比较贤明，审阅书稿后，十分赏识班固的才华，便任他为兰台令史。兰台是汉朝收藏图书的地方，专设官员管理和校订图书。这个工作对读书和治学极为有利，为著书立说提供了宝贵的物质条件。

班固做了兰台令史，便和陈宗、尹敏等人共同撰成《世祖本纪》，记载汉光武帝创立帝业的历史。班固因此升迁为郎，"典校秘书"。他又撰写开创东汉的功臣列传以及平林、新市、公孙述载记共28篇，送呈朝廷。这些著述，都被后来官修的《东观汉纪》所采用。完成上述著作后，他又在汉明帝授意下继续撰写《汉书》。先后历时"二十余年"，到"建初（76年—83年）中"，完成了大部分的著述任务，受到当时的一致好评，"当世甚重其书，学者莫不讽诵焉"。

班固为郎之后，与皇帝"遂见亲近"。当时东汉建都洛阳，而关中耆老犹望迁都长安。班固于是作《两都赋》，呈给汉明帝。到了汉章帝时候，因为天子雅好文章，班固更加"得幸"，多次入宫与皇帝论学。建初三年（78年），班固升任玄武司马，掌管守卫玄武门。次年，章帝于洛阳北宫白虎观召集诸儒，讲论《五经》异同。班固受命"撰集其事"，写成《白虎通义》（又称《白虎通德论》），这是班固生平另一部重要著作。这部书是董仲舒以来今文学派唯心主义和神秘主义哲学的延伸和扩大，是今文经学政治学说的提要，对班固著述《汉书》也有很大的思想影响。

和帝永元初年（89年），窦太后任命窦宪为车骑将军出征北匈奴，班固为中护军，参与谋议。汉军与南匈奴兵大胜，出塞3000余里，一直追到燕山。东汉与匈奴多有战事，但属这一战赢得最光彩，窦宪得意之余，在燕然山刻石勒功，令班固作铭，颂扬大汉天声。可惜好景不长，永元四年（92年），窦宪因外戚专权而被和帝夺了兵柄，被迫自杀。班固由于和窦宪关系密切，受到株连，被免除官职。班家奴仆以往曾仗势侮辱洛阳令种兢，种兢起初因畏惧窦宪而含怒未发，待至窦宪垮台及班固失势，便落井下石，收捕班固入狱。不久，班固死于狱中，时年61岁。

班固几十年中断断续续著述《汉书》，临终时，八表及《天文志》尚未完成。汉和帝命他的妹妹班昭在东观藏书阁续书，班昭续完了《汉书》八表，《天文志》则由马续完成。可以说，传世至今的《汉书》，是经由班彪、班固、班昭和马续四人撰写，历时数十年才完成的。不过，最主要的部分依然是班固几十年心血的结晶。

《Y 延伸阅读》 YANSHEN YUEDU

《白虎通义》，是班固另外一部重要著作，可以说是东汉政府"钦定"的一部书，包括经学、史学、哲学、神学等多方面内容，代表了东汉的官方意识形态，是了解两汉学术与政治的必读书。

※　※　※　※

《后汉书》与《史记》、《汉书》、《三国志》并称"前四史"，是纪传体史书的代表作之一。全书包括帝后纪10卷，列传80卷，记载了王莽末年到汉献帝逊位其间200余年的史事。其中纪、传的作者是南朝时期刘宋的学者范晔，志的作者是晋朝司马彪，此书为历史爱好者的必读书。

论　衡

王　充　（东汉　27年—约97年）

王充是儒家学者中的特出之士，他信奉儒学，但又不囿于一般的"俗儒"之学，是中国封建社会中比较少见的人物。他的学说，开始只在江东地区流传，未产生很大的影响。到东汉末期，著名学者蔡邕到江东，发现了王充的《论衡》，如获至宝，独自研习，秘不示人，由此学问大进。时人认为他"不见异人，当得异书"，于是问蔡邕原委，从此《论衡》一书得以广泛流传开来。

——《贤哲传记》

王充是我国东汉时期杰出的学者，也是中国历史上著名的唯物主义思想家和无神论者。他通过对当时流行于世的谶纬迷信、天人感应等神学思想的全面批判，进一步发展了秦汉以来的唯物主义思想，创立了以元气自然论为核心的唯物主义哲学体系。

王充的著作非常多，但大部分都已经失散，只有他的代表作《论衡》还保存完整。《论衡》是中国历史上的一部奇书，全书闪烁着唯物主义思想的光辉，是我国古代唯物论的宝贵遗产，迥异于当时一般的知识和思想水平。东汉是迷信思想盛行的朝代，当时以预兆吉凶为主要内容的谶纬之学甚至被当做是正式的官方学术。王充针对这种情况，在《论衡》中以"疾虚妄"为宗旨，坚持传统儒家思想，对当时的各种迷信观念进行了严厉的批驳。他敢于宣布世界是由物质所构成，敢于不承认鬼神的存在，敢于向孔孟的权威挑战，并确立了比较完整的古代唯物主义体系。这在当时可算是惊世骇俗，很多内容即使在今天看来也极有意义。

当时一些权贵人物说王充不是书香门第出身，没有投靠门师，不配著书立说，以至于他的学说一旦问世，便被视为异端，甚至遭到禁锢。王充冲破种种阻力，坚持著述。《论衡》开始只在江东地区流传，并没有产生很大的影响。到东汉末期，著名学者蔡邕到江东，发现了王充的《论衡》，如获至宝，独自研习，秘不示人，由此学问大进。时人认为他"不见异人,当得异书",于是问蔡邕原委,从此,《论衡》一书得以广泛流传开来。它对今后的唯物主义者、无神论者,诸如魏晋时期的哲学家杨泉、南朝宋时的思想家何承天、南朝齐梁时的无神论者范缜、唐朝时期的刘禹锡和柳宗元、明清之际的思想家王夫之等,都产生了不同程度的影响。王充也因为《论衡》一书而在中国思想史上获得了崇高的地位。

 旷世杰作

王充一生勤于治学,著述很多,今天能够知道的就有《论衡》、《讥俗节义》、《政务》和《养性》等多种,但只有《论衡》保留至今。

关于《论衡》,王充自述称:"又伤伪书俗文,多不实诚,故为《论衡》之书。"也就是说,他作《论衡》的目的,就是要批驳那些流行于世间的伪诈、荒谬、不诚实的著作。所谓"伪书俗文",主要是指当时盛行的神学化了的儒学,特别是所谓谶纬之学。"谶纬"本是一种用来解释儒家"六经"(《诗》、《书》、《礼》、《乐》、《易》、《春秋》)的书,起源于西汉末年,但在后来发展出很多预言吉凶之类的迷信内容。东汉第一个皇帝汉光武帝刘秀就是靠谶纬起家的,据说当时有一条谶言称:"刘秀发兵捕不道,四夷云集龙斗野,四期之际火为主",预言了刘秀将会推翻王莽新朝,光复汉室。由于这个原因,自刘秀起,东汉的皇帝们大多笃信谶纬,甚至将81种纬书列为官方学术典籍,供人学习。这些纬书当中大多充斥了各种各样奇异荒诞的迷信内容,而它们对于当时社会风气的影响更是严重。

王充作《论衡》,其主要目的就是要破除这些迷信。《论衡》当中有大量这方面的内容,譬如《书虚篇》、《儒增篇》评判了很多奇异怪诞不合乎常识的历史记载;《物势篇》批判了"天故生人"、"故生万物"的神学目的论;《奇怪篇》批判圣人出生的各种怪异说法;《变虚》、《异虚》、《雷虚》等篇批判了"天人感应"说;《道虚》、《龙虚》篇批判了长生不老之说;《寒温》、《变动》、《明雩》、《顺鼓》、《感类》等篇批判了灾异缘起人事的谬说;《遭虎》、《商虫》篇否定了虫虎之害因政而起的妄言;《订鬼》、《论死》、《死伪》、《纪妖》等篇批判了人死为鬼说等。

在《论衡》中,王充往往以严密的逻辑、辩证的分析、详尽的事例,对各种世俗的迷信观念加以批判。以对"人死为鬼"说的批评为例,王充很风趣地写道,从古到今,死者亿万,大大超过了现在活着的人,如果人死为鬼,那么,道路之上岂不一步一鬼吗?王充认为人是由阴阳之气构成的,"阴气主为骨肉,阳气主为精神","精神本以血气为主,血气常附形体",二者不可分离。他精辟地指出:"天下无独燃之火,世间安得有无体独知之精!"也就是说,精神不能离开人的形体而存在,世间根本不存在死人的灵魂。至于说有人声称见到了鬼,其实是人的恐惧心理造成的。所见的"鬼"只不过是一种幻觉。人们对鬼神的祭祀,有的是为了报答先人的功德,借以勉励后人。有的是对自然灾害无能为力,不得不

青少年必知的国学经典

乞灵于鬼神相助，以获丰收。但是，所有被祭祀的对象都是无知的，实际上并不能给人们带来什么祸福。

在今天看来，这些似乎都是理所当然的道理，但要知道，在当时，王充作这些文章并不是没有风险的，在一个举世皆崇信谶纬、迷信盛行的时代里，发出这样的怀疑很触忌讳，在王充之前，就曾有朝廷的高官因为对皇帝直言对于谶纬的怀疑而被贬斥。从现在的角度看，由于时代的局限，《论衡》当中有很多内容并未能彻底摆脱神学思想的束缚；但是，在汉王朝那种妖妄荒诞学说甚嚣尘上的氛围中，正需要有一种尖锐的新思想来冲击一下那些陈腐的东西，而《论衡》正是这样的力量。

王充的文章风格，也是平易流畅，毫无修饰。他评价文章的出发点，是传统儒学的经世致用思想；所以强调文章要有劝善惩恶的实用性，要有真实可信的内容，语言要同口语一致而明白易晓，否定夸张、虚构、想象，反对模拟。因此，王充严厉地批判了古代典籍当中一些带有奇幻、夸饰色彩的内容，对于汉代流行的讲究铺陈藻彩的赋体文学也多有抨击。

中国古代科学史上的瑰宝

《论衡》是我国东汉时期伟大的唯物主义哲学家、思想家王充的著作。《论衡》一共85篇，其中《招致篇》已经失传，实际上只保存了84篇。《论衡》中不但有中国古代最光辉的唯物主义思想，而且还包含着极为丰富的科学知识和对当时科学成就的论述，涉及的物理学分支有力学、热学、声学、电磁学等。

外国科学史学者总认为中国古代只有静力学而没有动力学，这是不正确的。在春秋时期墨家的力学论述里面已经有了对运动的论述，到了东汉王充的《论衡》中已经初步具有动力学的萌芽。

王充在《效力篇》中对力的作用问题进行了探讨，指出载重的车在斜面上必须有强力在前面拉或在后面推，它才能向上运动；一旦失去了这种力的作用，运动就会发生变化。在斜面上，没有牛拉人推，即没有外力支持，车本身就会向下运动。王充明确指出：力是改变物体运动状态的原因。王充还从实际观察中认识到，人和物体的内力不能使人和物体本身发生运动状态的变化。他指出"力重不能自称，须人乃举"，"古之多力者，身能负荷千钧，手能决角伸钩，使之自举不能离地"。

王充在《状留篇》中对运动快慢进行了论述，他写道："湍濑之流，沙石转而大石不移。何者？大石重而沙石轻也。"这段话是要说明，在一定的外力作用下，重量小的物体运动起来容易；重量大的物体运动起来困难。这与牛顿的惯性定律不谋而合。当然王充的论述还只停留在经验状态，还没有上升到理论高度。但可以看出他的分析是很深刻的。

在热学方面，王充在《寒温篇》中写道："夫近水则寒，近火则温，远之渐微。何则？气之所加，远近有差也。"意思是说，热的传导是"气"的作用，近火则温是因为距离短，气的作用大；而当距离增大时，气的作用就减少了，热的传导作用也就减弱了。

在《说日篇》中，王充不但给云、雾、雨、露、霜、雪的形成给予了科学的解释，而且初步涉及了蒸发、凝结与温度的关系。他把云、雾、雨、露、霜、雪看成是本质上相同的东西，只是在不同的温度和不同的条件下，才作出不同形式的表现。

在声学方面，王充曾阐述过语声形成的原因，并用水面波来解释声音在空气中的传播，这是世界上对声波的最早认识。

在电磁学方面，王充在《论衡》中对司南作了比较具体的描述。他还用阴阳之气的观点对自然界的雷电现象进行了解释。他在《雷虚篇》中记述，雷电是阴阳两气斗争的产物。隆隆雷声，是阴阳两气"校轸之音也"；阴阳两气"校轸"还会产生闪光，闪光中人人死，中木木折，中屋屋毁。王充还认为，"雷者，火也"。

《论衡》用王充自己的话说，是一部"诠轻重之言，立真伪之平"的著作，也就是评论古往今来一切思潮和学说的是非真伪的论文集。王充一生的其他著作均已失传，只有《论衡》一部保留了下来，成为后人纪念他的丰碑。

（佚　名）

王充首倡"知为力"

英国哲学家弗兰西斯·培根在1620年出版的主要著作《伟大的复兴》中说："人的知识和人的力量结合为一"、"达到人的力量的道路和达到人的知识的道路是紧挨着的，而且几乎是一样的"。这两句话，被后人概括为"知识就是力量"。此后，一提到"知识就是力量"，人们马上会说：这是弗兰西斯·培根首先提出的。果真如此吗？其实，早在1 000多年前，战国东汉著名哲学家王充即有相同的言论。

王充在《论衡·效力》中明确提出了"知为力"即"知识就是力量"的思想。他说："人有知学，则有力矣。"又说："萧何以知为力。"他认为，"人生莫不有力"，而"力"可分为两大类：一为"筋骨之力"即体力，诸如壮士"举重拔坚"之力，农夫"垦草殖谷"之力，工匠"构架斫削"之力，士卒"勇猛攻战"之力等等；一为"仁义之力"即知力，诸如儒生"博达疏通"之力，佐史"治书定簿"之力，贤儒"论道议政"之力等等。在这里，王充不仅提出了"知为力"的命题，而且还明确地把"力"区分为体力和知力，主张知力与体力相结合，只有这样，才能取得事功。他说："文力之人，助有力之将，乃能以力为功。"

在王充看来，是否具有"识知"是区别人与动物的根本标志。他说："倮虫三百，人为之长。天地之性，人为贵，贵其识知也。"（《论衡·别通》）如果没有"识知"这个标志，则人"与三百倮虫何以异"？因此，他特别强调人的

青少年必知的国学经典

"识知"，并以汉初开国大臣萧何、樊哙、郦食其三人的不同作用，具体说明了"知为力"的道理。"夫萧何安坐，樊、郦驰走，封不及驰走而先安坐者，萧何以知为力，而樊、郦以力为功也。萧何所以能使樊、郦者，以入秦收敛文书也。众将拾金，何独掇书，坐知秦之形势，是以能图其利害。众将驰走者，何驱之也。故叔孙通定仪，而高祖以尊；萧何造律，而汉室以宁。案仪律之功，重于野战。"（《效力》）萧何、樊哙、郦食其都是刘邦军中的宿将，当起义军攻克咸阳后，其他将领都争金觅帛，唯独萧何安坐掇书，研究秦国的律令图书，从而"坐知秦之形势"，然后帮助高祖制定正确的政策，使刘汉得以安宁。由此，王充指出："仪律之功，重于野战。"他进而又从这些具体事实中得出一个普遍性的结论："知夫筋骨之力，不如仁义之力。"相比之下，知力比体力更为重要。

这一思想的提出在当时可谓振聋发聩，即使在进入知识经济时代的当今，仍然具有现实意义。王充此一首创，实比培根早了1 500多年！

大师传奇

王充字仲任，会稽上虞（今浙江上虞）人。他的祖上原籍魏郡元城（今河北大名县），"以农桑为业"。后来为了躲避豪门的欺压，举家南迁。

正如《后汉书》所说，王充年幼时即聪慧出众，6岁即开始读书，8岁入书馆，后来又学习《尚书》、《论语》，不管文辞如何艰深晦涩，都能够日诵千言。18岁左右，被选送到都城洛阳上太学。因为家贫无钱买书，他经常去洛阳城的书店里翻阅。幸好他记忆力超群，读书几乎是过目不忘，于是对各方面的学说都有所了解。当时的洛阳聚集了一大批学有专长的优秀学者，如班彪、班固、桓谭、贾逵等，其中班彪、桓谭对王充的影响最大。班彪是当时第一流的学者，王充在《论衡》中曾多次对他加以赞颂；桓谭则是东汉另一位颇具批判精神的思想家，王充作《论衡》，批判神学迷信，很大程度上受到了桓谭的影响。他在洛阳与这些一流学者往来问学，眼界大开，学问日进。阅读的书也已经不限于儒家经典，而是博观诸子、旁及百家。

公元59年（汉明帝永平二年），汉明帝刘庄亲临太学讲解经书，诸儒相互问难于前，围观者上万人。33岁的王充也乘兴往观，并因此作《六儒论》。没多久，他就返回家乡教书，并分别在县、郡、州里做过一段时间的属官，负责管理人事等工作。王充对自己要求十分严格，从不为个人利益去拜见长官，从不炫耀自己，结交朋友看重品德和才能，非志同道合者终日不交一言。由于不肯相光同坐，经常与长官意见相左，后来便自动辞去了官职。

公元86年（汉章帝元和三年），60岁的王充先后携家到丹阳郡、九江郡、庐江郡做属官。后来又到扬州部做州刺史的助理，负责监察工作。公元88年（汉章帝章和二年），再次辞职回家。友人谢夷吾上书推荐，说他的才学"虽前世孟轲、孙卿，近汉扬雄、刘向、司马迁不能过也"。汉章帝派车去接他，但王充却因病未能成行。

王充的晚年相当凄凉,孤独无靠,贫无供养,但他却并不因此而消沉。公元90年—91年,年过花甲的王充仍精力充沛地写了《养性》之书十六篇,并想要"垂书示后",于是又着手将自己历年写下的100多篇作品整理成一部新书。这部书所讨论的问题有上百个,上自传说中的黄帝、唐尧,下至秦朝、汉代,"幼老生死古今"全都涉及了。王充认为,这部书用圣人的道理作为评论是非的准则,从博通古今的人那里找依据来剖析事理,就像用秤称物品那样公平,有如拿镜子照东西那样清楚。这大概就是他将自己的著作命名为《论衡》的原因。而这部书的序言,就是王充临死前写的《自纪篇》。

根据《自纪篇》,王充生平共有四部主要著作,每一部都有不同的目的,首先是《讥俗节义》,意在讥时刺世,劝善勉节。这本书今天已经散佚,王充平生不得志,大概对人间之世态炎凉有深切的体察,这部《讥俗节义》的内容应该是对那些丑陋世俗的抨击。第二部是《政务》,王充认为当今的君主治理天下不得法,因此作此书加以匡扶,此书也已经失传。第三部即《论衡》,目的的在于考订"伪书俗文"、驳斥虚言妄说。第四部是《养性》,这是王充晚年的作品,顾名思义,是要探讨养生之道,以延长生命。不过王充毕竟也未能探究到长生不老之道,70岁时,这位杰出的思想家与世长辞。

延伸阅读
YANSHEN YUEDU

当代学者周桂钿的《虚实之辩——王充哲学》是系统研究王充哲学思想的专著,也是"中国大哲学家研究系列"之一。本书以新的思路研究王充的哲学体系,对王充所关心的虚实问题做追踪探索,并以现代眼光进行深入分析,从而得出一系列新颖的见解。认为王充是具有近代科学精神的、超前的思想家,在虚实之辩中展示了理性思维和逻辑力量。

※　※　※　※

范缜是我国古代伟大的唯物论思想家,《神灭论》是他所著的一部无神论著作。全书用问答体写成,计31组问答,共2 100多字。这部书坚持物质第一性原则,系统地阐述了无神论的思想。范缜认为人的神(精神)和形(肉体)是互相结合的统一的东西,肉体死了,精神也就随着消灭。肉体和精神的关系,肉体是本质,精神是作用,就像刀的锋利是刀所发挥的作用一样,离开了刀就无所谓锋利,离开了肉体也就没有精神。和《论衡》一样,《神灭论》也是我国古代唯物主义哲学思想的重要著作之一。

陶渊明集

陶渊明 （东晋 约365年—427年）

> 陶诗沿袭魏晋诗歌的古朴作风而进入更纯熟的境地，像一座里程碑标志着古朴的歌诗所能达到的高度……陶渊明的清高耿介、洒脱恬淡、质朴真率、淳厚善良，他对人生所作的哲学思考，连同他的作品一起，为后世的士大夫筑了一个"巢"，一个精神的家园。
>
> ——《中国文学史》

陶渊明是我国中古时期最伟大的诗人。他蔑视权贵，淡于功名，关心黎民疾苦，捍卫人格尊严，曾因不愿为五斗米折腰挂冠而去。他热爱生活，性格豁达，狂放不羁，崇尚自然；充满了一位诗人、艺术家对真善美和生活真谛的渴望与追求，洋溢着独特的意蕴与情趣。陶渊明的田园诗数量最多，充分表现了诗人鄙弃功名利禄的高远志趣和守志不阿的高尚节操；对黑暗官场的极端憎恶和彻底决裂；对淳朴田园生活的热爱，对理想世界的追求和向往。作为一个文人士大夫，这样的情感和内容出现在文学史上，是前所未有的。

陶渊明是中国士大夫精神上的一个归宿，许多士大夫在仕途上失意以后，或厌倦了官场的时候，往往回归到陶渊明，从他身上寻找新的人生价值，并借以安慰自己。白居易、苏轼、陆游、辛弃疾等，莫不如此。于是，陶渊明的恬淡也就成了中国士大夫精神世界的一座堡垒，用以保护自己出处选择的自由。

他是中国古代田园诗的创始者，也是将"自然"的审美理想真正融贯在其诗歌创作中的第一人；他的诗歌以淳朴自然的语言、高远拔俗的意境，为中国诗坛开辟了一片新天地，并直接影响了唐代田园诗派。陶渊明所处的时代，正值魏晋玄学穷极生弊之时。在玄学的影响下，当时的诗歌创作，玄言说理的成分过度膨胀，致使诗歌异化为老庄之疏解，偏离了诗歌艺术发展的正确轨道。而他却在这一派谈玄论道的喧嚣当中独辟蹊径，开创了新的诗歌题材和新的诗歌美学的境界。他所开辟的诗歌胜境和他孤高耿介、质朴洒脱的人格,都是为后代文人景仰学习的珍贵遗产。《陶渊明集》中的诗文质朴无华,清丽自然,寓绚于素,意境清幽,韵味隽永,对后世文学创作有极大的影响。李白、杜甫、白居易、苏轼、陆游等大诗人都表示过对陶渊明其人其诗的赞美与仰慕。金朝大诗人元好问曾称之为"一语天然万古新,豪华落尽见真淳"。

KUANGSHI JIEZUO
旷世杰作

陶渊明流传至今的作品有诗120余首,另有文、赋等10余篇。在他的诗歌中,最有代表性的是田园诗,这也成为我国诗歌史上的创举。田园诗的艺术魅力,与其说在于它是田园生活的真实写照,不如说在于其中寄托了陶渊明的人生理想。

陶渊明著名的田园诗有《归园田居》、《和郭主簿》、《于西获早稻》、《怀古田舍》等。因为他以全部身心热爱着大自然,把自己的真切感受注入笔端,所以他笔下的农村田园风光安详平易,和谐自然,处处显露出诗人与自然融洽如一的状态。田园诗也最能反映陶渊明自己的思想和美学追求。

陶渊明的思想,是以老庄哲学为核心,对儒、道两家取舍调和而形成的一种特殊的"自然"哲学。他心目中的理想社会,是一种"自然"的社会。他常常把儒家虚构的淳朴无争的上古之世与道家宣扬的小国寡民的社会模式结合成一体,作为理想世界来歌颂,以田园作为歌咏的主要题材,正反映了他的这种思想倾向。与此相对应,陶

渊明诗歌的艺术风格,也常常表现为自然平淡的特色,但是自然而有风致,平淡而意蕴隽永。在宋朝以后,被普遍推崇为文人诗的最高境界。

陶渊明还创作了不少咏怀诗,主要有《饮酒》、《杂诗》、《咏贫士》、《读山海经》等。这些诗中,贯穿着诗人对社会的认识和对人生的体会,表现了他对尘俗的厌恶,对腐朽的统治者的蔑视。在一些诗篇中,他还以松菊、孤云自比,表现了孤芳自赏、守志不阿的耿介品格。但有些诗篇,也流露出壮志未遂的苦闷无奈和乐天安命的宿命论思想。他还有一些借咏史而咏怀的作品,如《咏荆轲》等,借对古代人物的热烈歌颂或深挚同情,抒发自己的满腔悲愤,寄托自己坚强不屈的意志,被鲁迅先生称为"金刚怒目"式的诗篇。

陶渊明的文、赋作品虽数量不多,但几乎都是历代传诵的名篇佳作。《归去来辞》、《桃花源记》、《五柳先生传》、《感士不遇赋》等都一扫晋宋文坛雕章琢句的华靡之风,感情真挚而强烈,风格质朴而自然,甚或还不凡诙谐风趣,使人可以洞悉,直窥襟怀。欧阳修曾高度评价他的作品,甚至说:"晋无文章,惟陶渊明《归去来辞》而已!"

陶渊明在文学史上有极其重要的地位,钟嵘《诗品》称他为"古今隐逸诗人之宗"。历代有成就的诗人几乎无不受到他的艺术熏陶,以至后世的"拟陶"、"和陶"诗不下上千首。南朝时,社会普遍推崇绮丽华美的文风,陶渊明那种朴素平淡的风格很难被一般读者接受,因此他主要被当做一个品行高洁的隐士来看待。到了唐朝,陶渊

明的诗歌逐渐为人所重视，王维、孟浩然等山水田园诗人虽然并不经常提到陶渊明，但他们的艺术风格却显然有着陶诗潜移默化的影响。时至宋代，诗歌的激情和浪漫精神开始减退，诗中的理性意蕴为人所重视，陶渊明开始受到普遍一致的推崇。大文学家苏轼曾经说陶渊明的诗"质而实绮，癯而实腴，自曹、刘、鲍、谢、李、杜诸人，皆莫及也"，予以相当高的评价。其他一些著名诗人和批评家对陶渊明也同样倍加称扬，至此完全确立了陶渊明作为中国文学史上第一流人物的地位。

经典导读

陶渊明的田园诗

在陶渊明的诗歌中，最有代表性的是田园诗。这种田园诗的艺术魅力，与其说在于它是田园生活的真实写照，不如说在于其中寄托了陶渊明的人生理想。田园被陶渊明用诗的构造手段高度纯化、美化了，变成了痛苦世界中的一座精神避难所。

陶渊明的思想是以老庄哲学为核心，对儒、道两家取舍调和而形成的一种特殊的"自然"哲学。他心目中的理想社会是一种"自然"的社会。他常常把儒家虚构的淳朴无争的上古之世与道家宣扬的小国寡民的社会模式结合成一体，作为理想世界来歌颂。如《劝农》诗说："悠悠上古，厥初生民，傲然自足，抱朴含真。"《时运》诗说："黄唐莫逮，慨独在余。"《饮酒》诗说："羲农

去我久，举世少复真！"同样的思想，又借助虚构，在《桃花源记》中加以形象的表现。在这种"自然"的社会中，人人自耕自食，真诚相处，无竞逐无欺诈，甚至无君无臣。而历史在陶渊明看来，是一个堕落的过程。由于人们的过度的物质欲望，引起无穷的竞争，产生了种种虚伪、矫饰、残忍的行为，使社会陷入黑暗。

然而上古之世，悠邈难求，世外桃源，也无处可寻。陶渊明只能把淳朴的乡村生活，作为他的社会理想的比较现实然而十分有限的寄托。

作为自然生活的一部分，陶渊明的田园诗还写到了农业劳动；在他归隐时期，自己也曾参加耕作。他的体力劳动在其经济生活中究竟有多大的意义？大约是很有限，甚至，也许是可有可无。这种农业劳作的实际意义，在于它体现了陶渊明的一种信念。《庚戌岁九月中于西田获早稻》开头就是："人生归有道，衣食固其端。孰是都不营，而以求自安！"自耕自食是理想的社会生活方式和个人生活方式。尽管诗人实际做不到这一点，但他尝试了，这就是很了不起的。同时又说："田家岂不苦？弗获辞此难。四体诚乃疲，庶无异患干。盥濯息檐下，斗酒散襟颜。"这里写到了体力劳动的艰苦和由此带来的心理上的宁静乃至安乐。

此外，陶渊明的田园诗，还牵涉东汉末以来文学所集中关注的问题：人生的意义和价值何在？生命怎样才能获得解脱？在这方面，我们首先看到，陶渊明对生命短促的事实，表现得比

同时代任何人都焦灼不安。他的诗现存不过 100 多首，竟有几十处提及"老"和"死"。但在哲学上，他却有一种豁达的解释，这在组诗《形、影、神》中表达得最明白。诗人借用辞赋的对话体，让"形"提出饮酒自乐、忘怀一切的人生态度（这近于《古诗十九首》），又让"影"强调应追求事功，建立身后之名（这近于建安文学）。这两者其实都是陶渊明所难以舍弃的，但作为最终的哲学归结，他在第三首《神释》中把前两者都否定了，认为每日醉酒伤害生命，立善求名也只是外在的追求，毫无意义。应该是："纵浪大化中，不喜也不惧。应尽便须尽，无复独多虑。"即归化于自然，不必有意识追求生命以外的东西，这就是不求解脱的解脱。

归结起来，陶渊明的社会观和人生观都以"自然"为核心。他向往的社会是和平安宁、自耕自食、无竞逐无虚伪、没有相互压迫和残害的社会；他追求的人生是淳朴真诚、淡泊高远、任运委化、无身外之求的人生；他所喜爱的生活环境，也是恬静而充满自然意趣的乡村。由于这些追求，使他的大多数田园诗呈现出冲淡平和、旷洁悠远的外貌，此即前人所言"静穆"。但在这背后，却充满了对现实社会的憎恶与不安，对人生短促深感无所寄托的焦虑。换言之，"静穆"是在"自然"哲学支配下构造出的美学境界，而激起这种追求的内驱力恰恰是高度的焦灼不安。

陶渊明并不是只有这种以冲淡平和为主要特征的作品，他也写过一些直接涉及现实政治，或直接表现出内心的强烈情绪的诗篇。如《述酒》诗，虽然词义隐晦，不易读懂，但其内容关系到晋、宋更代的一些政治大事，当无疑问。又如《赠羊长史》，对刘裕于义熙十三年北伐破长安之役，显得十分高兴。"圣贤留余迹，事事在中都。岂忘游心目，关河不可逾。九域甫已一，逝将理舟舆。"体现了鲜明的民族感情。此外，《咏荆轲》和《读山海经》中的几篇，对历史上和神话传说中一些虽然失败而始终不屈的英雄形象，表示同情、仰慕和赞美，具有慷慨悲壮的风格。《咏荆轲》结尾说："惜哉剑术疏，奇功遂不成。其人虽已殁，千载有余情！"分明流露出诗人心中的激昂之情。鲁迅先生指出，陶诗不但有"静穆"、"悠然"的一面，也有"金刚怒目"的一面，主要是指这些作品而言。不过，应当看到两者也并不是截然对立的。

陶渊明在诗歌发展史上的重大贡献，是他开创了新的审美领域和新的艺术境界。虽然一般的玄言诗人都注意到从审察自然来体会哲理，并由此产生了山水诗的萌芽，但没有人把目光投向平凡无奇的乡村。只是在陶渊明笔下，农村生活、田园风光才第一次被当做重要的审美对象，由此为后人开辟了一片情味独特的天地。他把农业劳动视为自然的生活方式，歌颂在劳动生活中包含着美的意趣，这同样是深刻的发现。对陶诗的艺术特点，前人早有定评，谓之朴素、自然、真淳。但这并不是民歌或受民歌影响的风格，而是诗人有意识的美学追求。从

青少年必知的国学经典

根本上说，这也是由陶渊明的"自然"哲学决定的。在他看来，人为的繁复的礼仪破坏了社会的自然性，矫饰的行为破坏了人性的自然性，那么，诗歌在外现形式上的过度追求，也必然破坏感情的自然性。所以，他绝少使用浓艳的色彩、夸张的语调、深奥的语汇、生僻的典故。他的诗中也常用对仗句式，但多数是比较古朴而不那么精巧的，他的诗歌充满感情，但真正表现得很强烈、显得激荡起伏的时候很少，而是和冷静的哲理思维结合在一起，呈现为清明淡远的意境，这一种美学境界是前所未有而且很不容易达到的。（佚　名）

陶渊明的隐逸

在古代高贤雅士的眼里，隐逸是一种最高尚、最自然、最值得推崇的人生。陶渊明算得上是中国历史上赫赫有名的大隐了。

"回崖叠嶂凌苍苍"的庐山脚下的小村庄，是陶渊明的摇篮。"少无适俗韵，性本爱丘山"，大自然的日月、山水、草木、虫鱼，启迪着他的聪慧，塑造着他的风骨。依高山流泉，他从小就苦读诗书。陶渊明原本是想做官的，少时就有济世之大志："少时壮且厉，抚剑独行游。谁言行游近，张掖到幽州。"他也曾做过几次官。29岁开始踏上仕途，做过祭酒、参军等小官，不仅无法施展自己的抱负，而且还经常要违心地和一些官场人物周旋，使得他对仕途前程有些灰心丧气。但为了生计，他还是几次的仕而归、归而仕。

41岁那年的秋天，陶渊明被封为彭泽县令，因受不了官场上的尔虞我诈、奴颜婢膝，才当了80多天的县太爷，陶渊明就愤而辞官归隐。他对自己曾经的大济苍生之望齿冷了。官场的腐败与骄奢淫逸，令陶渊明深恶痛绝，又不愿同流合污，更是无能为力，无奈他只好选择逃避，选择从此隐居不仕。

他的脊椎似乎很硬，不愿为五斗米而弯。在彭泽县衙，陶渊明最后一次冷眼打量着公堂，把大印放在了彭泽县衙的堂桌上，发出了几声讥笑。然后有点悲壮地大步走了出来，走到阳光和清风中，走到那片贫瘠却诚实的土地上，他要回归山野的怀抱。看着迎风摇曳的凄凄芳草，看着林中的数株寒梅，他的心襟慢慢旷达了，这时候，一篇千百年来为人称颂的辞赋从他笔下流淌了出来：

归去来兮！田园将芜胡不归？既自以心为形役，奚惆怅而独悲？悟已往之不谏，知来者之可追；实迷途其未远，觉今是而昨非。舟摇摇以轻飏，风飘飘而吹衣。问征夫以前路，恨晨光之熹微。

……

陶渊明就这样诉说着心中对黑暗官场的厌恶和鄙弃，抒发着由仕途折回的喜悦以及对田园生活的向往与热爱，他的心为此舞之又蹈之。在这篇美文中也暴露了他乐天知命、乘化归尽的有些消极的人生观，这也是在当时社会环境下，他在想有所为而又不能为的困惑中产生的思想。

陶渊明的志趣与性格与当时污浊的官场格格不入，他是不得已才把一顶小小的乌纱帽，换成了一件大大的布衣，回到了庐山脚下的柴桑故里，回到他的田园，回归了他的悠然自得。栗里小村，几栋茅舍，烟云舒展，竹篱密密，杨柳依依。每日里，或读书饮酒，或耕地种园。

陶渊明在斯地饮酒，虽"性乐酒德"，端起酒杯，似觉得远离了凡尘，但也是别有一番滋味在心头。一张无弦琴，与他相伴终身。或是和朋友饮酒之后，或是在独对明月的静夜，陶渊明常常抚弄这把无弦之琴，"但识琴中趣，何劳弦上声！"可我分明听见了他那一声声无言的叹息，带着浓浓的酒味。

陶渊明在斯地种菊，种出了一大片他认为应该存传后世文人自珍的清高之气。他很想让这菊花的清气影响一下他厌恶之极的世风，然而菊花太小，那一星半点的清菊之香又怎能荡涤一个奢腐王朝的浊臭呢？他只好一面耕种，一面在泥土中找寻他的诗句。

陶渊明当然并不是真正看破了红尘，也并不是心如止水的"隐士"，他的隐逸，好像也不是出于对人生意义的虚无主义理解。他其实是在逃避——他要逃避的是无可奈何的政治。他的心底，似乎总是暗暗地涌动着一股被压抑的情绪，为在现实中没有机会实现的抱负。在他潇洒超脱的人生背后，是一种对现实的无奈，他只有用酒来掩盖这一切，性喜饮酒的他写下的

众多的在酒里浸泡过的诗，有企图醉酒忘世，也有以酒寄怀，不难看出陶渊明在这些文字里感叹自己壮志未酬和愤愤不平的复杂感情。

但陶渊明是智慧的。在这种逃避中，陶渊明选择了做个看似无忧无虑却是心地善良的田园诗人。在他十分丰富的田园诗里，语言质朴自然，而又颇为精练，其风格兼有平淡和爽朗之胜，给人心界空灵、幽美之感，无处不流露出他热爱人生之情，从中也可以看出隐藏在文字里的一丝无奈情绪。但他以其精进的人生态度获得了他所特有的与生和谐的感觉。

在栗里的那间茅舍里，陶渊明度过了许许多多的不眠之夜。因为对现实社会的不满，他想为自己、也为所有人设计一个人间仙境。他做到了。走过漫漫长夜，在一个黎明，他心底的菩提树终于绽放出了美丽的花——

晋太元中，武陵人，捕鱼为业。缘溪行，忘路之远近，忽逢桃花林。夹岸数百步，中无杂树，芳草鲜美，落英缤纷。渔人甚异之。复前行，欲穷其林。

……

1 600多年来，这篇不足400字的《桃花源记》，不知让多少人为之魂牵梦绕，可怎么也寻它不到。唐代王维以为那是神仙境界——"春来遍地桃花水，不辨仙源何处寻。"韩愈干脆说："神仙有无何渺茫，桃园之说诚荒唐。"梁启超也说过：桃花源只不过是东方的乌托邦。

是的，桃花源只是陶渊明失望于

现实中的理想，只是一个美丽的梦幻，它激起无数人对美好生活的向往。陶渊明的这个期待，应了林伯渠所说："栗里先生留雅韵，桃源何处不须疑。"

陶渊明仅仅是一个隐士吗？桃花源又在哪里？问菊，菊却独向寒风……（佚名）

大师传奇

陶渊明一名陶潜，字元亮，浔阳柴桑（今江西九江）人。他生活在东晋后期，这时政治黑暗，贵族腐败，门阀制度盛行。陶渊明的曾祖陶侃是东晋开国元勋，官至大司马，封长沙郡公；他的祖父和父亲也曾经做过太守一类的官，可以说家世还是比较辉煌的。但到陶渊明时，家境却已经没落，因此他从小就过着贫困的生活。他少年时曾有过豪放的生活，志向远大，有"大济于苍生"的抱负，很希望建功立业。曾写下"少年壮且厉，抚剑独行游"、"忆我少壮时，无乐自欣豫，猛志逸四海，骞翮思远翥"这样豪迈的诗句。他少年好学，知识渊博，诗、赋、文都写得非常出色。但由于政治黑暗，门阀制度的排挤，无法施展他的政治抱负，这直接导致了他在仕途上的艰难坎坷，当然也是他最终归隐田园的重要原因。

陶渊明之辞官归隐，是他一生的转折点，同时也是中国古代文学史上值得记住的重要时刻。关于这件事情，陶渊明自作有《归去来辞》，详细记载了经过曲折。这条归隐之路，其实是反反复复、颇为艰难的。

陶渊明29岁时，第一次出任江州祭酒。但很快就因为受不了官场规条的束缚而解职回家了。后来他在晋元兴三年担任镇军将军刘裕的参军，次年又做了建成将军刘敬宜的参军，过了几年的幕僚生活。可能是因为才智不能得以舒展，心里不痛快，于是又回了家。回家后，以田耕为生，生活不足以自给，再加上孩子多，实在没有办法，亲戚和朋友都劝说他出去做官。他的叔父陶夔曾任太常卿，见他生活困苦，遂加引荐，于是陶渊明被任命为一个小县的县令。那时正值战乱，他害怕到远处任职，而彭泽县离家不远，俸禄又足够他饮酒，就选择在彭泽县任职。但正如他自己在诗中所说的，"少无适俗韵，性本爱丘山"，衙司官场实在不是他待的地方。到了年底，郡督邮来县里巡察，县吏告诉他，应该穿戴得整整齐齐地去恭迎上级长官。陶渊明叹息说："我岂能为五斗米折腰向乡里小儿！"即日便辞官而去了。

从29岁从州祭酒至辞官彭泽令共13年。从此以后，陶渊明就开始了他最为后人所称道的隐逸生活。隐居生涯升华了陶渊明的精神境界，帮助他创造出了前无古人的诗歌成就。但是另一方面，陶渊明的隐居生活也是很艰苦的，和后世的很多模仿者完全不同。譬如在唐代，隐居山林往往是当时的知识分子赚取大名的手段，他们就在长安附近的终南山一边享受着安逸的生活，一边等着朝廷封官授爵的诏令。相比而言，陶渊明的隐居是真正的乡村生活，他的生计基本上需要依靠自己的劳动来维持，在陶渊明的文集当中，可以找到很多描写乡村劳作的诗篇,这些都是他生活的真实写照。

陶渊明的晚年生活愈来愈贫困,有的朋友主动送钱周济他。有时,他也不免上门请求借贷。他的老朋友颜延之,于刘宋少帝景平元年(423)任始安郡太守,经过浔阳,每天都到他家饮酒。临走时,留下两万钱,他全部送到酒家,作为以后的酒资。不过,他求贷或接受周济,是有原则的。宋文帝元嘉元年(424),江州刺史檀道济亲自到他家访问。这时,他又病又饿好些天,起不了床。檀道济劝他出仕,被他婉言谢绝;檀道济馈赠的食物,也被他挥而去之。即使在自然恬静的田园生活之中,陶渊明仍然未能脱去他灵魂当中猛志常在、金刚怒目的一面,这同样也是他为后人所敬仰的重要原因。

延伸阅读

苏东坡可谓是陶渊明的异代知

己,陶渊明在宋朝以后逐渐为文人所推崇,在这一过程中,苏轼发挥了重要的作用。苏轼对于陶渊明的人格和诗歌成就都相当敬佩,不仅在诗文当中赞誉有加,还曾经遍和陶诗。将《陶渊明集》与《苏轼诗集》同读,不妨看作是中国古代两位天才隔着时空所进行的一场对话。

※　※　※　※

王维是盛唐时代的重要诗人,兼擅绘画,苏轼称他是"诗中有画,画中有诗"。王维的诗歌题材宽广,尤以田园山水诗最负盛名,是我国古代山水诗的艺术大师。他承袭了陶渊明、谢灵运的长处,又融合进自己独特的手法,创造出一种新型的山水诗,为盛唐的田园诗派形成奠定了基础。从《王维诗全集》中可以看到诗人以其悟性和生花妙笔勾绘出自然界丰富多彩的景象,给人以美的享受。

世 说 新 语

刘义庆 （南朝·宋 403年—444年）

> 《世说新语》是研究魏晋风流的极好史料。其中关于魏晋名士的种
> 种活动如清谈、品题，种种性格特征如栖逸、任诞、简傲，种种人生的追
> 求，以及种种嗜好，都有生动的描写。综观全书，可以得到魏晋时期几
> 代士人的群像。通过这些人物形象，可以进而了解那个时代上层社会
> 的风尚。
>
> ——《中国文学史》

刘义庆是南朝宋的王族宗室，封号为临川王，单凭一部《世说新语》，他便足以成为文学史上卓然自立的大家。这部书原名《世说》，是一本记载记述后汉至南朝刘宋人物的遗闻逸事的杂史。后人为了将它与西汉刘向编纂的《世说》相区别，便称之为《世说新书》或者《世说新语》。

《世说新语》首先是一部历史著作，它记载了大量魏晋时期名人雅士的遗闻逸事和玄言清谈，是了解和研究魏晋南北朝时期文人风貌和社会风尚的重要史料。魏晋南北朝时期是所谓"玄学"盛行的时代，在玄学的影响下，当时的士人在道德操守、行为举止、文学辞令、学术偏好等诸多方面都显现出迥异于传统儒家士大夫的面貌，这种独特的面貌，概括地说，就是

所谓的"魏晋风流"。而《世说新语》对魏晋名士的种种活动、性格、追求等等都有生动的描写，正是这种"魏晋风流"的绝佳的资料库。

《世说新语》还具有很高的文学价值。鲁迅先生在《中国小说史略》当中称《世说新语》为"志人小说"，并形容它的艺术特色为"记言则玄远冷隽，记行则高简瑰奇"，可见其文学成就主要集中在它对于人物的描写刻画之上。《世说新语》当中涉及各种人物千余人，既有帝王将相，又有隐士僧侣，魏晋南北朝时的闻人达士，几乎全数包罗在内。关于这些名士，《世说新语》或描状其形貌，或记录其言辞，或陈列其学问，或载述其事迹，虽然每一则的篇幅都不长，却个个都能生动活泼，如在目前，极有感染力。相比于阅读那

些内容厚重艰深的传统经典，读《世说新语》是一件很快乐的事情，它可以置于枕边，也可以在旅途中随身携带，时时翻阅，百读不厌，既有史料价值，又极富情致，摇曳生姿，仪态万方，真是一本不容错过的好书。

旷世杰作 KUANGSHI JIEZUO

魏晋南北朝时期，文人名士不重实务而尚清谈，品评人物之风甚盛，所以记述名人逸事的"志人小说"也很流行。志人小说多采集编撰过去以及当时文人名士的言谈、风尚、逸闻和遗事，以反映各类人物的风貌。较早期的作品有邯郸淳的《笑林》、裴启的《语林》、南朝宋代刘义庆的《世说新语》、梁代沈约的《俗说》等。而刘义庆的《世说新语》则是志人小说中的代表作。

《世说新语》由刘义庆及其门下文人采集众书编纂润色而成。所记虽是片言数语，但内容非常丰富，广泛地反映了这一时期士族阶层的生活方式、精神面貌及其清谈放诞的风气。这部书对后世笔记小说的发展有着深远的影响，而仿照此书体例而写成的作品更不计其数，在古小说中自成一体。书中不少故事，或成为后世戏曲小说的素材，或成为后世诗文常用的典故，在中国文学史上具有重要地位。

《世说新语》通行本为6卷，分德行、言语、政事、文学、方正、雅量、识鉴、赏誉、品藻、规箴等36篇，内容主要是记载东汉后期到晋宋间一些名士的言行与逸事。书中所载均属历史上实有的人物，但他们的言论或故事则有一部分出于传闻，不完全符合史实。此书相当多的篇幅是杂采众书而成，如《规箴》、《贤媛》等篇所载个别西汉人物的故事，采自《史记》和《汉书》，其他部分也多采自前人的记载。一些晋宋间人物的故事，如《言语篇》记谢灵运和孔淳之的对话等，则因这些人物与刘义庆同时或稍早，可能采自当时的传闻。

鲁迅先生在《中国小说史略》当中称《世说新语》为"志人小说"，可见此书的成就主要在记人与记事方面。在《世说新语》中，记言论的篇幅比记事的更多些。《世说新语》的文字简洁隽永，笔调含蓄委婉。它没有铺叙或过多的描写，更绝少夸张之处，但寥寥几笔，却能表现出相当生动的人物形象、突出人物的性格。如在《尤悔篇》里，桓温说："作此寂寂，将为文景所笑。"接着又说："既不能流芳后世，亦不足复遗臭万年耶！"这几句话，活画出了一个野心勃勃的权臣的心理。

由于《世说新语》所载都是经过选择的精彩片断，特别注意语言的提炼，比一般野史杂事更富于文学性。如《忿狷》篇写王述性急，吃鸡蛋时用筷子刺不破蛋壳，结果勃然大怒，用脚用力踩鸡蛋，最后放在口中嚼破后吐掉。不多的几句话，把他当时暴怒的状态生动地表现出来。再如《雅量》篇里写淝水之战时谢安的镇定自若："谢安与人围棋，俄而谢玄淮上信至，看书竟，默然无言，徐向局。客问淮上利害，答曰：'小儿辈大破贼。'意色举止不异于常。"一问一答之间，就将谢安坚忍从容的性格刻画得淋漓尽致。

《世说新语》情节具有戏剧性,曲折风趣,虽然每则故事的篇幅都很短,但读起来有如今日读的极短篇小说,故事有首尾及高潮迭起的情节,如温峤娶表妹为妻的故事,人物对话诙谐,内容极富戏剧性。又如刘伶假借病酒,骗妻子为他准备好酒肉的故事,情节也是饶富趣味,引人入胜。

值得提一句的是,刘孝标曾经为《世说新语》作注。刘孝标本来是南朝青州人,在宋泰始五年(469年),北魏占领青州后迁到平城,然后出家,后来又还俗。他采用裴松之注释《三国志》的方法,进行补缺和纠错。他下了很大工夫,引用的书就有400多种,为我们阅读理解《世说新语》提供了很大的便利。今天流行的《世说新语》版本,大多都将刘义庆的原文和刘孝标的注并置。

经典导读

一部必须重读的经典

写下这个题目时,想起了祝勇的《重读大师》,书的内容我不知,然而书名却镍入心中,其实不仅大师需要重读,一些经典何尝不需要重读?

记得有个对"经典"很经典的描述——经典就是那些不得不看,看不进去,没时间看,硬着头皮看,看完准说好,看完还想看的作品。"重读"也有很多种:年少时候看过的一本书,多年后如故友重逢地读;刚刚看完还没看懂的一本书,重新研磨寻味地读;早

已翻到缺角脱页甚至沾满鼻涕唾沫的一本书,放到枕上、马上、厕上去读……于我来说,《世说新语》是经典,但不必硬着头皮看,随便翻到一页我便能读下去;而我的"重读"则是"三上"式的重读——我有一歪理,凡是能让我拿到厕所里读的书,才是好书。

知道这本书是在读中学的时候,那时正背"昨夜吴中雪,子猷佳兴发"的句子,看到注释中介绍的王子猷雪夜访戴安道事,被深深打动,从那时便知道了《世说新语》这本书,但却没有机会看到更多的故事。

1990年前后看了蔡志忠的漫画《世说新语》,从中读到了更多的故事,像割席断交、东床快婿、王戎钻李等等,那时的印象是这本书一定很有趣。蔡的漫画把人画得尖嘴猴腮,并不让人喜欢,但对《世说新语》却越发喜欢了。

直到1997年才买到这本书,拍拍他的布纹封面对他说:同志,总算见到你了……感觉就像终于见到了一个神交很久的朋友!

初读《世说新语》,很快被所谓的"魏晋风度"吸引,一个个活生生、鲜灵灵的人物站到了面前:王粲喜欢驴叫,他死去后,魏文帝前来吊丧,对众人说,你们何不各作一声驴叫以送行!于是一片驴鸣。刘伶的老婆为刘伶的身体考虑让他戒酒,他却准备了一桌好酒作为戒酒仪式,然后立下誓言:"天生刘伶,以酒为名;一饮一斛,五斗解酲。妇人之言,慎不可听。"待仪式完毕,刘伶又烂醉如泥了。七月七日家家都晾晒衣物,郝隆却袒着肚子仰

卧在地,别人问时他回答:"我在晒肚子里的书啊!"……类似故事读得多了,便想当然地认为"魏晋风度"就是率性而为。

本就有点率性而为的性子,又处在率性而为的年龄,那时的我很能在这书里找到共鸣。于是便做了很多如今想来脸红的事情。记得那时最爱干的事情就是喊几个人爬宝石山,然后站在山顶干号或者站作一排来"浇花",彼时觉得很魏晋风度,现在想来实在是恶俗不堪。厌弃风雅,于是走入了恶俗的极端。

几年后,沉静下来,重读时,却明白了魏晋风度的另外含义。这个从《世说新语》的目录便可以看出来,奇怪的是我却很少留意这个目录。细翻,会发现魏晋风度至少包含了以下内容:

德行:华歆、王朗俱乘船避难,有一人欲依附,歆辄难之。朗曰:"幸尚宽,何为不可?"后贼追至,王欲舍所携人。歆曰:"本所以疑,正为此耳,既已纳其自托,宁可以急相弃邪?"遂携拯如初,世以此定华、王之优劣。这故事促使我们对"善、恶"进一步思考:到底什么是善?大善和小善有没有区别?如果自己遇到这情况怎么办……故事还是那个故事,重读的时候就觉得格外沉甸甸了。

豁达:太元末,长星见,孝武心甚恶之。夜,华林园中饮酒,举杯属星云:"长星!劝尔一杯酒,自古何时有万岁天子!"自古以来,天子都被人"万岁万岁万万岁"地捧着,求药也好,求仙也罢,多的是胡闹的嘴脸,孝武帝肯说出这样的话,也算是不错了。

任诞:刘伶恒纵酒放达。或脱衣裸形在屋中,人见讥之。伶曰:"我以天地为栋宇,屋室为裈衣。诸君何为入我裈中?"这是一则我很喜欢的故事,每每读来,都觉好笑,也佩服刘伶的见识,重读之后却又品出一种别样的悲凉。

……

随着年龄的增大,书也读了一些,知道了鲁迅的《魏晋风度及文章与药及酒之关系》,知道了历史上的晋惠帝,知道了文学中的嵇康。再回头看魏晋风度时,发现很多故事再也让我笑不出来,想想他们打铁的样子,想想他们青白眼的样子,一种凉意直升到脊背。对所谓的放诞旷达等很有风度的做法也产生了深深的怀疑:谢公与人围棋,俄而谢玄淮上信至。看书竟,默默无言,徐向局。客问淮上利害,答曰:"小儿辈大破贼。"意色举止,不异于常。看这则故事的时候,起初是佩服,后来是怀疑,很是厌恶谢安的作秀。然而怀疑之后又怎样,想到谢安是丞相,若他对待这种事情时惊惶失措,那国家还不乱成一团?所以后来还是佩服。

写到这里忽然想到,读书也有"看山还是山"的境界,这个跟做人一样。从这个意义上讲,经典就不枉重读。

(普 罗)

六朝人物的传神写照

《世说新语》是由南朝宋临川王刘义庆及其门下文人学士集体纂辑而

成，它不仅是刘义庆著述中，也是汉魏六朝小说中成就最高的一部志人小说。它比较完整地记录了汉末至刘宋初年上至帝王将相、下至士庶僧道，尤其是士族阶层的清谈、品德、交游、为政、栖逸等种种活动以及他们萧散、任诞、简傲、放旷等种种性格和人生追求，是魏晋名士与魏晋风度的传神写照。

《世说新语》的表现重点是人物，它对这些人物的描写或重形貌，或重才学，或重修养，或重心理，其表现手法也是多种多样，如：在比较中刻画人物形象，凸显人物性格，如"王徽之、王献之兄弟遇失火"（《雅量》）、"王导与王敦共诣石崇之宴"及"石崇与王恺争豪"（《汰侈》）等等，皆于比较中表现人物性格，给人的印象极其深刻。

抓住人物个性化的言行举止作漫画式的夸张，是本书刻画人物神韵的又一特色。如"王蓝田性急吃蛋"（《忿狷》）中王述的狂躁性格，王羲之"东床坦腹"（《雅量》）的旷达超逸，"阮籍叔侄人猪共饮"（《任诞》）的率直任性、狂放任诞等。

《世说新语》的语言简约含蓄、隽永传神，处处透出机锋和幽默。如《简傲》篇中钟会拜访正在打铁的嵇康，"康扬槌不辍，旁若无人，移时不交一言，钟会起去，康曰：'何所闻而来，何所见而去？'钟曰：'闻所闻而来，见所见而去。'"问与答皆妙，意在言外。又如《言语》篇中晋武帝刚即位占卜得"一"字，"王者世数，系此多少。帝既不悦，群臣失色，莫能有言者。侍中裴楷进曰：'臣闻天得一以清，地得一以宁，侯王得一以为天下贞。'"裴楷仅用一句话令"帝说"，群臣又怎能不叹服？又有庾公见卧佛时所说"此子疲于津梁"的妙语，富有幽默感，让人会心一笑。

此外，《世说新语》中所用的比喻形神毕肖，心理描写细腻幽微，这也是不容忽视的特色。如《赏誉》篇评李膺"谡谡如劲松下风"，评和峤"森森如千丈松"，评王衍"如瑶林琼树，自然是风尘外物"，皆以物格喻人格，形神兼具。《伤逝》中何充参加庾亮葬礼时所说："埋玉树著土中，使人情何能已"的伤悼和惋惜。《言语》篇中谢太傅谓王右军"中年伤于哀乐，于亲友别，辄作数日恶"则透露出感叹时光飘忽的伤感。

《世说新语》自问世1500多年以来，颇得文人学士赏爱，人们从文学、审美、社会生活、军政大事、思想文化等多角度予以关注，鲁迅先生评赏它"记言则玄远冷峻，记行则高简瑰奇"。《世说新语》对后来的笔记体小说有很大的影响，成为后世小说戏剧题材的重要渊薮。"周处除害"、"兰亭会"、"曹植七步成诗"、"东床快婿"等故事早已耳熟能详，妇孺皆知。

（佚　名）

DASHI CHUANQI 大师传奇

刘义庆，彭城（今江苏徐州市）人，南朝宋文学家。他是宋武帝刘裕的侄子，长沙景王刘道怜的次子，后来又被过继给叔父临川王刘道规，袭封为临川王。与南朝其他王室相比，刘宋宗室人才俊杰较少，而临川王刘义庆，则是其中的佼佼者。史称刘义庆自幼聪敏过人，受到伯父刘裕的赏识。刘裕曾夸奖他说："此我家之丰城也。"

刘义庆年轻时曾跟从刘裕攻打长安，回来后被任命为东晋辅国将军、北青州刺史，徙都督豫州诸军事、豫州刺史。刘宋建立后，他以临川王的身份历任侍中、中书令、荆州刺史等显要职务。当时"荆州居上流之重，地广兵强，资实兵甲，居朝廷之半"。南北朝是我国历史中极其重视门第阀阅的时期，在那个时候，只要是士族出身，就一定能够身居要职，享受荣华，因此，士族中多有一无所能的纨绔子弟。但刘义庆不是这样，之所以能够被朝廷选任如此显要的职位，是因为他被认为是宗室中最优秀的人才。后来，刘义庆又曾担任散骑常侍、卫将军、江州刺史、南兖州刺史、开府仪同三司等一系列重要职务。

刘义庆为人"性简素，寡嗜欲"，"受任历藩，无浮淫之过，唯晚节奉养沙门，颇致费损"。"奉养沙门"即捐赠钱财给佛家寺院，这在魏晋南北朝时期是很普遍的事情，像梁武帝萧衍就曾向佛寺捐献大笔钱财，甚至自己也出家当了和尚。南北朝时期佛教盛行，势力很大，这在《世说新语》当中也有很多体现。

赡养文学之士则是当时流行于皇族巨室的另一种风尚。刘义庆性爱文艺，喜与文学之士交游。在他的周围，也聚集着一大批名儒硕学。他自己也创作了大量著作，著有《徐州先贤传》10卷，又曾仿班固《典引》作《典叙》，此外还有《集林》200卷，《世说新语》10卷。其中最著名的，当然是那部千古流传的《世说新语》。这部书不仅保留了大量反映当时社会生活的珍贵史料，而且语言简练、文字生动鲜活，还是一部文学价值极高的古典名著。自问世以来，便得到历史文士阶层的喜爱和重视，至今仍在海内外广为流传。后世笔记小说记人物言行，往往模仿其笔调。直接仿照其格式的著作，也有很多。

刘义庆在公元444年去世，终年42岁，谥为临川康王。

延伸阅读

《东周列国志》 是明人冯梦龙编撰，后经清人蔡元放对之进行润色而成，是迄今为止讲述春秋战国时期历史、人物故事最通行的小说读本，刊行数百年来深受读者喜爱。全书描写的是西周结束（公元前789年），至秦统一六国（公元前221年），包括春秋、战国500多年间的历史故事，内容相当丰富。

※ ※ ※ ※

《太平广记》 是宋代人编的一部大书。因为它编成于太平兴国三年（978年），所以定名为《太平广记》。全书共500卷，目录10卷，专收野史传记和以小说家为主的杂著，可以说是一部宋代之前的小说的总集。许多唐代和唐代以前的小说，就靠《太平广记》保存下来。

文心雕龙

刘 勰（南朝·梁 约 465 年—约 532 年）

《文心雕龙》这部著作"体大思精"，在文学理论方面的成就是空前的；而且它分析问题的深刻，组织的细密，评论范围的广泛，也是后来的古典文学评论著作所少有的。

——著名学者 詹 锳

刘勰生于南朝齐梁之际，是中国历史上最著名的文学理论家。他写的《文心雕龙》是我国第一部系统的文学批评理论专著。刘勰精通儒学和佛学，在文学方面有卓越的见解。不仅超过了前人，也为后期的文学特别是文学批评提供了可以借鉴的方法和论据。《文心雕龙》就是刘勰根据儒家思想创作的一部文艺理论专著，这部书总结了从先秦直到南朝宋、齐时代文学创作和文学批评的丰富经验，论述广泛、体系完整、见解深刻，堪称是一部不朽的传世之作，奠定了我国古典文学批评的理论基础，对后世文学的发展影响极大，被誉为中国古代的"艺苑之秘宝"。

《文心雕龙》论述了文学发展的外部原因和内部规律，将文学的变化与社会的风俗、政治的兴衰联系起来，还总结了许多宝贵的文学创作经验，揭示了创作活动的奥秘，从而形成具有中国特色的创作论。这一部分是全书的精粹，涉及形象思维、艺术想象、艺术风格、艺术构思等许多重要的问题，具有很高的理论价值。

在中国古代文学史和文学批评史上，《文心雕龙》是一部空前绝后的书；纵然从这部理论著作本身来看，刘勰的文字也是美如"雕龙"的。在《文心雕龙》之前的文学批评专著，大多篇章短小、结构粗略、内容有限，没有《文心雕龙》这般包容古今、巨细无遗的大气。《文心雕龙》之后，虽然历代学者论文、论诗之作浩如烟海，也出现了一些精彩的著作如钟嵘的《诗品》、司空图的《二十四诗品》、严羽的《沧浪诗话》、刘熙载的《艺概》等。从某一方面、某一角度来说，都有着独特的贡献，但以著作的整体构思、体系完整、特别是以美学范畴和理论概念的创制来说,却还没有一部书能超过刘勰的《文心雕龙》。

旷世杰作

"文心"就是"为文之用心","雕龙"取战国时驺奭长于口辩、被称为"雕龙奭"的典故,指精细如雕刻龙纹一般进行研讨。合起来,"文心雕龙"等于是"文章写作精义"。《文心雕龙》是一部我国古代文学批评理论巨著,它是古代文论领域成书的初祖。作者刘勰广泛分析了唐、虞、夏、商、周、汉、魏、晋、刘宋、萧齐10代之著作,吸收了先秦以来的重要文学理论和各种论点,凡有助于说明某种文学现象或文学理论,无论道家、法家、儒家、名家、兵家、玄学家以及佛教学说,甚至是他所大力反对的谶纬,都对其中"有助文章"者加以肯定,可以说是深广地集合了前代文论之大成,因此被后人称赞为一部"体大虑周"的著作。

《文心雕龙》全书一共50篇,据刘勰称,这是为了和《周易》当中的"大衍之数五十"相切合。50篇中,最后一篇为《序志》篇,相当于今人著作当中的自序,只是按照当时的习惯这一篇被放在最后。在《序志》篇中,刘勰较为详尽地介绍了自己创作《文心雕龙》的缘起,自称在他7岁的时候,曾梦到漫天"彩云若锦",自己"攀而采之";到了成年的时候,又梦见自己怀抱礼器,跟随儒家的宗师孔子南行。刘勰认为这是上天让他著作文章的征兆,于是便创作了这部《文心雕龙》。从这个故事中可以看出,虽然刘勰精通佛典、曾经

出家为僧,但在他创作《文心雕龙》时还是自觉以儒家学说作为指导思想的。

在《序志》当中,刘勰还简要地阐述了《文心雕龙》的结构和内容。除《序志》篇以外,《文心雕龙》共分为三部分,其一为"文之枢纽",包括《原道》、《征圣》、《宗经》、《正纬》、《辨骚》五篇,"枢纽"即关键,"文之枢纽"即文章写作的总原则,是全书的总纲。第二部分为"论文叙笔",这一部分相当于一部分体文学史,它分述了各种文体的产生、演变的历史过程、评价了历代作者的成败得失,总结了不同文体写作的基本准则。值得注意的是,这一部分当中还有一种"文笔之分",其中"有韵为文、无韵为本",这也是当时人们对于文体的一般看法。第三部分为"剖情析采",这一部分为创作论,它详尽地阐述了文章构思、创作与文学欣赏过程当中的各种问题,思想深湛,精义迭出,是《文心雕龙》全书的重点和精华所在。

《文心雕龙》有着卓越的理论成就。

首先,《文心雕龙》在论述具体的文学创作活动和创作心理时,抛弃了经学家的抽象说教,表现了朴素的进化的文学发展史观。而且对文学创作和文学批评,以及文学的美学特点和规律等一系列问题,提出了精辟的见解,颇富独创性。因此,它在中国文学理论批评史上占有十分重要的地位。

第二,关于《文心雕龙》的文学史观,刘勰认为文学的发展变化,终归要受到时代和社会政治生活的影响与制

约,所谓"时运交移,质文代变……歌语文理,与世推移","文变染乎世情,兴废系乎时序"。这一文学史观把以往有关这一问题的理解,提高到一个新的理论层次。在这一认识基础上,刘勰十分强调文学创作上的继承与革新的关系。他要求一个富于创造性的作家必须具备创新精神,只有"变"才有文学的不断发展。同时他又强调任何"变"或创新都离不开"通",即继承。只有将"通"与"变"、"因"与"革"辩证地统一,文学创作才有可能"骋无穷之路,饮不竭之源",从而获得文学创作的健康发展。事实上,刘勰在他的著作中一开头便说:"日月叠壁,以垂丽天之象,山川焕绮,以铺理地之形,此盖道之文也",而"言之文也,天地之心哉",把诗文的源起联系到周孔六经,抬到自然之"道"的哲学高度,可以说,它代表了这一历史时期对文的自觉的美学概括。而它的文学史观正是建立在这样理论认识的基础之上的。

第三,《文心雕龙》影响最大、美学个性最突出的是创作论。创作论对构思、风格、继承与革新、内容和形式、篇章结构、声律和修辞等都作了全面的探讨。他的创作论,在"序志"里标"剖情析采",包括"摛神性,图风势,苞会通,阅声字"。首先,在构思上,他提出了"神与物游",说明了精神活动与外界事物的关系。其次,在风格上,他探索了风格形成的因素,虽然看重先天的才气,但对于后天的学习也极看重,认为"八体屡迁,功以学成",这就高出于天才决定论。他又说明作家个性和风格的关系,提出作家的个人风格,在

情理和文辞上的美学要求,那就是"风骨"。风骨的提出,使得好的风格得到保障,使作品声情并茂,文采鲜明。再有,在内容和形式上,他强调情理为主,形式为次,赞美"为情而造文",反对"为文而造情"。此外,在声律和修辞上,他提出要注意声响的调协,到唐代,平仄调协问题的解决,格律诗的形成,说明刘氏的远见。他的创作论,从以上各点来说都是前无古人的。

总之,刘勰的《文心雕龙》在继承先秦、两汉文学理论的基础上,建构了系统的文体理论、批评理论、创作理论和美学理论,它的理论贡献是不朽的。

《文心雕龙》在文学批评史上的价值

《文心雕龙》的价值决不在于宗经,而在于宗经的神圣外衣下所独立创造发展的一系列的文学批评的观点。刘勰的观点,主要有以下几方面:

一、他初步地建立了用历史眼光来分析、评论文学的观念。用他的话说,就是"振叶以寻根,观澜而溯源"。在《时序》篇里,他首先注意从历代朝政世风的盛衰来系统地探索文学盛衰变化的历史根源。例如他论建安文学"雅好慷慨"的风格出于"世积乱离,风衰俗怨"的现实环境。论西晋时代,指出当时作家很多,但因为"运涉季世",所以"人未尽才"。他最后的结论是"文变染乎世情,兴废系乎时序,原始以要终,虽百代可知也"。在《通变》篇

里,他又系统地论述了历代文风先后继承变革的关系。把《时序》《通变》两篇结合起来,可以看出刘勰对文学史的发展过程具有相当简要清晰的概念。就每一种文体来说,他也很重视历史发展的追索。《明诗》篇对建安、西晋、宋初诗风面貌的变化,概括相当准确;《诠赋》篇对两汉、魏晋辞赋的盛况,也有相当充分的描绘,这两篇可以说是他心目中的诗史和赋史的提纲。甚至在《丽辞》《事类》《比兴》等论语言修辞的子篇中也有文学语言修辞的历史发展观念。由于他对历史事实有广泛观察和深入追溯,他对南朝文风的批判也就显得比较深刻有力,不让人感到是儒家观点的片面说教。这是他超过前代批评家的主要成就。

二、他从不同角度阐发了质先于文、质文并重的文学主张,比较全面地说明了文学内容和形式的关系。在《情采》篇中,他指出:"夫铅黛所以饰容,而盼倩生于淑姿;文采所以饰言,而辩丽本于情性。故情者,文之经;辞者,理之纬;经正而后纬成,理定而后辞畅,此立文之本源也。"因此,他认为创作应该"为情造文",反对"为文造情",并且一针见血地揭露了晋宋以来许多作家"志深轩冕,而泛咏皋壤;心缠几务,而虚述人外"的虚伪清高的面目。在《风骨》篇里,他更强调文章要有风有骨。所谓风,是指高尚的思想和真挚的感情。所谓骨,是指坚实的事理内容及清晰的结构条理。必须先有思想然后可以述情,必须先有事义然后可以铺辞。在《定势》篇里,他指出要"因情立体,即体成势",适应不同

的内容来选择文体形式,并适应不同的文体来确定文章的风格面目。在风格上,他并不泛泛地反对华美形式,而是认为"赋颂歌诗,则羽仪乎清丽"。在文体论各篇中,他还具体指出写作的时候应该考虑到文章的政治社会作用和客观效果。例如《檄移》篇指出写战争中的檄文,为了达到"振此威风,暴彼昏乱"的政治目的,就应该写得"事昭而理辨,气盛而辞断"。在《论说篇》他反对陆机"说炜烨而谲诳"的观点,认为"说"并非对待敌人,就应该讲忠信。总之,宗经六义是他对质文关系的基本看法。

三、他从创作的各个环节,各个方面总结了创作的经验。在《神思》篇里对创作构思过程有着非常简练生动的描绘,而且对作家构思过程中主观的"神"和客观的"物"之间的关系有比较准确的概括:"神居胸臆,志气统其关键;物沿耳目,辞令管其枢机。"同时指出要使"关键"、"枢机"活跃疏通,一方面要"虚静",另一方面更要注意平时的才能修养和生活阅历的准备。在《附会》篇中他用非常生动的比喻说明了文章体制的有机的完整性:"夫才童学文,宜正体制,必以情志为神明,事义为骨鲠,辞采为肌肤,宫商为声气。"这些都是针对南朝形式主义文风而有意识发挥的议论。他认为形成风格的因素,有才(艺术才能)、气(性格气质)、学(学识修养)、习(生活习染)四个基本方面,而典雅、远奥、精约、显附、繁缛、壮丽、新奇、轻靡八种风格的不同,正由于作家在才、气、学、习四个方面存在着差别。把人们认为玄虚奥

青少年必知的国学经典

妙的风格问题,作了实事求是的说明。在这方面,他也大大地发展了曹丕文气的理论。在有关形式修辞方面,他也往往针对关键问题立论,在《比兴》篇里他指出了两汉以来的作品中存在"日用乎比,月忘乎兴",只讲形容,不讲寄托的不健康倾向。在《夸饰》篇里指出运用夸饰手法应该准确得当:"饰穷其要,则心声并起;夸过其理,则名实两乖。"诸如此类的论述,至今还有值得借鉴的地方。

四、他初步建立了文学批评的方法论。在《知音》篇里,他反对"贵古贱今"、"崇己抑人"、"信伪迷真"等错误批评态度,认为应该"无私于轻重,不偏于憎爱"。他还正面指出批评家应该有深广的学识修养,"凡操千曲而后晓声,观千剑而后识器"。又提出了"六观"的方法:"一观位体,二观置辞,三观通变,四观奇正,五观事义,六观宫商。"这六方面虽然更多是从形式上着眼,但是他认为只有"披文"才能"入情",只有"沿波"才能"讨源",只有全面地观察形式才能深入内容。

《文心雕龙》的理论对唐以后的作家批评家有相当大的影响。陈子昂革新诗歌标举"风骨"、"兴寄",杜甫、白居易论诗重视"比兴",韩愈论文主张尊儒、复古,论学习古人应该"师其意不师其辞",都是直接或间接地受到刘勰理论的启发。清章学诚倡导"战国文体最备"的著名议论,实质上也是继承和发展了他《宗经》等篇的看法。至于刘知几、黄庭坚、胡应麟等著名作家、批评家的一般赞扬,就更难于列举了。(佚 名)

中国古代文论的奇葩

《文心雕龙》写成于齐代。书的本意虽是写作指导,但立论从文章写作的一系列基本原则出发,广泛涉及各种问题,结构严谨,论述周详,具有理论性质。它的系统性和完整性是前所未有的。

《文心雕龙》的核心思想有以下几点:一、强调文学的美质,这是与当代文学风气相一致的。缺陷也同当代文人一样,是单纯地以华丽为美。二、主张宗经,提倡雅正,在原则上排斥一切离经叛道的文学。但在对待具体作品的时候,态度并不那么褊狭,尤其在以后的各篇中,并没有以是否雅正的标准随意否定有成就的作家与作品。三、刘勰所说的"宗经",是指以儒家经典为典范,而不是要求把文学作为阐发儒家之道的工具。他还是承认文学有抒发个人感情的作用。这同后世极端的载道文学观还是有很大区别的。四、联系刘勰对六朝文学的批评,主要是在两个方面,一是离异于儒道,包括思想感情不够纯正、艺术风格诡奇轻艳等等,二是有单纯追求辞采而缺乏充实的感情的现象。

作为"文之枢纽"的五篇,其意一在赋予文学以哲学本质上的说明,同时也由此赋予文学以崇高的意义,这一种理论上的努力,应该说是非常重要的。

《明诗》以下20篇,是《典论·论文》、《文赋》等批评著作论文体之别的继续,但要细致深入得多,每一篇差不多都是简短的文体小史,虽未必无误,但多见精彩。如《明诗》说建安诗的特点,谓之"慷慨以任气,磊落以使才;造怀指事,不求纤密之巧,驱辞逐貌,唯取昭晰之能",说正始诗歌,"唯嵇志清峻,阮旨遥深,故能标焉",感受敏锐,概括精赅,对于文学史的研究,具有先导的意义。论各种文章之风格特征,亦能举其大要。

创作论的前几篇,围绕具体的文章写作(主要针对文学作品的创作),提出了许多有价值的看法。《神思》篇主要说创作的构思,承《文赋》而来,但也有精彩的新解。如文中细致描述了创作活动中"意翻空而易奇,言征实而难巧"的现象,从而探讨了从形象思维到语言表现之间的距离这样一个重要问题。《体性》篇指出,由于作者才学修养不同,形成典雅、远奥等八种主要的不同风格,进一步发展了曹丕、陆机的意见。文中举前代名家为例,对他们的为人气质与文学风格的关系,有很好的概括。《风骨》篇要求文学作品应有充沛的生气(指感染力,不是指思想内容)和简洁有力的语言表达,从而达到刚健明朗的美学效果。以后"风骨"成为文学批评中最常用的概念之一。《通变》篇论新变,"文律运周,日新其业。变则其久,通则不乏。趋时必果,乘机无怯"这一节赞语,表现了作者对文学的健康态度,可惜又说"还宗经诰"、"参古定法",毕竟还是显得拘谨。《情采》篇论情志与文采的关系,力主华彩,但要求"为情而造文",反对"为文而造情",对六朝文学中"繁采寡情"的现象提出针对的批评,这是

一个很重要的看法。以后《熔铸》、《声律》等10篇集中谈修辞问题,对声律、骈偶、用典等当代文学中普遍使用的修辞手段,加以充分肯定。在此以前,专门讨论修辞的文章还不曾有过,所以,《文心雕龙》在修辞学上也有不可忽视的地位。

批评论则脱离了具体的写作(只有《物色》兼及写作),从更广泛的范围来讨论有关文学的问题。《时序》论历代文学发展的总趋势,推求文学演变的原因,提出"文变染乎世情,兴废系乎时序"。作者主要从政治状况、社会风气、统治者的好恶等几个方面论述文学的兴衰,注意文学与复杂的社会环境的关系。这是历史上第一篇具有文学史性质的重要的论文。《才略》篇简论历代作家,与《时序》相辅相成。《物色》论文学与自然景物的关系,专立此篇,也是当代文学风气的反映。《知音》专门谈文学鉴赏与批评的标准问题,从文学批评理论的发展来说,也是一篇重要的文章。作者指责贵古贱今、崇己抑人、信伪迷真、知多偏好等错误的态度,要求批评者提高自身修养、理解作者、博观圆照,进行公平的批评,并且提出了若干条从事批评的客观原则。

《文心雕龙》在关于文学创作、文学史、文学批评的众多问题上,在总结前人经验的基础上有了显著的提高,提出了相当系统而富于创新的意见,成为中国古代文学理论一次空前的总结,其成就十分重大。

(《中国文学史》)

青少年必知的国学经典

刘勰字彦和，是南朝齐、梁时期的文学理论批评家。他的祖籍在东莞郡莒县（今属山东省）。永嘉之乱，其先人避难渡江，此后就世代居住在京口（今江苏镇江）。刘勰入梁出仕后，兼任东宫通事舍人的时间较久，后世因此称他为刘舍人。

刘勰的家族并非高门。他的祖父没有官职，父亲刘尚曾任越骑校尉，去世较早。刘勰家境清贫，一生没有婚娶。后来在建康（即南京）郊外钟山上的定林寺依靠名僧，在那里居住了十几年。这一时期，自幼"笃志好学"的刘勰在深研佛理的同时，又饱览经史百家之书和历代文学作品，"深得文理"。从"齿在逾立"开始，刘勰经过五六年的努力，于齐和帝中兴元、二年（501年—502年）间，写成了《文心雕龙》。

据说刘勰写完《文心雕龙》之后，苦于无人慧眼识珠。在当时，一部著作倘若能够获得某位文坛名人的赏识，便立刻可以声名鹊起。于是刘勰便乔装成贩郎的模样，把《文心雕龙》的书稿背在身后，在路上堵住了朝廷重臣沈约的车子。沈约也是中国文学史上杰出的文学家，在当时是文坛领袖，地位很高。他对《文心雕龙》一书很欣赏，认为它"深得文理"，于是便常常将这部书放在案头以供翻览。刘勰和他的《文心雕龙》因此成名。

梁武帝天监初，刘勰出仕，先后担任和兼任过中军临川王萧宏、南康王萧绩的记室，车骑仓曹参军，太末（今浙江衢州市）令，步兵校尉，东宫通事舍人等职务。在兼任东宫通事舍人期间，他与昭明太子萧统交好，共同"讨论篇籍，商榷古今"。萧统选录的著名文学总集《文选》，与《文心雕龙》"选文定篇"多有契合之处，可能正是因为受到了刘勰的影响。中大通三年（531年）四月，昭明太子死后，刘勰奉旨与沙门慧震于上定林寺撰经。经成以后，他便弃官为僧，法名慧地。出家后不到一年即去世。

与六朝以来儒佛交融混杂的思想潮流一致，刘勰既业于儒，又染于佛，他的思想是矛盾的、复杂的。因此，后代学者对于他撰写文学理论巨著《文心雕龙》的指导思想也有两种对立的看法。一种认为他在《文心雕龙》里严格保持儒学的立场，拒绝佛教思想混进来；另一种则认为刘勰的指导思想是以佛统儒，佛儒合一。综观刘勰一生的思想脉络和人生观，虽然长期濡染佛理，但其思想仍以孔儒为主。而且他为"奉时骋绩"作了很大的努力，如当太末令时"政有清绩"；只是到晚年做栋梁材的希望灭绝之后，才最后遁入空门。作为一个文论家，刘勰基本上是以积极入世的儒家思想为指导，来阐述文学的功用、探讨其规律的。

刘勰在上定林寺期间还写过不少有关佛教方面的著述。《梁书·刘勰传》说他"为文长于佛理"，京师寺庙的塔铭以及名僧的碑志，都要请刘勰来撰写。当时高僧僧柔、超辩等人的墓碑都出自他的手笔，可惜其文集在唐朝初年便已经失传。刘勰的著作现在除了《文心雕龙》以外，只有《灭惑论》和《梁建安王造剡山石城寺石像碑》两篇保存下来。

Y 延伸阅读
YANSHEN YUEDU

钟嵘这位古代著名的文学理论批评家在继承和发扬我国现实主义文学批评传统方面，起过重要的作用，做出了宝贵的贡献。他的《诗品》是我国魏晋南北朝时期一部著名的诗歌理论批评专著，这部杰出的专著专门评论五言诗作家的作品，除了无名氏的一组古诗外，共论及从汉朝至梁代的作家122人。书中把所论作家分为上中下三品，计上品11人，中品39人，下品72人，按三品编为三卷，每品之前冠以序言，除分等级之外，对作品的优劣还作了评论，故《诗品》又叫《诗评》，对后人研究诗歌发展历史很有借鉴意义。

※　※　※　※

宋后期诗歌虽说情况纷杂，但脱离往日宋诗主流的倾向已经很明显了。正是在这种背景下，出现了严羽的《沧浪诗话》。严羽一生未仕，他在诗歌创作方面没有很突出的成就，但他的《沧浪诗话》却是一部极重要的诗歌理论著作。其书分诗辨、诗体、诗法、诗评、考证五门，以第一部分为核心。全书完全不涉及诗与儒道的关系及其在政治、教化方面的功能，而重视诗的艺术性和由此造成的对人心的感发，这与理学家的文学观恰成对立，很值得注意。《沧浪诗话》是一部对后世创作实践和诗歌理论都有很大影响的著作。元明诗人十分推崇盛唐诗的立场及清代袁枚的"性灵说"之提出，均与此书有一定关系。

青少年必知的国学经典

资 治 通 鉴

司马光 （北宋 1019年—1086年）

此天地间必不可无之书，亦学者必不可不读之书。

——清代大学者 王鸣盛

在我国历史上，有两位复姓司马的著名历史学家，因此被人们称为"两司马"。他们就是撰写《史记》的司马迁和主编《资治通鉴》的司马光。

《资治通鉴》是我国古代最卓越的编年体通史，也是中国史学史上涵盖时间最长的编年史巨著。成书900余年来，始终为世人赞扬推崇，与司马迁的《史记》并称为中国史学文化遗产之双璧，海内外蜚声扬名。该书共刊刻70余版，实为我国历代各类史书刊刻出版之罕见，足见其影响何等深远。

《资治通鉴》的意义，已经远远超过作者的本意；它不仅为统治者提供"资治"的借鉴，也给全社会提供了借鉴。《资治通鉴》几乎相伴一代伟人毛泽东一生，他非常喜爱这部史学名著，前后共读了17遍，直至某些章节的书页变得残破不堪，仍爱不释手。而且经常告诉周围的人，每读一遍都获益匪浅，屡次向别人推荐这部史学名著。我国著名史学家翦伯赞曾评论道："内容思想之博大精深，录事之求实考信，通古今之变，兼收并蓄，拾遗补缺，而成为学史、研史者不可不读之书；又以其考评前世之兴衰得失，通鉴于后人，有资于治国，而成为领导国家者不可不读之书，普通大众不可不读之书。"

近千年来，《通鉴》一直被推崇为中国史学的巨篇，广为流传，教益大众。而历代研究者层出不穷，继往开来；使其成为一门专门学问，即"通鉴学"。经过无数学者的努力，陆续产生了《续资治通鉴长编》、《续资治通鉴》、《明通鉴》、《清通鉴》等蔚然壮观的通鉴系列，而司马光以其一家之言，成为一代史学之尊。如今，对《通鉴》的研究正多层次、多角度地展开，它将更多地为人类的进步提供借鉴。这一发展趋势，恐怕是司马光不曾预期的，但却是他卓绝贡献的必然结果。

北宋名臣司马光奉宋英宗诏令，整理评论历代名臣事迹，于是开始编撰《通鉴》，作为朝廷统治的借鉴。宋神宗治平三年(1066年)四月，编成《通志》8卷。并在治平四年(1067年)十月进献给神宗，深受赞赏，赐名为《资治通鉴》，并由神宗亲自写序。熙宁三年(1070年)，司马光反对王安石行新政，退居洛阳，继续撰写《通鉴》。前后历时19年，终于完成了这部博大精深的史学巨著。

《资治通鉴》是一部编年体通史，全书共294卷，另有《目录》30卷，《考异》30卷。从周威烈王二十三年(公元前403)开始记事，到周世宗显德六年(959年)结束，前后共1362年。这部书通过翔实的历史记载，说明了历史经验对于封建社会政治统治的重要性；在这一点上，《资治通鉴》所提供的历史教训，是以往任何一部史书都不可比拟的，对于此后历朝历代的统治者都有很大的借鉴和约束作用。

《资治通鉴》所选史料内容着重在国家兴亡、政策得失、君臣道德等方面，目的在提供治国借鉴，反映生民休戚的情况。为了写好这部书，司马光除使用政府馆阁藏书外，还借来不少私人藏书。编写时先将同类史料编成长编，然后去粗取精，由繁到简，对分歧较大的史料，则选择证据分明、情理近实者写入正文。所收史料除正史之外，诸如稗官野史、百家谱录、总集别集、传状碑志等总数不下300多种。

司马光等人经过严格的辨析考证，整理成一家之言。除了正文中的引征之外，又将各种不同的说法和鉴别理由加以逐条说明，著成《通鉴考异》30卷，附在《资治通鉴》之末。这种认真严谨的态度大大增强了《资治通鉴》的可靠性，因此，这部书一直以"信史"而著称。在体例方面，编年体记事简明扼要，但因为受到时间限制，使史事拖沓割裂，难以反映全貌。司马光注意吸收纪传体的优点，大量采用连载、主载、附叙、追叙、补叙等写法，以事件为线索组织材料。使一向遭人冷落的编年体再次焕发青春，光耀史坛，与纪传体并驾齐驱。

司马光是北宋文坛巨匠，其叙事文字优美质朴，格调古雅浑厚，行文简洁晓畅。《资治通鉴》前后脉络分明，语言文字也极为简练。有许多场面和人物描写，已经成为文学史上的名篇，而大型战争如赤壁之战、淝水之战的叙述，更是脍炙人口，引人入胜，堪称历史散文中的上乘之作。此外，全书还附有180多篇议论；其中80多篇是援引他人作品，其余全都是司马光亲手撰写。所论多为治乱之因，君臣之道，在以往所写史论和奏疏基础上，因史事而发挥，就时事而议论。字里行间，充满着匡辅的诚意和情感，寓褒贬藏否于其中，体现出因事劝谏的良苦用心。无论是民族问题还是用人原则，都针对现状提出了革除弊政的历史借鉴，具有一定的理论和现实意义。更具匠心的是，这么多的附论，与《通鉴》的内容取舍编排，竟是这样的浑然一体而不可分割，成为贯彻"资治"这

青少年必知的国学经典

一著史目的的点睛之笔。

这部书原名《通志》，宋神宗认为此书"鉴于往事，有资于治道"，改名为《资治通鉴》。《资治通鉴》略古详今，重点着眼于探讨君主执政过程中的得失与国家兴衰的道理，虽然花费了大量的篇幅记载有关的政治事件，但对于军事、经济等其他方面也多有涉及。仅就其选择、收录我国古代政治史料来看，通过作者的剪裁消化、归纳运用，终成一部完整的政治通史体系，流传至今，对于警戒后世，仍然具有重要的参考价值。《资治通鉴》已经同《史记》一样，被人们并称为史学瑰宝，广为流传。

鉴前世之兴衰，考当今之得失

司马光为何要编写《资治通鉴》呢？他看到当时没有一部比较简明完整的通史，使学习历史的人感到很困难；同时也为了给封建统治者提供历史借鉴。于是，他便决心动手编一部"删削冗长，举撮机要，专取关国家盛衰、系生民休戚，善可为法，恶可为戒"（《进资治通鉴表》）的史书，并确定此书的宗旨是"鉴前世之兴衰，考当今之得失，嘉善矜恶，取是舍非"（《进资治通鉴表》），希望宋神宗借以改进政治，安定国家。

《资治通鉴》（以下简称《通鉴》）是一部集体编写的历史巨著，主编是司马光，协修是刘恕、刘攽和范祖禹，司马光的儿子司马康担任检阅文字的工作。司马光编写的这部书原名为《通志》，神宗即位后，把《通志》改名为《资治通鉴》，意思是"鉴于往事，有资于治道"。由于司马光与王安石政见不同，不想参与政治，而希望专门从事编书工作，得到神宗的批准，因而把《资治通鉴》的书局由汴梁迁往洛阳。司马光等人的编写分为三个步骤：首先，按年月顺序，标明事目，剪粘排列起来，叫做丛目，这是第一步。第二步是把丛目中编排的史料，进行初步整理，经过选择，决定取舍，并从文辞上加以修正。遇有年月事迹相抵触之处，须加考订，说明取舍理由，作为附注。由此写成第二稿，叫做长编。第三步由司马光就长编所载，考其异同，删其繁冗，修改润色，最后定稿。

司马光是为了巩固当时的封建政权，才编写《通鉴》，这就决定了此书的内容主要是政治史。他把历史上的君主，根据他们的才能分为创业、守成、陵夷、中兴、乱亡五类。创业之君，如汉高祖、汉光武、隋文帝、唐太宗等。守成之君，如汉文帝和汉景帝。中兴之君，如汉宣帝。至于"习于宴安，乐于怠惰，人之忠邪，混而不分，事之得失，置而不察，苟取目前之佚，不思永远之患"，使"祖考之业"日趋颓下的陵夷之君（《历年图序》），像西汉的元帝、成帝，东汉的桓帝、灵帝，都属于这一类。在司马光看来，最坏的是那些乱亡之君，他们"心不入德义，性不受法则，舍道以趋恶，弃礼以纵欲，谗谄者用，正直者诛，荒淫无厌，刑杀无度，神怒不顾，民怨不知"（《历年图序》），像陈后主、隋炀帝等就是最典型的例证。对于乱亡之君，《通鉴》都做了一定程度的揭露和谴责，以为后世君主鉴戒。

对于军事的记载，《通鉴》也很突出，对战争的描述十分生动。凡是重大的战役，对战争的起因，战局的分析，战事的过程及其影响，都有详细记载。如赤壁之战、淝水之战等，都是杰出的例证。

《通鉴》也注意关于经济的记载，因田赋和赋税是封建经济的首要问题。因此，它对于商鞅变法、文景之治、北魏孝文帝的均田制等都有记载。

文化方面，《通鉴》也有记载，就学术思想来说，上至先秦的儒、法、名、阴阳、纵横五家的代表人物和学术主张，下及汉初的黄老思想，汉武帝的独尊儒术，以及魏晋玄学的盛行都有记载。对于佛教、道教的起源、发展，以及儒、佛、道之间的斗争也有叙述。对西汉以来经学的发展，典籍的校理，石经的刻立，九经的雕印及流传，都有较系统的陈述。著名的文人学士及其作品也有记载。史学方面，从《汉书》到沈约的《宋书》以及唐代的修史制度，均有记载。科技方面记载最多的是历代的历法。其他如天文学、地理学、土木建筑（如秦代的长城，隋唐的长安城和洛阳城）、水利工程（隋代的大运河）也有记载。

《通鉴》还有历史评论。一类是司马光自己写的，每篇以"臣光曰"开头；还有一类是选录前人的评论，开头都写明作者名氏。当然，司马光所选录的前人史论，都是符合自己的观点，大部分用于表述他的政治思想。

《通鉴》还具有很高的史料价值。

司马光是奉诏编书的，皇家的崇文院，据宋仁宗时所编《崇文总目》的记载，共列书籍 30 669 卷，是当时全国藏书最多的地方，司马光和他的助手都可以查阅。宋神宗又以颍邸旧书数千卷，赏赐给司马光。司马光洛阳的住宅里，"聚书出五千卷"，其他协修人也各有自己的藏书。司马光等人所取材料，除十七史外，凡前代留存下来的史书也无不搜集。对于私家的藏书，他们也多方借阅，如刘恕曾亲自去藏书家宋敏求的家中，口诵手抄。可见，《通鉴》所搜集的材料是很丰富的。有人估计，《通鉴》所引之书多达 300 多种。

《通鉴》是我国一部极为重要的编年史，它不仅给封建统治阶级提供了统治经验，同时它具有很高的史料价值。比如书中所引各书材料有些已亡佚，得赖此书保存。它全书体例严谨，前后脉络分明，语言文字也极为简练，这些对后世史学都产生了极大的影响。

自《通鉴》出现后，一度中衰的编年史书体裁，才得重振旗鼓，并加以发展起来。自南宋李焘撰《续资治通鉴长编》、李心传撰《建炎以来系年要录》，直到清代徐乾学撰《资治通鉴后编》、毕沅撰《续资治通鉴》、夏燮撰《明通鉴》，无不遵循司马光所创的义例。不仅如此，由《通鉴》派生出来的袁枢《通鉴纪事本末》和朱熹《资治通鉴纲目》，出现新的纪事本末体和纲目体，成为南宋以后流行的史书体裁。因此，司马光主编的《资治通鉴》一向受到史学界的好评。宋代的王应麟、清代的王鸣盛、钱大昕都有赞语。

（佚　名）

青少年必知的国学经典

司马光巨著《资治通鉴》影响千秋帝王

司马光的名字，连中国儿童也不陌生，笔者孩提时也是看到"打破缸"的故事而知此人。若按如今时尚评选古代十大杰出少年，想来这位幼年即有见识的官宦之子必名列其中。

研究历史的人谈起司马光，却视其为毁誉不一的人物。他之所以与司马迁并称为古代史家双绝"两司马"，是因为留下一部300万字的我国首部编年体通史——《资治通鉴》，而且至今它还是全国各大书店的畅销书。历史上诸多的冲突与整合、光荣与腐败、圣洁与阴谋，都在卷中徐徐展开，其作者乃至许多重要读者的身世沉浮更是令人扼腕长叹……生前以聪明、廉洁扬名，死后却遭夺官、砸碑的厄运。

1086年10月11日，官至宋朝宰相的司马光受中风折磨多时而去世，享年68岁。弥留之际他念念不忘的，是已故神宗皇帝下令在杭州刊刻的《资治通鉴》尚未完成付印。

写完《资治通鉴》时，司马光因耗费了19载心血，已齿落发白，自感来日无多，预留下丧事不可奢华的遗嘱。他死后殓入早备好的薄棺，遗体仅盖一旧布被，随葬的只是一篇专门颂扬节俭的文章——《布衾铭》。前来吊唁的太皇太后、皇帝和大臣看到府中萧然，满屋图书，床上铺一领旧竹席，都慨叹不已。朝廷送来2000两丧葬银，其子遵父遗命全部退回。此种情景，在盛行厚葬陋习的封建社会可谓罕见。

司马光生前廉洁，又以反对纳妾、夫人亡后不续娶而有口皆碑，其扬名天下却是在他六七岁时。司马光的父亲长期任掌管皇家藏书阁的三司副使，有比他人更优越的读书条件，且比一般纨袴子弟更愿动脑。童年司马光在花园玩时，小朋友落入水缸，他临机想出以石头打破缸救人，其机智的表现随后被画工绘成《小儿击瓮图》在汴梁张贴。成年后的司马光沿着读书做官仕进之路节节高升，多数时间是任学士、翰林等闲职。宋代官员在历朝中薪俸属最多，司马光又受皇帝器重并有丰厚写作经费，虽号称两袖清风，也能在洛阳买下一处花草繁盛的"独乐园"多年专心著述。后世那些穷酸的文人学子观此，还是会羡慕不已。

与童年救人时开创新举措相反，司马光成年后为官却一向强调"守常"。他临终前为相，仅数月便把文坛老友、政坛对手王安石实行的新政全部废除，这同当初王安石的变法一样也引起天下骚然。司马光死后8年，哲宗皇帝便将他打成"奸党"，追夺官誉谥号并砸了刻有御书的墓碑。又过了30余年，金兵南下摧枯拉朽般轻易攻下汴京，宋朝两个皇帝成了俘虏，汉族后来长期以此为奇耻大辱。北宋元气是为王安石变法所伤，还是被司马光复旧所坏，几百年间史家争论不休。不过司马光在学术上成就斐然，在政治上却肯定是个悲剧人物。

宋神宗给司马光主持编写的通史所定之名，"资治"意味着供统治所用，"通鉴"则是借鉴之意。按近代人更简明的评价，《资治通鉴》是一部标准的

青少年必知的国学经典 QINGSHAONIAN BIZHI DE GUOXUE JINGDIAN

帝王教科书。

具有讽刺意味的是，宋代最注重借鉴历史谋略，现实治国之术却极糟。不过，历届宰相和他们的皇上差不多都属内战内行、外战外行，只勉强降住宋江、方腊之类造反派，对外族总是被挨打献币求和直至被其灭亡。大概是男性将相兵丁太窝囊，以致后人要编出"杨门女将"的戏剧勉强找回点感觉。

对这种历史惨相，不能只责怪司马光那一代人有才无能。从中国古代史宏观角度看，宋代是走向衰落的转折期，封建统治阶级已经失去了"汉唐盛世"的进取精神而日益沉溺于保守享乐。司马光本人虽不腐败，却一味守旧，研究历史也总是后顾而没有启发人们"向前看"的思维方式。当然，他留下的巨著还是给后世以极大启迪，显示出历史的沉重与艰辛。

当我们读罢《资治通鉴》掩卷长思时，可以感到中国历史的悠久既是一种无与伦比的持续力和凝聚力，同时也是需要付出巨大努力才能超越的惯性障碍。现代人从中可以感悟出我们的先民何以能创造出领先世界的古代文化，又为何在迈向近代化的征途中步履蹒跚，并激励自己掌握跨越时空的文明精华，以与时俱进的精神去迎接新世纪的腾飞。（徐　焰）

大师传奇

司马光生于北宋真宗天禧三年（1019 年），卒于哲宗元祐元年（1086 年），字君实，号迂叟，是北宋陕州夏县涑水乡（今山西夏县）人，世称涑水先生。

司马光出身于书香门第，世代在朝为官，父亲司马池是仁宗朝的名臣，一生以清直仁厚享有盛誉。司马光受家庭熏陶，勤奋好学，少年时就"手不释书，至不知饥渴寒暑"，20 岁时考中进士，可谓功名早成。但他并不因此而骄傲自满，而是豪迈地宣称："贤者居世，会当履义蹈仁，以德自显，区区外名何足传邪！"立志以仁德建功立业，不求虚名。步入仕途之后，他继续广泛深入地学习，音乐、律历、天文、术数等方面的知识都极为渊博，经学与史学更是造诣深厚。

当时，北宋建国近百年，已经出现种种危机。具有浓厚儒家思想的司马光，以积极用世的态度，连连上疏，陈述自己一整套的治国主张，大致是以人才、礼治、仁政、信义作为安邦治国的根本措施。在他本人的政治生涯中，也始终坚持原则，积极贯彻执行有利于国家的决策方略；多次犯颜直谏，当庭与人辩论，从不顾及个人安危。神宗皇帝也感慨地说："像司马光这样的臣子，如果常在身边，就不会有过失了。"

在熙宁变法中，司马光与主持变法的王安石发生严重分歧。就其竭诚为国来说，二人是一致的，但在具体措施上，则各有偏向。王安石主要是围绕着当时财政、军事上存在的问题，通过大刀阔斧的经济、军事改革措施，来解决燃眉之急。司马光则认为在守成时期，应偏重于通过伦理纲常的整顿，来把人们的思想束缚在原有制度的制约之内，即使改革，也一定要稳妥。司马光的主张虽然偏于保守；但实际上

青少年必知的国学经典

是一种在"守常"基础上的改革方略。王安石变法中所出现的偏差和用人不当等情况，证明了司马光在政治上的老练和稳健，除了魄力不及王安石外，政治上是成熟的。

在政见不同、难于合作的情况下，司马光退居洛阳，编纂史书，从历史的成败兴亡中，提取治国的借鉴。司马光著史书，可以说是他从政治国的另一方式。宋英宗同意他设立书局，自己选择助手下属，并将这部书命名为《资治通鉴》，亲制序文，以示重视。除了允许其借阅国家所有的图书资料外，神宗还将几千卷旧书赏赐给司马光作为参考。修书所需笔、墨、绢、帛等费用，全都由国家供给，这为他提供了优厚的著书条件。

司马光选择了刘恕、范祖禹等人做他的助手，他们既是当时第一流的史学家，又与司马光在政治、史学上观点一致，所以在编书过程中能够通力合作，各显其才。但最终使《通鉴》达到光辉顶点的，还决定于司马光的精心著述。刘恕的儿子刘羲仲就曾经说："先父在书局的时候，只是搜集史料整理成长编，至于辨明是非，是齐是取，都是出自司马君实先生的手笔。"

司马光虽热心于治国，但由于与王安石政见不同，没有多少直接参与政事的机会。直到宋元丰八年（1085年）宋神宗去世后，67岁高龄的司马光被迎回宫中，担任了宰相一职。他回朝执政后，一切作为都是反王安石之道而行之，而且否定的步子非常急促。在他执政一年半的时间里，竭尽全力日夜操劳，耗尽了毕生心血，终于与世长辞。噩耗传出，"京师人为之罢市往吊，鬻衣以致奠，巷哭以过车者，盖以千万数"，灵柩送往老家夏县时，送葬的百姓"哭公甚哀，如哭其私亲，四方来会葬者盖数万人"。一位高居庙堂之上的宰相，竟能得到民众这样广泛真诚的悼念，在历史上实属罕见。

YANSHEN YUEDU 延伸阅读

《通鉴纪事本末》 是中国第一部纪事本末体的历史著作，共142卷，作者是南宋袁枢。袁枢精研《资治通鉴》，因为篇幅浩大，难于寻究史事，于是根据《通鉴》旧文详加整理，每事各详起讫，自为标题；每篇各编年月，自为首尾。这种体裁因事命篇，不拘常格，与现代史书的体裁颇为接近，是对历史编纂学的一个重要贡献。

　　※　　※　　※

南宋大儒朱熹不满司马光的某些观点，编写了一部《资治通鉴纲目》，对《资治通鉴》作了一些意味深长的改动。譬如三国历史，司马光以曹魏为正统，朱熹却改作以蜀汉为正统。因此，这本书在后世一直被当做最具政治正确性的历史读物，被誉为"万世史笔之准绳规矩"。

　　※　　※　　※

《资治通鉴》的历代续书者不乏其人，清代学者毕沅的《续资治通鉴》无疑是其中出类拔萃之作。这部书取材宏博，考证谨严，编排合理，总引资料达300余种，还增加了少数民族的资料。梁启超对该书评价极高，认为"有毕《鉴》，则各家续《鉴》可废"。

四书章句集注

朱 熹 （南宋　1130 年—1200 年）

中国思想家中，对社会产生深远影响的不过三五人，朱熹是其中的一位，他的《四书章句集注》起决定性的作用。

——著名学者　任继愈

朱熹是南宋时期最著名的理学家，也是中国古代继孔子之后最伟大的教育家。他一生博览群书，广注典籍，对经学、史学、文学、教育学、乐律以至自然科学都有不同程度的贡献；其哲学思想和教育思想对中国封建社会后期的政治文化影响极为深远。在哲学思想上，朱熹继承了二程关于理气关系的学说，集理学之大成，发展成为一个完整的客观唯心主义的理学体系，世称程朱学派。他的理学，在明清两代被奉为儒学正宗的地位；他的博览和精密分析的学风，对后世学者也有很大影响。在德川时代的日本，"朱子学"也颇为流行。朱熹注意使学术研究和讲学紧密结合，师生共同研究著述；他在教学实践中的经验，对后代书院的发展、自由讲学风气的提高、学术研究空气的浓厚都起到了很大的促进作用。

《四书章句集注》是朱熹最有代表性的著作之一，这部书也简称为《四书集注》，是朱熹为《大学》、《中庸》、《论语》、《孟子》所作的注。朱熹在其后半生花费了大量心血撰写和反复修改"四书"的注释，经过 40 余年的研究探索，到 70 岁临死前一天还在修改《大学》诚意一章的注释。

朱熹的意义，首先在于把这四部书汇合在一起，由这四部书构成支持理学思想的一个经典系统；其次以这四种经典作为其"道统"系谱的文本，使从孔子经子思到孟子的历史得到著作的支持；再次是对四部书都做了简要而且精密的注释和阐发，在《四书章句集注》的注释里融贯了理学的思想。明、清两代，《四书章句集注》成为钦定的教科书，也成了历次科举考试的标准。原本是纯粹意义上的思想因为有了考试权力和仕途利益作为支持背景，从而成了通行观念进入生活领域，进一步成为风靡知识界的思想与学问趋向,并因此改变了文化的主流和基调,构建了以后几百年间中国知识、思想与信仰世界的主要风景。

旷世杰作

朱熹是一位学问渊博的经学家,一生为编撰《四书章句集注》倾注了大量心血。他自称从 30 岁起便开始对《论语集注》、《孟子集注》下工夫,因此《四书章句集注》并不仅仅是关于字句的注释,这部书体现了朱熹的全部哲学体系。

朱熹认为,《中庸》、《大学》、《论语》、《孟子》这四部书完整地代表了由孔子经过曾参、子思传到孟子这样一个儒家道统,而宋代理学家程颢、程颐和他本人则是这一道统的继承和发扬者。因此,他耗半生精力为"四书"分别作了注释,给《大学》区分了经传并重新编排了章节,还将四书作为一部"套书"刊行,"四书"之名由此始定。《四书章句集注》引用汉人以后注释,董仲舒、司马迁、扬雄等 15 家,引用宋人及同时人之说有 41 家。朱熹尽量博采众长,较系统地反映了作为一名集大成者的理学思想。

《四书章句集注》充分反映了朱熹的"道统"学。朱熹继承二程的观点和做法,非常尊崇《大学》、《中庸》和《孟子》,让三者与《论语》并列。《大学》与《中庸》原是《礼记》中的篇章,至宋代时被单独抽出。朱熹对二书加以注释,并都加了"序"、"序引",每章之后都进行总括。尤其是《大学》一书,以程颐的《改正大学》为底本,将《大学》

重新编排了章节。为了阐释理学思想,还按照自己的意思编撰了一篇《格物传》补入其中,因此称为《大学章句》和《中庸章句》。对《论语》、《孟子》两书未曾改动,而是博览古今注释,择善而从,所以称为"集注"。

《四书章句集注》的编排次序,也颇具深意。朱熹认为,学习《四书》的顺序,应当"先读《大学》以定其规模,次读《论语》以立其根本,次读《孟子》以观其发越,次读《中庸》以求古人微妙处"。他注解的《大学章句》内容丰富,有格物、致知、诚意、正心、修身、齐家、治国、平天下等八个条目,是理学之伦理、政治、哲学的基本纲领。《中庸》是"孔门传授心法"的重要著作,儒家世代相传的思想原则,道德行为的最高标准。所以,《大学》和《中庸》在朱熹的思想体系中占有很高的地位,它们的地位可"至比六经",甚至在六经之上。这一点对后世产生了很大的影响。

《四书章句集注》很重视义理的阐发,是以义理解经的代表作。朱熹学养深厚,学识渊博,他吸收前朝学者的思想精华,并作了进一步的整理和阐述,为编撰《四书章句集注》倾注了大量心血。在文字训诂方面,他字斟句酌,反复修改,力求通达和洗练;在注释解析方面,他并不纠缠于繁琐的考据,而是从整体着眼,探求并掌握原著的思想精神,不受古人的束缚。因此,《四书章句集注》绝不仅仅是关于字句的注释,它反映了朱熹的治学风格,并体现了他的全部哲学体系。

《四书章句集注》对后世产生了深

远的影响，宋以后，《四书章句集注》所阐释的理学思想成为官方哲学，占据着封建思想的统治地位。明、清两代都以《四书章句集注》为学官教科书和科举考试的标准答案，作为选拔政府官吏的标准。除了其学术影响以外，它还得到历代政府强迫性的灌输。读书人参加国家的各级考试，不能背离《四书章句集注》的观点，否则难以被录取，这也是《四书章句集注》流传久远的一个因素。

经典导读 JINGDIAN DAODU

❀《四书章句集注》的历史地位及其作用

朱熹以毕生精力从事学术活动，讲学、著述达 40 余年。中国思想家中，对社会产生深远影响的不过三五人，朱熹是其中的一位，他的《四书章句集注》起决定性的作用。

《四书章句集注》的历史地位和作用，可以从以下几个方面来考察：

第一，《四书章句集注》吸收了唐宋以来的文化积累，达到了当时可能达到的理论高度，建立了完整的儒教体系，它把各等级的人排到一个被认为适当的社会位置上，建立了封建社会成员的全方位的岗位教育，对安定社会起着极为重要的作用。

第二，《四书章句集注》是一部强化内心修养，涤除心灵杂念的儒教经典。把"正心诚意"、"主敬"、"守一"、"格物致知"、"存诚"作为人生修养内容，最终目的在于教人成圣贤，使人们在社会生活，人伦日用之中得到精神解脱。"极高明而道中庸"，贯彻"内圣外王"之道。

第三，《四书章句集注》打破传统注释的旧模式。简明通脱，新人耳目。宋儒自称得尧、舜、禹的"心传"及文、武、周公、孔、孟以下千古不传之秘。朱熹的注解，有的有根据，有的根据不多，也有的直抒胸臆，不要古代书本的根据。它的特点是摆脱依傍，不受古人的束缚。

司马光《论风俗诸子》中说：

新进后生，口传耳剽，读《易》未识卦爻，已谓《十翼》非孔子之言；读《礼》未识篇数，已谓《周官》为战国之书；读《诗》未尽《周南》、《召南》，已谓毛、郑为章句之学；读《春秋》未知十二公，已谓《三传》可束之高阁。

司马光对当时的学风不满而发牢骚。其实不能责怪"新进后生"们，当时青年学者的这些疑古倾向，也是跟他们的前辈们学来的。疑古代经典在北宋已成为风气。疑《周易·系辞》非孔子所作的有欧阳修；疑《周礼》的有欧阳修、苏轼、苏辙；疑《孟子》的有司马光、李觏；疑《尚书》的《允征》、《顾命》的有苏轼；疑《诗序》的有晁说之；王安石贬《春秋》，他说《三经新义》，抛开旧传统，独标新解。南宋朱熹疑孔安国的《书序》是魏晋间人作的。

第四，《四书章句集注》被指定为国家教科书，元明清各代用来开科取士，作为选拔政府官吏的标准。除了用它的学术影响以外，它还得到历代

青少年必知的国学经典

政府强迫性的灌输。读书人参加国家的各级考试，不能背离《四书章句集注》的观点，否则难以被录取，这也是《四书章句集注》流传久远的一个因素。

如果汉代经学的前一时期称为神学经学，后一时期的经学可称为"儒教经学"。前一时期的经学以宇宙论的形式出现，后一时期的经学（儒教经学）以心性论的形式出现。中间经过魏晋南北朝佛教经学的补充，使儒教经学增加了体现时代特点的新内容。它超越了宇宙论和本体论，上升到心性论的理论高度，它达到了中国封建社会经学的高峰，同时也表明中国封建社会的经学已走到了尽头，经学的历史使命已完结了。（任继愈）

《四书章句集注》与儒家道统

两宋时期，"退五经而尊四书"。尤其是《大学》、《中庸》之学，已从《礼记》中分离出来，成为专门的经典诠释学。宋儒凸显四书的地位，与其崇扬心性义理之学有关，他们实际上是以四书为其思想概念之渊源。

两宋理学是以"新儒学"的姿态出现的，它的使命是恢复和赓续儒家之道统。朱熹的《四书章句集注》一是开创了兼综训诂与义理的学风，二是贯彻了理学思想以建立新儒学的体系。因此，《四书章句集注》可以说是理学思想的载体。朱熹独具慧眼，发现四书实是其心性义理之渊海，其所倡导的各种观念都可从四书中找到源头。

如《大学》中的"格物致知"论，将人心的思维之灵与天下之物的有理构成思维与存在的统一，而《中庸》的性、道、教诸范畴则是对理学实践的支持。

《四书章句集注》编排的次第也能反映出理学思想之旨趣。朱熹确立了《大学》——《论语》——《孟子》——《中庸》的四书学体系逻辑顺序，《大学》定规模，《论语》立根本，《孟子》观发越，《中庸》求精微，构成了他的以复性为根本指归的理学体系的内在结构，不能移易颠倒。在他看来，《大学》主讲"德"，《论语》主讲"仁"，《孟子》主讲"心"，《中庸》主讲"理"，归根结蒂都是讲一个复归天理的善性，而"四书"学不过是一个复归性善本初的思想体系。

《四书章句集注》既不像汉唐诸儒那样信古无疑，遵修旧文而无创新，也不像其他宋儒那样，空衍义理而学无根底，而是在继承传统训诂学的基本原则和方法的基础上融合时代的精神，并将经学理学绾成一体，在训诂中包含着义理方法，在理学旨趣下贯彻训诂方法，使《四书章句集注》成为理学思想的主要著作载体，实践了经学与理学相缔一的原则。

南宋的四书学，是一个庞大的学者群以"四书"与《四书章句集注》为研究对象的学术活动。朱熹的《四书章句集注》起到了学术范例的作用，成为一家显说，因其体制的高卓和学术的闳通而在当时被奉为典范，又因其典范价值产生的强大的凝聚力，引发了南宋四书学的潮流。在此之后出现的《大学衍义》、《中庸指归》、《四书集编》等著作，都是朱熹四书学学术活动影响下的产物,但其气象与规模、形式与内容均没有也不可能超越朱子。

(范立舟)

大师传奇

朱熹字元晦,又字促晦,号晦庵,别号紫阳,江西婺源人。父亲朱松是进士出身,从小就教授他儒学经典,朱熹勤奋刻苦,长进很快,立志要钻研圣贤之学。不幸的是,他只有14岁的时候,父亲就去世了,朱熹随母亲祝氏定居在福建。

南宋绍兴十七年(1147年),朱熹考中举人,次年春天又考中了进士。任泉州同安县主簿,聚徒讲学。绍兴三十二年(1162年)朱熹上书孝宗,力陈国事,提出了"定计、修政、攘夷"之策,主张抗金,并建议从与民休戚的高度注意选用人才。次年,孝宗召见朱熹,他重新陈述了自己的见解,孝宗颇为赞赏。但当时的议和派人物汤思退、洪适等占主导地位,朱熹的抗金主张无法实现。朱熹三次呈上奏章,等待他的却是并无实权,而且还要等着空额补缺的武学博士一职。朱熹非常失望,求得了监南岳庙的差遣。由于金廷议和条件苛刻,孝宗任命张浚为右相兼枢密使,希望再度抗战。为此,朱熹特意叩见张浚,提出了北伐中原的具体建议;还面见张浚之子张栻,要他说服张浚,决不能跟投降派合作,这才离开杭州回崇安。虽然朝廷几次召他做官,但"道不同不相为谋",他都极力推辞,不肯就职。孝宗说他"安贫守道,廉退可嘉",极力要他就职,但他还是推辞不就。从此他家居10余年,潜心研究学问,教授弟子,并经常和各地学者交游论学、交流心得。

朱熹46岁时,浙东学派的大师吕东莱来探访,二人畅论学术,共同整理了北宋各理学家的著作,编纂成《近思录》。当时朱熹和江西的陆象山都是当代大儒,但自成一派,学问见解各不相同。吕东莱又与这二人都是好友,便邀请朱陆两位大师到江西信州的鹅湖寺,希望他们两位好好沟通交流,使学术界不致产生分裂。出席这次学术讨论会的除朱熹、陆象山、吕东莱外,还有象山的哥哥陆九龄。陆家兄弟对这次讨论会非常重视,兄弟俩在家便开始自行辩论,讨论了一整天。这次讨论会开了10天,朱陆各抒己见,中心议题是"本心"说,由于两人思想已经定型,最后还是未能达成共识。但他们相互切磋、各自争鸣,还游览了鹅湖风景、有诗唱和。虽然观点不同,却从此结为好友,使"鹅湖之会"在中国学术史上成为千古美谈。

淳熙五年(1178年),宰相史浩推荐朱熹知南康军,朱熹屡辞不许,遂于次年赴任。到任不久,当地发生旱灾饥荒,他全力救灾,减轻了灾害的损失。还于任内倡导教育,重建白鹿洞书院。白鹿洞书院是宋时全国四大书院之一,位于庐山五老峰南麓的后屏山。朱熹亲自讲学,亲撰教规,体现了以"格物、致知、诚意、正心、修身、齐家、治国、平天下"等儒家思想为基础的教育理念,成为南宋以后中国社会700年间书院办学的典范,也是教育史上最早的教育规章制度之一。书院经常延揽著名学

青少年必知的国学经典

者来讲学,学术空气相当活跃。1180年,陆象山特来拜访朱熹,请他为其去世不久的哥哥写墓志铭。朱熹顺便请陆象山在书院讲"君子喻于义,小人喻于利"之义,陆宏论滔滔,将义理发挥得淋漓尽致,当时的听众有很多人都感动落泪。朱熹也深受感动,特意将陆象山所讲内容刻石立于院门。

1181年,浙东发生饥荒,孝宗调朱熹到浙东救荒。朱熹在浙东救灾,成效卓著,贪官污吏都因惧怕他而自动离开。不久,朱熹见政局不良,又辞职居家,一心讲学。1188年他应召入朝,再度上书,说今日之中国已病入膏肓,从大脑到四肢,处处有病,劝孝宗正心以立大本,教养太子,选贤任能,振纲纪,变风俗,爱养民力,修明军政。孝宗接到朱熹的奏章时已是深夜,但却马上起床,点燃蜡烛,读完后再就寝。次日便要朱熹任官,但朱熹还是推辞未就。

宋光宗即位后,朱熹因得罪权臣韩侂胄,遭到攻击陷害。朱子学被称为"伪学",朱熹的门人也被株连成了"逆党",他本人则被削职为民,史称"庆元党祸"。当时的局势十分紧张,牵连颇广,朱熹的大弟子蔡元定,就因为被牵连而遭贬,结果死在贬所。尽管如此,朱熹还是每天同弟子讲学,有人劝他关闭书院躲一躲,他却笑而不答。庆元六年(1200年)三月,朱熹卒于福建建阳考亭家中,享年71岁。他在逝世前两天,还在为弟子讲学,修改自己的著作,可谓鞠躬尽瘁,死而后已。

当时的大词人辛弃疾闻朱子逝世,特作祭文:"所不朽者,垂万世名,孰谓公死,凛凛犹生!"谓朱熹的著作会永远流传,朱熹的声名将永垂不朽。

宝庆三年(1227年),宋理宗下诏,特赠朱熹"太师"称号,追封信国公,并提倡学者习读朱熹著作。从此,以朱熹为代表的理学成为中国的正宗思想体系。他被称为"朱子",也是孔庙中供奉的"四配十二哲"之一。自元、明、清以后,更被尊崇为"绍道统,立人极"的"万世宗师",成为地位仅次于孔、孟的又一位儒家圣人。

延伸阅读 YANSHEN YUEDU

《四书五经》 是古代中国社会正统文化儒家思想的核心著作。它所包含的内容可谓博大精深,涉及中国古代思想、政治、经济、军事、文化诸多方面,形成了一个以天理为核心的思想体系。它们不仅是中国古代统治者几千年来钦定的教科书,而且还被西方学者誉为世界四大思想宝库(基督教思想、伊斯兰教思想、佛教思想、儒教思想)之一。

※　※　※　※

余英时的《朱熹的历史世界》是关于宋代文化史与政治史综合研究的一部专著。作者深入研究朱熹时代的历史世界,系统而全面地从直接史料中搜寻相关证据,重建12世纪最后二三十年的文化史与政治史。《上篇》为朱熹的历史世界提供了一个较广阔的背景,《下篇》则进入朱熹所活跃的历史世界的核心地区,细心地描述了孝宗与光宗、官僚集团和理学集团以及皇权三者的互动关系。本书为专业史学家重构历史的理想与努力做了最好的见证。

传　习　录

王阳明　（明代　1472 年—1529 年）

唐宋以前无论已，明兴三百年，名公巨卿间代迭出，或以文德显，或以武功著，名勒旂常，固不乏人。然而经纬殊途，事功异用，俯仰上下，每多偏而不全之感。求其文起八代之衰，道济天下之溺，忠犯人主之怒，勇夺三军之气，所云参天地，关盛衰，浩然而独存者，惟我文成夫子一人而矣。

——清代学者　马士琼

作为士大夫，在中国数千年的历史上，王阳明是屈指可数的几位既有"立德"、"立言"，又有"立功"的人。其德行、事功，至今仍受到读书人的敬仰，可见其非凡的人格魅力。他一生中先后被朝廷委以诸多的军国要职，功勋卓越，战功累累，无人可及；但他又的的确确是一个传统意义上的文人，也是明代最伟大的哲学家，在整个中国古代哲学史上，留下了极其闪亮的一笔。

《传习录》集中反映了王阳明的心性之学，在哲学史上有着重要的地位。阳明心学远挑孟子，直承象山，针对程朱理学越来越脱离人的生命而知识化、外在化的倾向，特别是其末流暴露出来的支离破碎的弊病，以更加简易直截的功夫与"先立乎其大"的入手方法，开辟了另一条与朱子不同的成德之学，拓宽了主体自立自主的精神价值世界，展示了道德自律与人格挺立的实践精义及具体路径。他强调的"心外无理"、"知行合一"等理论主张，实际就是强调人的内心深处的道德理性和道德情感，知识论应该与活泼的生命相结合。

王阳明是继朱熹之后中国思想史上的又一发展高峰。对一个受传统理学教育多年的文人而言，能走出固有的思维模式，完成一次如此彻底的思想突破，不得不让后人叹为观止。人们开始从单一的理学体系中解放出来，并学会了用另一种方法来思考问题；明代的哲学思想，也从此多了一个参照系。自"龙场悟道"以后，王阳明始终讲学不辍，弟子广布天下，形成历史上罕见的大学派。直到今天，在当代新儒家中仍具有着深刻的影响。

王阳明一生著述很多，《传习录》是他代表性的哲学著作。"传习"一词出自《论语·学而》："吾曰三省吾身，为人谋而不忠乎？与朋友交而不信乎？传不习乎？"这部书包含了王阳明的主要哲学思想，上卷经王阳明本人审阅；中卷里的书信出自王阳明亲笔，是他晚年的著述；下卷虽未经本人审阅，但较为具体地解说了他晚年的思想，是研究王阳明思想及心学发展的重要资料。书中阐述了"心外无物"、"心外无理"等心学观点，体现了致良知、知行合一、天人合一等思想宗旨，可以说是阳明学说的精华。

王阳明深受先秦思孟学派和佛教禅宗思想的影响，又直接继承了南宋陆九渊主观唯心论的观点，形成了庞杂的哲学思想体系。"心即理"原本就是陆九渊的命题，《传习录》对此作了发挥。王阳明提出一个著名的哲学命题："心外无物"，认为人心是一切事物的本源，没有人的意念活动，就没有客观事物。所以"心之所发便是意"，"意之所在便是物"。

王阳明还提出"心外无理"的命题。在他看来，事物的"理"，不存在于客观事物之中，而是存在于人们的心中，所以说"心即理"。他这样说，是强调社会上伦理规范的基础在于人心之至善。从这个原则出发，他对《大学》的解释与朱熹迥然不同。朱子认为

《大学》的"格物致知"是要求学子通过认识外物，最终明了人心的"大用"。王阳明认为"格物"之"格"是"去其心之不正，以全其本体之正"；而"知"是人心本有的，不是认识了外物才有的，这个知就是"良知"。在他看来，朱子的格物穷理说恰恰是将心与理一分为二的。由此可见，王阳明的"心即理"的命题主要是为其修养论服务的。

知行问题是《传习录》中讨论的另一个重要问题，也反映了王阳明对朱熹以来宋明道学关于这个问题讨论的进一步研究。

朱子主张知先行后、行重知轻。王阳明提出的"知行合一"虽然继续了朱子重行的传统，但他的主张是以"心即理"为基础，所以同时又批判了朱子割裂知行的做法。"知行合一"的含意，是说知行是一件事的两个方面。知是心之本体的良知，良知充塞流行、发而为客观具体的行动或事物，就是行。由这个认识出发，如果知而不行，那只能算是不知。知是行的主意，行是知的功夫，知行本是紧密相连的。

在当时社会上、理学发展的过程中，的确有知而不行的情况存在。因此，王阳明的知行合一有纠正时弊的意义。但是他强调知行合一说不是仅仅针对时弊提出的，它首先是要说明"知行之本体"。强调道德意识本来就存在于人心中，这是道德的自觉性。它也强调道德的实践性，认为道德方面的"知"不是关于对象的知识，而是道德的实现。

总的来说，王阳明的"心即理"、"致良知"、"知行合一"都是要强调道

德的自觉和主宰性。他说:"知是理之灵处,就其主宰处说便谓之心,就其禀赋处说便谓之性。"人心能够知晓行为的善恶,也能自觉地去为善,就是本心的明白觉悟,这是对程颢思想的发展。不需通过外物去认识本心之理,外物之理只是人心的表现;"格致"的功夫不是去认识外物,而是去掉内心私欲的屏蔽。

王阳明的哲学思想的确为人性善作了本体论的说明,有其历史意义。但他的学说对人性恶的原因研究不够,虽然在明代下层人民中亦有影响,但仍不具备较大的普遍性。

《传习录》中还记载了为王学继承人争论不休的"四句教"。这四句话是:"无善无恶是心之体,有善有恶是意之动,知善知恶是良知,为善去恶是格物。"王阳明的本意是说,作为人心本体的至善是超越经验的,它不是具体的善的行为。有所为而为的善是手段,无所为而为的善才是至善;人心的至善超越世间具体的善恶,具体的善行只是至善之心自然作用的体现。这是告诉人们,不要去执著于具体的善行,而要认识自己的本心。

"四句教"对人心本体的界定,和宋代哲学家程颢的思想是一致的。程颢说:"圣人之常,以其情顺万物而无情。故君子之学,莫若廓然而大公,物来而顺应。"王阳明说的无善无恶就是无心无情,没有先入之见。有了这种心,见父自然知孝,见兄自然知悌。

《传习录》是一部较为纯粹的哲学著作,总结了王学之大成,在中国古代哲学史上有着举足轻重的重要地位。

而阳明学说作为中国儒学最后一个高峰和近世启蒙思想的先导,其影响力在某种意义上说是超越时空的。晚清许多志士仁人对王阳明礼赞有加:林则徐称赞王氏为"国家所祷祈以求"之才,魏源更直截了当地称颂王阳明是"百世之师",左宗棠也称他是"卓然一代伟人"。在清末革命派中,宋教仁、陈天华等亦多"服膺"王氏之言,更有人将他抬到"亚圣"地位。直到今天,王阳明的思想仍有其深刻的影响,在中国文化思想史及哲学史上有着举足轻重的地位。

经典导读

《传习录》与阳明学说

王守仁的语录,由他一位弟子笔记并选编为《传习录》,其中有一段说:"先生游南镇,一友指岩中花树问曰:'天下无心外之物,如此花树,在深山中,自开自落,于我心亦何相关?'先生云:'尔未看此花时,此花与尔心同归于寂。尔来看此花时,则此花颜色,一时明白起来。便知此花,不在尔的心外。'"

又有一段说:"先生曰:'尔看这个天地中间,什么是天地的心?'对曰:'尝闻人是天地的心。'曰:'人又什么叫做心?'对曰:'只是一个灵明。'可知充天塞地,中间只有这个灵明。人只为形体自间隔了。我的灵明,便是天地鬼神的主宰……天地鬼神万物,离却我的灵明,便没有天地鬼神万物了。

青少年必知的国学经典

我的灵明，离却天地鬼神万物，亦没有我的灵明。如此便是一气流通的，如何与他间隔得？"

由这几段话，我们可以知道，王守仁的宇宙的概念是什么意思。在他的这个概念中，宇宙是一个精神的整体，其中只有一个世界，就是我们自己体验到的这个具体的实际的世界。这样，当然就没有朱熹如此着重强调的抽象的"理"世界的地位。

王守仁也主张心即理：他说："心即理也。天下又有心外之事，心外之理乎？"又说："心之体，性也。性即理也。故有孝亲之心，即有孝之理；无孝亲之心，即无孝之理矣。有忠君之心，即有忠之理；无忠君之心，即无忠之理矣。理岂外于吾心耶？"从这些话，可以更清楚地看出朱熹与王阳明的不同，以及两人所代表的学派的不同。根据朱熹的系统，那就只能说，因有孝之理，故有孝亲之心；因有忠之理，故有忠君之心。可是不能反过来说。但是王守仁所说的，恰恰是反过来说。根据王守仁的系统，则如果没有心，也就没有理。如此，则心是宇宙的立法者，也是一切理的立法者。

王守仁用这样的宇宙的概念，给予《大学》以形而上学的根据。我们从第十六章已经知道，《大学》有所谓"三纲领"："在明明德，在亲民，在止于至善"。三纲领又归结为一纲领：明明德。

明德，不过是吾心之本性。一切人，无论善恶，在根本上都有此心，此心相同，私欲并不能完全蒙蔽此心，在我们对事物作出直接的本能的反应时，此心就总是自己把自己显示出来。"见孺子之入井，而必有怵惕恻隐之心焉"，就是说明这一点的好例。我们对事物的最初反应，使我们自然而自发地知道是为是，非为非。这种知，是我们本性的表现，王守仁称之为"良知"。我们需要做的一切，不过是遵从这种知的指示，毫不犹豫地前进。因为如果我们要寻找借口，不去立即遵行这些指示，那就是对于良知有所增损，因而也就丧失至善了。这种寻找借口的行为，就是由私意而生的小智。

据说，杨简初见陆九渊，问："如何是本心？"不妨顺便提一下，"本心"本来是禅宗术语，但是也成为新儒家陆王学派使用的术语。陆九渊引《孟子》的"四端"为答。杨简说他儿时已读此段，但是还是不知道如何是本心。杨此时任富阳主簿，谈话中间还要办公，断了一场卖扇子的官司。事办完了，又面向陆九渊，再问这个问题。陆说："适闻断扇讼，是者知其为是，非者知其为非，此即本心。"杨说："止如斯耶？"陆大声曰："更何有也！"杨顿悟，乃拜陆为师。

另有一个故事说，有个王守仁的门人，夜间在房内捉得一贼。他对贼讲一番良知的道理，贼大笑，问他："请告诉我，我的良知在哪里？"当时是热天，他叫贼脱光了上身的衣服，又说："天太热了，为什么不把裤子也脱掉？"贼犹豫了，说："这，好像不太好吧。"他向贼大喝："这就是你的良知！"

这个故事没有说，通过谈话，这个贼是否发生了顿悟。但是它和前一个故事，都用的是禅宗教人觉悟的标准

135

的方法。两个故事说明人人都有良知，良知是他的本心的表现，通过良知他直接知道是为是，非为非。就本性而言，人人都是圣人。为什么王守仁的门徒惯于说"满街都是圣人"，就是这个缘故。

这句话的意思是，人人有做圣人的潜能。他可能成为实际的圣人，只要他遵从他的良知的指示而行。换句话说，他需要做的，是将他的良知付诸实践，或者用王守仁的术语说，就是"致良知"。因此。"致良知"就成了王学的中心观念，王守仁在晚年就只讲这三个字。（冯友兰）

王阳明的"心学"

程朱理学在明初被树立为官方意识形态后，一直占据思想界的统治地位，这种状况一直持续到明中叶。弘治年间，王阳明创立"心学"，标志着理学统治地位的瓦解，由孔子开创的儒学进入一个新的发展阶段。

在最重要的著作《传习录》中，阳明把"心"提高到一个前所未有的重要位置。他直截了当地说："人者，天地万物之心也；心者，天地万物之主者，心即是天，言心则天地万物斯举矣。"又进一步说："心外无物，心外无事，心外无理，心外无义，心外无善。"这就是说，万物都是由人心派生出来的东西，只有用心去关照时它们才会真正存在。这样，"心学"就完成了对理学"天理至上"的颠覆。

很多人以为"心学"与理学是针锋相对的，其实不然。例如阳明说："心即理。"他并不否认理的存在。他也不反对格物穷理，他说："区区论致知格物，正所以穷理，未尝戒人穷理，使之深居端坐而一无所事也。"从这个意义上说，"心学"的产生是为了理学的振衰起弊。那么二者的根本区别在哪呢？《传习录》二云："物理不外于吾心，外吾心而求物理，无物理矣；遗物理而求吾心，吾心又何物邪？"可见，阳明认为，理是存在的，但必须由"心"里去求，也就是说，心先于理，按阳明的意思，心不仅先于理，心还先于万物。我们可以拿阳明论君臣伦理的话看出二者的区别。《传习录》云："有孝亲之心，即有孝之理，无孝亲之心，即无孝之理矣。有忠君之心，即有忠之理，无忠君之心，即无忠之理矣。理岂外于吾心邪？"就是说，有心才有理。而按照朱熹的话来说，则是"一切理都是永恒地在那里，无论有没有心，理照样在那里。"（冯友兰《中国哲学简史》）这样，我们就可以清楚地看到二者的区别。

那么，既然心是宇宙万物之立法者，人应该追求怎样的精神修养呢？阳明提出了"致良知"之说，从而把"心学"推向系统完备的理论阶段。《传习录·答陆原静书》云："良知者，心之本体者也。心之本体，无起无不起，虽妄念之发，而良知未尝不在。"又云："世之君子，惟务致其良知，则自能公是非，同好恶，视人犹己，视国犹家，而以天地万物业体，求天下无治，不可得矣。"这就是"良知"的巨大作用，如果找到了自己的良知，治国齐家平天下，

青少年必知的国学经典

全都可以了。那么，良知到底是什么呢？虽然阳明说得玄妙，但我们也可从《传习录》中总结出主要的方面。比如，孝悌礼智信是最基本的良知，而其他更多的方面则需要人们努力寻找。

阳明高举"心学"大旗，其重视个体价值的特点与晚明知识界精英们要求张扬主体意识的内在要求不谋而合，是晚明思想解放的开端。比如泰州学派的王艮、王学左派的李贽都与阳明之学一脉相承。王艮提出"百姓日用即是道"，是一位把"心学"平民化的思想家。据说他曾经后车载以老母，身着战国时代的宽袍高帽在北京城里招摇过市，实是"心学"要求张扬个性的激烈表现。李贽则从心学重视主体的基点出发，提出"夫心者，人之私也"（李贽《焚书》）的大胆言论，表现出鲜明的个性解放色彩。

明清鼎革之际，王门后学空谈心性的学风颇为人诟病，遂兴起王船山等人的经世致用之学。而随着清统治者政权的日渐稳定，统治者大加提倡理学以稳固人心，理学遂再次占据了意识形态领域不可撼动的主流位置。虽有考据大师戴震等人试图对抗理学的努力，但与阳明"心学"相比，终显得力不从心。（佚 名）

大师传奇

明代心学代表人物王守仁字伯安，浙江余姚人。因晚年喜爱越城东南的会稽山阳明洞，筑室而居，自号阳明子，因此世称阳明先生。

阳明先生的生平带有不少传奇色彩。据说这位心学大师出生时，他的祖母梦到神人身着彩衣驾云而来，敲打鼓吹送来一个婴儿，惊醒后便听到孩儿啼声，因此祖父竹轩公将这个新生儿命名为"云"。又传说阳明由母亲郑氏怀胎14个月才出生，直到5岁还不会说话。一天，与邻家小童嬉戏，恰巧有一僧人经过，说道："好个孩儿，可惜道破。"竹轩公听后有所醒悟，便更改了他的名字，阳明便当即能够开口说话了。

幼年的阳明已经显露天赋，聪颖过人，他开始学说话时，一日忽然诵出祖父平日所读过的书句，家人惊讶地问他是如何学得的，他说："听祖父读时就已熟记下来了。"可见王阳明的记忆力非同寻常。

阳明的一生，大约可分为三个阶段：第一阶段是他在28岁以前，憧憬圣学，希望做天下第一等人，行天下第一等事。他本着自己对社会、对政治的热血和执著，以及那种自傲和以天下为己任的理想，坚持要对国家及社会人民有所裨益。从28岁举进士以后到44岁是阳明思想发展的第二阶段，宦海浮沉，遭受贬谪，来到偏僻的龙场。这一阶段阳明生活极端困厄，情绪抑塞沉郁，思想上则是印证的时期，也是他事业和学说成功的开始。从45岁到57岁病逝军中，是他建立事功和学术成熟时期，也是他讲学立教的极盛时期，这是第三阶段。

阳明一生追求真理，并勇于实践，在朝为官多年，任劳任怨。他28岁在京师考取进士，观政工部，这是他进入仕宦之途的开始。但从此以后，他的职务所辖都是一些小而繁琐的工作,一直抑郁不得志。35岁时,武宗新登基,大家都对新皇帝抱有很大希望,但是刘瑾等宦官乱政,以狗马鹰犬歌舞角抵以娱武宗,武宗便整日沉迷于酒色,废弃朝廷,正直的臣子纷纷遭到陷害排挤,当然包括王阳明。

王阳明因上疏替忠臣戴铣求情,又痛陈刘瑾等人的罪行,这让刘瑾非常生气,于是想办法将阳明贬至贵州龙场,做龙场驿的驿丞。那是个蛮荒偏远的地方,王阳明却凭着自己的意志,在那种充满瘴疠之气的地方生存下来,并且教育那里尚未开化的居民,教他们架木开棘,居住生活。在这种环境下,阳明反而悟出了"心即理"之说,后来的"致良知"也是由此而生发。此后,他的心境慢慢转向坦然。38岁时在贵阳主讲贵阳书院,开始阐扬知行合一之学。由是贵州学风大盛,至今若到贵州仍随处可见"阳明洞"、"阳明祠"等贵州百姓纪念王阳明的遗迹。

到了45岁,也就是正德十一年,王阳明便开始一路升迁,替国家立下不少功劳。他巡抚江西、福建等地,剿平了四省边境多年扰民的顽寇;他平定了叛藩宁王宸濠之变,使东南半壁免于涂炭;他还征服了广西一带的土酋,开拓南疆,绥靖了边陲。这一期间,他仍然不停地上疏向皇帝进谏,并多次请求辞官返家,经过再三恳求,终于得到世宗的首肯。从50岁到55岁,他度过了6年家居的生活。这段时间是他思想的成熟期,四面八方来向他讨教学问的人也愈来愈多。与此同时,朝廷面对着纷乱政局无计可施,想起了立下许多汗马功劳的王阳明。56岁时,阳明又再度奉诏,到两广以及江西、湖广地区征讨。这对他来说是一个艰巨得几乎不可能承担的任务,他却又一次出色地完成了。

嘉靖七年十一月二十九日,王阳明在回程的舟上与世长辞。家人询问他的遗言,他说:"此心光明,亦复何言?"

《延伸阅读》 YANSHEN YUEDU

《王阳明全集》 收录了《王阳明年谱》、《传习录》、《王阳明文集录》、《杂著》、《王阳明书》、《王阳明诗集》等,是王阳明作品收集最为完备的一部著作。阅读这部书,会对王阳明的生平思想有更进一步的了解。

※ ※ ※ ※

宋代大儒陆九渊,字子静,自号象山翁,人称象山先生。他率先提出了"心即理"的命题,经王阳明继承和发展,成为宋明理学的一个重要派别,影响极大。《象山全集》是保留陆九渊文学、哲学作品最详尽的著作,也是全面了解心学一派的必读书。

※ ※ ※ ※

当代学者张祥浩所著《王守仁评传》,全面而客观地分析了王阳明的哲学思想,并对阳明学说的建立、发展和传承进行了系统的论述。本书语言简洁流畅,说理清晰透辟,资料翔实缜密,值得一读。

日　知　录

顾炎武　（明末清初　1613 年—1682 年）

> 亭林的著述，若论专精完整，自然比不上后人。若论方面之多，气象规模之大，则乾嘉诸老，恐无人能出其右。要而论之，清代许多学术，都由亭林发其端，而后人衍其绪。
>
> ——国学大师　梁启超

大多数学者认为，清代考据学的鼻祖是顾炎武。后世乾嘉学者精深的考据研究，确实是与顾炎武的路子一脉相承，但却很难再有他那种生气淋漓的气象。顾炎武生于明末清初天崩地坼的时代，经历了国破家亡的巨变，强烈的悲愤与痛苦终其一生都无法磨灭。在那个动荡的历史时期里，在文人武将、举人学子、隐士逸民的群像中，他跋涉大江南北，延续着"不可绝于天地间"的一线历史文化之血脉。因此被视为当时后世学风与人格的典范，也成为一种薪尽火传、不屈前行、昭于天地的文化精神的象征。

顾炎武在清初一反崇尚空谈的学风，力倡经世致用，独辟学术新径，成为举世公认的一代朴学大师，也是我国学术、思想史上开风气之先的人物。古人所追求的"读万卷书，行万里路"，在顾炎武这里，既落实为一种生活方式，也体现为一种生活境界。他倡导经学研究，反对唯心空谈；他学问渊博，于国家典制、郡邑掌故、天文仪象、河漕、兵农，及经史百家、音韵训诂之学都有研究，做出了卓越的贡献。晚年治经，侧重考证，开清代朴学风气，对后来考据学中的吴派、皖派都有影响，被誉为"一代儒宗"。

顾炎武一生著述等身，《日知录》堪称是他生平学问的精华。顾炎武从 30 岁起，每逢读书均作笔记。至 60 岁时，对所做笔录，反复探究，长期思索，多次修订，才成此书。全书计 32 卷，涉及面极为广泛，有经学、政治、经济、军事、艺术、天象、术数、历史、地理等等。《日知录》不仅内容丰富，更融贯了顾炎武对于历史、社会、学术的深刻思考和反思，可谓博大精深，深为后世学人所推重。《日知录》当中以考据研究经史之学的治学方法，在清朝被众多学者所接受并发扬光大，成就卓著，而顾炎武"天下兴亡、匹夫有责"的精神，著述终身、义不仕清的操守品格，则是他为后人留下的另一种宝贵遗产。

旷世杰作

《日知录》是明末清初著名学者顾炎武的代表作品，是他"稽古有得，随时札记，久而类次成书"的著作。顾氏对此书的价值很是自信，说"比乃刻《日知录》二本，虽未敢必其垂后，而近代二百年来未有此书，则确乎可信也"（《亭林佚文辑补·与人札》）。

顾炎武曾把写这部书比作"采铜于山"。他说，当今的人写书，就像当今的人铸钱。古人采铜于山，今人则买旧钱做废铜铸钱。铸出的钱，既粗恶，又把古人的传世之宝毁坏，岂不两失？顾炎武注重收集第一手资料，在治学上严谨扎实，堪称楷模。这在《日知录》中表现得尤其突出。他这种研究学问的态度和方法是对明朝空疏学风的反动，对有清一代学风的转变与形成具有重要的作用。梁启超说："论清学开山之祖，舍亭林没有第二人。"现在，人们仍然常用顾炎武"采铜于山"的比喻，说明历史研究要重视第一手资料，可见其影响之深远。

《日知录》书名取之于《论语·子张篇》。子夏曰："日知其所亡，月无忘其所能，可谓好学也已矣。"顾氏于初刻本卷首对此有说明，以示其笃学之志。在顾炎武生前，《日知录》只有八卷本行世。顾炎武去世后，门下弟子潘耒从其家取出书稿，稍事整理，删改了触犯时忌的字眼，于康熙三十四年在福建建阳刊刻成书，共32卷，称为遂初堂本，也就是我们今天所常见的版本。

《日知录》内容丰富，贯通古今。后人把《日知录》的内容大体划为八类，即经义、史学、官方、吏治、财赋、典礼、舆地、艺文。关于写作此书的目的，顾炎武本人说得很明白，他说："别著《日知录》，上篇经术，中篇治道，下篇博闻，共30余卷。有王者起，将以见诸行事，以跻斯世于治古之隆。"撰写《日知录》，"意在拨乱涤污，法古用夏，启多闻于来学，待一治于后王"。可见，《日知录》是寄托作者经世思想的一部书，内容大体分为三类：经术、治道、博闻，而核心则是"治道"。

《日知录》的思想非常丰富。第一，顾炎武继承和发展了我国爱国主义的思想传统。顾炎武把忠君与爱国做了区分比较："君臣之分，所关者在一身；华夷之防，所系者在天下。"把忠君思想提升到应该服从于保卫中原文化传统的这一较高层次上，可以说是对忠君爱国思想理论的一大突破。在对忠君与爱国思想做了区分之后，顾炎武又提出了区别"亡国"与"亡天下"的著名论点。第二，顾炎武主张摈弃宋明理学的空谈，提倡经世致用的实学。顾炎武在《日知录》中，对宋明理学，主要针对王阳明的心学，展开了猛烈的抨击。他提出"经世致用"、"引古筹今"。他主张要把天道性命等抽象的论述，还原到日常的经验之中去，避免清谈妙悟，将着眼点转移到探讨论

青少年必知的国学经典

证于国计民生有关的许多现实问题上来，实实在在地做些事情。基于求实的原则，顾炎武把是否"有益于天下"作为治学的准则。第三，顾炎武主张建立限制君主"独治"的政治体制。他认为国事需要"众治"，认为"人君之于天下，不能以独治也，独治而利繁（政治不清明）矣，众治之而刑措（政治清明）矣"。并进而提出各级地方官分权的见解。在这里，他实际上是对文化思想上的专制主义，对压制言论的行为进行了批判。第四，顾炎武提出了农工商皆为本的经济思想。工农商并重、发展工商，这种观点也在客观上反映了城乡工商业者的利益和愿望。

另外，对社会风俗的关注也是《日知录》的重要内容之一。顾炎武提出社会风气的好坏决定社会兴衰的观点，他认为"风俗衰"是乱之源，并列举大量事例，说明奢靡浮华的社会风气，是导致国家衰亡的重要原因。他说评价君主的功绩首先要看社会风气，"论世而不考其风俗，无以明人主之功"。他不但从政治上提出了整顿"人心风俗"的具体措施，如重流品、崇厚抑浮、贵廉、提倡耿介和俭约等，还从经济上分析了"人心风俗"败坏的原因，认为要使风俗变好，必须有让百姓安居乐业的物质条件："今将静百姓之心而改其行，必在治民之产，使之甘其食，美其服，而后教化可行，风俗可善乎！"除正面倡导培养人心风俗、加强礼治，他还强调法制，主张严惩败坏世风的贪官奸臣。《日知录》当中讨论社会风气的篇章如《两汉风俗》等都非常精彩。

清学开山祖　前朝遗民心

顾炎武是一位杰出的学者，他"精力绝人，无他嗜好，自少至老，未尝一日废书"（潘耒《日知录序》），广泛涉猎经、史、音韵、金石、舆地、诗文诸学，在学术上取得了极其辉煌的成就，平生著述也极为丰富，"卷帙之积，几于等身"（王弘撰语）。

耗费了炎武毕生心血的《日知录》更是他学术思想及成果的精华。炎武一生学行，可以用"博学于文"、"行己有耻"这八个字来概括。他在《与友人论学书》中说："愚所谓'圣人之道'者如之何？曰博学于文，曰行己有耻。自一身以至于天下国家，皆学之事也；自子臣弟友以至出入往来辞受取与之间，皆有耻之事也。士而不先言耻，则为无本之人；非好古而多闻，则为空虚之学。以无本之人而讲空虚之学，吾见其日从事于圣人而去之弥远也。"可知炎武是把治学与做人看做浑然不可分割的整体。炎武一生之立身人节已概如前述，此处不再赘言；在治学这方面，则坚决反对当时那种"束书不观"而空谈心性的恶劣风气，主张多学而识、明道救世，探求有益于民生国命的实学。《日知录》正是在这种思想指导下结撰而成的一部皇皇巨著，而作者最用意处即在第十三卷之论"风俗"部分。

炎武详细考索了历代社会风气的

演变情况，认为"教化者，朝廷之先务；廉耻者，士人之美节；风俗者，天下之大事。朝廷有教化，则士人有廉耻；士人有廉耻，则天下有风俗"，"士大夫之无耻，是谓国耻"，指出"治乱之关，必在人心风俗"，而整齐风俗、拨乱涤污的关键，即在于"士大夫"是否有廉耻；并举出魏晋人之"清谈亡天下"的历史教训，说明士大夫不顾国家、民族的安危而空谈心性，从而致使风俗大坏，是天下覆亡的重要根源。由此而进一步指出："有亡国、有亡天下，……易姓改号，谓之亡国；仁义充塞而至于率兽食人、人将相食，谓之亡天下。……是故知保天下然后知保其国。保国者，其君其臣肉食者谋之；保天下者，匹夫之贱，与有责焉耳矣。"同时，顾炎武还认为，除了用"朝廷教化"即"名教"整顿风俗、挽救时弊之外，"清议"即社会舆论的力量也很重要。他说："古之哲王……存清议于州里，以佐刑罚之穷"，"乡举里选，必先考其生平，一玷清议，终身不齿"；又说："天下风俗最坏之地，清议尚存，犹足以维持一二；至于清议亡，而干戈至矣。"这些见解在当时的历史条件下，是富有积极意义的。

顾炎武的政治思想，亦多着眼于风俗人心；同时，由于炎武重视实用而不尚空谈，所以"能于政事诸端切实发挥其利弊，可谓内圣外王体用兼备之学"，其大端则在郡县分权和地方自治二者。他认为，要富国裕民，首先在于信任地方官吏，并赋予其实权，《日知录》卷9《守令》条说："所谓天子者，执天下之大权者也。其执大权奈何？以天下之权寄之天下之人，而权乃归于

天子。自公卿大夫至于百里之宰，一命之宦，莫不分天子之权，以各治其事，而天子之权乃益尊。……而今日之尤无权者，莫过于守令；守令无权，而民之疾苦不闻于上，安望其致太平而延国命乎！"因此，郡县守令应该拥有"辟官莅政理财治军"的权力，则"国可富，民可裕，兵农各得其业"，达到天下大治。炎武另撰有《郡县论》9篇，对这一点加以系统而具体的论述，他提出："方今郡县之弊已极……此民生之所以日贫、中国之所以日弱而益趋于乱也"，而此种局面的形成，正在于皇权的独专，"封建之失，其专在下；郡县之失，其专在上"，因此，"民乌得不穷、国乌得不弱"！有鉴于此，炎武亟求变更，大声疾呼："率此不变，虽千百年而吾知其与乱同事，日甚一日者矣。"

此外，顾炎武还主张均田减租，开矿兴利，反映了当时新兴的市民阶层的要求，具有进步意义。

大体而言，炎武的政治思想，由于历史的局限，是以"寓封建之制于郡县之中"为宗旨的，这固然因其"法古用夏"、"则古称先"的思想前提而不免为书生之见，但"主分权、重自治"的主张依然闪耀着进步、民主的思想光芒。

在历史舆地之学方面，顾炎武同样取得了可观的成果，产生了深远的影响。炎武治史，其志仍在经世致用，曾说："夫史书之作，鉴往所以训今。"在金石考古和历史地理学方面，炎武卓有成就，尤其值得一提的是《天下郡国利病书》和《肇域志》这两部著作。这两部长编性质的书虽然主要出于抄录，但有断制，极富价值，不仅为清代

历史地理学的发展开启了先路,也是后人研究地理沿革、古代经济特别是明代经济史不可缺少的必读书。生于明清之际的顾炎武,不仅是旧学术传统的破坏者,更是新风气的开创者。他严谨朴实的学风、经世致用的学术宗旨、锲而不舍的学术实践、调查研究归纳取证的治学方法,诸多学术门径的开拓,与其"行己有耻"的耿介而傲岸的人格交互生辉,既取得了宏富的学术成就,又对整个清代学术文化的发展产生了极为深远的影响。后人尊奉顾炎武为汉学之"不祧之祖",虽然未获炎武之心,但炎武实足以当之,他不愧为清初学术界之一位继往开来的大师。(邱进之)

 明清之际的思想碑石

顾亭林《初刻日知录自序》云:

炎武所著《日知录》历今六七年,老而益进,始悔向日学之不博,见之不卓,其中疏漏往往而有,而其书已行于世,不可掩盖天下之理无穷,而君子之志于道也,不成章不达。故昔日之得,不足以为矜;后日之成,不容以自限。若其所欲明学术,正人心,拨乱世以兴太平之事,则有不尽于是刻者,须绝笔之后,藏之名山,以待抚世宰物者之求,其无以是刻之陋而弃之则幸甚!

顾亭林做此感想时已经64岁。《日知录》的著述已延续了30多年,此书在士林早有名声,顾亭林却仍旧说"未敢自以为定"。"老而益进"四字点题,它足以概括顾亭林晚年不凡的生命过程。顾亭林亲历着一个天崩地裂的时代,所以"今是而昨非"的扬弃,其意义已超出了一个个体生命的独善其身、自我完善,而开启了在历史大变局下一个有良知的知识分子在对待民族存亡、本土文化,及为人气节等重大问题上"处变之则"的一种新的文化精神。又因其晚年坎坷的经历,凸现其情深如许的灵魂,使这种文化精神弥漫着博大的人格化情怀。此情怀数百年缭绕不散,印证着自明清以降,中国历代优秀知识分子在现实中所经历的命运历程及在精神世界中走过的心路历程。

可以相信,若顾亭林晚年再多几个"十年",《日知录》的修订仍将继续延续下去,直到临终绝笔为止。这是很难令人释怀的一种历史场面。顾亭林那忧伤的跋涉者的形象别具一格地留在清代文化学术那琳琅满目的长廊上。顾亭林式的愤世、忧患以及强烈的爱憎,300年后仍如状在眼前,握手可感,炽热逼人。

明末世风浇漓,士风尤其衰颓,在晚年顾亭林从未停止对其做文化意义的批判。其愤世之深,忧伤之切,及振聋发聩之效,直启20世纪前期不少思想者对中国社会的批判。《日知录》"廉耻"条有云:

《五代史·冯道传论》曰:"礼、义、廉、耻,国之四维。四维不张,国乃灭亡",然而四者之中,耻尤为要。故夫子之论士,曰"行己有耻"。《孟子》曰"人不可以无耻,无耻之耻,无耻矣",又曰"耻之于人大矣,为机变之巧者,无所用耻焉"。所以然者,人之不廉而至于悖礼犯义，其原皆生于无耻。故士大夫之无耻，是谓国耻。吾观三代以下，世衰道微，弃礼义，捐廉耻，非一朝一夕之故。然而松柏后凋于岁寒，鸡鸣不已于风雨，彼昏之日，固未尝无独醒之人也。

顾亭林不是第一个愤世伤时者，可是说顾亭林是千年间将士风与国运紧密结合起来考察，以辨天下兴亡轨迹的突出学者，大概是不会错的。十分难能可贵的是，顾亭林的愤世嫉俗并不关乎个人的进退、一己浮沉的悲戚，而具有"匹夫之心，天下人之心也"的博大胸襟。这可以说是将自"屈贾"以来遭时不遇而忧国忧民的爱国情操提升到一个更高的层次。顾亭林对末世士风的批判已近冷酷无情，20多年间，顾亭林在著述或与人书的议论中常常表达了他对士人"无耻"行径的深恶痛绝。

"目击世趋，方知治乱之关，必在人心风俗。而所以转移人心，整顿风俗，则教化纲纪为不可阙哉。百年必世养之而不足，一朝一夕败之而有余"（《与人书》）。"愚所谓圣人之道者如之何？曰'博学于文'，曰'行己有耻'呜呼！士而不先言耻，则为无本之人；非好古而多闻，则为空虚之学。以无本之人，而讲空虚之学，吾见其日从事于圣人而去之弥远也"（《与友人论学书》）。这样的抨击，比比皆是。很多年过去了，顾亭林笔下有着特别含义的"士风"、"廉耻"、"人心风俗"等词，依然有着其不灭的震撼力。

在士风廉烂、人心尽丧的千年大变局下，顾氏以"致用"、"实学"激浊扬

清，努力使久已不传及已被歪曲的"君子之道，兴王之事"返之淳正；并身体力行，坚定不移，30多年孜孜不倦，以巨大的人格力量、饱经忧患的晚年遭际，在混浊、颓败的末世，用活生生的形象重新阐释了罕见的"君子之道"。在当时的士林，已没有人可以视而不见这样一个形象；在后世，追溯明末清初这段文化伤心史时，更没有谁可以漠视这样一个形象。

这是一块无法绕过去的思想碑石。（陆键东）

大师传奇

顾炎武初名绛，别号亭林，字宁人，后世称为亭林先生。明朝灭亡以后改名炎武，号蒋山佣。他生于一个官僚地主家庭，祖先世代明朝为官，到了他出生的时候家道已然中落。顾炎武从十岁起，就跟随祖父读书并受到过比较严格的儒家教育，特别是他的嗣母王氏和他讲过很多历史上英雄人物的故事，深深熏陶了他的心灵。这些对于他以后人格的培养有举足轻重的意义。

顾炎武14岁正式入学，性情耿介，很有志向，与同乡归庄最为要好，并与他一起加入了政治性学术团体"复社"。两人性情特异，为乡里俗人所不容，被一并称为"归奇顾怪"。顾炎武苦读14载，在科举上没有取得什么成就，对于功名举业逐渐淡薄，于是日益发奋读书，研究实用之学，这为他以后的学术方向奠定了基础。

甲申（1644年）之变（即大顺军攻

青少年必知的国学经典

占北京,明崇祯帝自杀,后清兵入关)后,顾炎武积极投身到当时的江南抗清斗争当中。公元1645年,清兵南渡长江,攻陷南京,大肆屠杀。江南各地爆发了激烈的抗清斗争,顾炎武与归庄、吴其沆等在苏州、昆山起义。后起义失败,昆山城陷,死难者4万余人,顾炎武的生母何氏被清兵砍去右臂,两个弟弟遭杀害,好友吴其沆也被捕蒙难。顾炎武的嗣母王氏闻讯后绝食15天死节,临终时给顾炎武留下遗言:"我虽妇人,身受国恩,与国俱亡,义也。汝无为异国臣子,无负世世国恩,无忘先祖遗训,则吾可以瞑于地下。"国恨家仇,嗣母遗言,使顾炎武终生保持了不与清廷合作的态度。此后5年中,顾炎武辗转于太湖沿岸,联络各地抗清志士,屡经磨难,甚至蒙受牢狱之灾。在这种情况下,他已经不可能继续待在江南了。

顾治十四年,顾炎武变卖家产,只身北上,开始了终其后半生的漫游生活。在25年间,他遍历大河上下,所到之处,即考察山川形势、风土人情,同时广交师友,砥砺学问。后人记载顾炎武在旅途当中往往用骡马载书随行,每到一处,都会访问当地故老,将所见所闻与书中的记载相参照,一旦发现不同之处就记录下来,详加考辨。他一生学问的结晶《日知录》就是在这一过程中完成的。

在后半生的羁旅生涯中,顾炎武坚守他的遗民身份,终生不渝。康熙十七年,当时朝议以撰修《明史》,特开博学鸿词科,征举海内名士。顾炎武的同乡叶方霭等人联合举荐他,遭顾炎武回信严词拒绝。第二年清廷还不死心,让主持编写《明史》的大学士熊赐履派了两个差人来到华阴,请顾炎武到北京做他的助手,顾炎武以死自誓,绝不仕清。顾炎武不与清政权合作的立场是非常明确的。他不与清朝的名公巨卿有所交往,即使与自己的亲外甥、当时担任清廷高官的徐乾学兄弟,也很少走动。有一次,徐乾学坚邀舅舅到家中做客,他无奈去了,但拒绝饮宴,以表示不食清禄之义。后来徐乾学兄弟在江南替他买田置地,多次请他回故乡养老,顾炎武始终不肯南归。1680年,顾炎武原配王硕人于昆山病故,顾炎武吩咐仆人买来香烛等祭品,布置好妻子的灵位,他恭恭敬敬地拜了几拜,痛哭失声。"贞姑马鬣在江村,送汝黄泉六岁孙。地下相逢告父姥,遗民犹有一人存。"这是顾炎武悼念妻子的诗。大意是:妻子逝世在遥远的江南小镇,送妻子入土为安的仅有6岁的长孙。在地下你见到年迈的父母,请禀告二老吧:明朝的遗民还有我这个人。

"天下兴亡,匹夫有责",顾炎武作为一个江南文人竟然留寓北方达20多年,游历北方天地,无非是为了乘机而起推翻清朝统治,其民族气节一直以来激励很多志士仁人。他的政治思想,特别是他的民族性,对于后来的晚清的资产阶级革命有引导性作用,资产阶级革命家章炳麟在反对清朝政府的时候,自署名章绛,同顾炎武初名,可见顾炎武思想的影响力之深远。

康熙二十一年正月初四,顾炎武在山西曲沃韩姓友人家,上马时不幸失足,初九丑刻与世长辞,享年70岁。

YANSHEN YUEDU 延伸阅读

黄汝成《日知录集释》是现在较为通行的《日知录》版本。黄汝成先生以遂初堂本为底本,参以阎若璩、沈彤、钱大昕、杨宁四家校本,吸收前人对《日知录》的研究成果,成《日知录集释》刊行于世,可以说是《日知录》最好的版本,流传很广。

※　※　※　※

明朝末年,各种社会问题日趋严重,政治、经济、军事诸方面都爆发了危机。顾炎武感于国家多难,针对上述社会问题,努力从书籍中搜集有关兵防、赋役、水利、农业、矿产、交通等方面的资料,借以寻找明末社会积弊的根源,以及革除这些积弊的途径。

明亡之后他流寓北方,又在各地亲自探访,加以考证。后来,顾炎武把多年收集的资料一分为二,有关地理的部分叫做《肇域志》,有关经济的部分叫做《天下郡国利病书》。这两部书取材丰富,引证宏博,是中国历史地理古籍中的珍品。两部书中的资料往往能够互相补充,可以彼此参证,对照阅读。

※　※　※　※

顾炎武不仅是著名的学者和思想家,他的诗歌也在清初独树一帜。王冀民先生整理校点的《顾亭林诗笺释》,对顾炎武诗歌进行了详尽的注释、题解;并针对全题或全首的寓意、特点进行评析,对诗中涉及的人事进行考论和索引。从这些诗歌中,读者可以透过历史的重雾,体会这位大思想家、抗清志士的心路。

读 通 鉴 论

王夫之 （明末清初　1619 年—1692 年）

　　船山先生淹贯经史，精于哲理，长于思辨，文章乃其"余事"。即便如此，基于身世、学术的若干闲文，依然以其苍劲之笔、悲凉之气，深深打动读者。

——著名学者　陈平原

　　明末清初是个天崩地坼的乱世，却出现了许多优秀的学者、思想家和文学家。当时孙奇逢、李颙、黄宗羲、顾炎武等人是公认的博学名儒，学术流传海内，为天下所钦服。而王夫之却长期隐居在山林之中，不露身影，不与中原及江浙人士往来；不开门讲学，也没有亲友推举。所以一直没有出仕清朝，得以固守节操，其著述也无人知晓，几至散佚。明清思想史上习惯顾、黄、王并称，其实是后世"追认"的结果，当时并没有多少人读过王夫之在深山中撰写的精彩著作。

　　据《水窗春呓》一书载，王夫之临终前对子孙说："吾书二百年后始显。"果然不出其所料，他的著述经长期沉晦之后，终于在道光、咸丰之后大显于天下，并引起许多学者名流的推重。《读通鉴论》就是其中的代表作之一。这部书是王夫之阅读司马光历史巨著

《资治通鉴》的笔记，全书共 30 卷。在书中王夫之分析历代成败兴亡、盛衰得失，褒贬人物，总结经验，引古鉴今。这部书文辞精当、纵横捭阖、远见卓识、论点独到，是传统史论中最为系统和精彩的杰作之一，堪称"通鉴之通鉴"。

　　《读通鉴论》并不是单纯的历史著作。它是阅读另一部史书的笔记，其中每一节都是针对《通鉴》所记的某一段史实而发的议论；如果能与《资治通鉴》并读，对王夫之史论的了解应当会更深一层。这部书同时也是一个思想家的历史沉思录，它既折射了明清之际那段血与火的历史之光，又积淀了一个当时心境极为痛苦与矛盾的思想家的深邃反思，其内涵远超出一般史书。

青少年必知的国学经典　QINGSHAONIAN BIZHI DE GUOXUE JINGDIAN

《读通鉴论》是明代思想家王夫之阅读司马光的历史巨著《资治通鉴》的笔记。作者认真研读了司马光的《资治通鉴》，结合当时的社会政治现实，总结历史经验，阐述自己的见解、主张和思想认识，对历史上的治乱兴衰做了多方面的评论。全书60余万字，按朝代分为30卷，卷末又附有《叙论》。这些作品往往能发前人所未发，独抒己见，不同凡响。

王夫之博览群书，精于考据，他的史论总是言之有据，从不空发议论。评议典章制度、治乱兴衰时，往往追溯其本源，譬如"郡县之法，已在秦先"、"租庸调之法，拓跋氏始之"。然后备言始末，由源及流，《读通鉴论》卷二十八讲说茶的历史，卷三十论述古乐衰亡，均证据确凿，条理明晰。除此之外，王夫之还注意结合时代变迁、历史背景来阐述历史事件的成因。如《读通鉴论》卷二十四论西域在汉朝时是赘疣，在唐朝却成为边防重镇；卷二十六论及唐宋风气、河北风俗之变迁。由古论今，由今及古，观点与论述都极为谨严。

王夫之有意识地把评史与议政相结合，他认为"读古人之书"必须"揣当今之争"，才能"为治之资"。因此王夫之的史论著作不仅贯穿着他的史学思想理论，也渗透了他的政治思想理论。宋、明理学家崇"三代盛世"，认为三代以下"人欲横流"，主张"法先王"。王夫之却在《读通鉴论》中指出，唐虞以前中国社会完全处于未开化的野蛮状态，而三代则是"国少而君多……暴君横取"，人民"秸面鸠刑，衣能结而食草木"。社会落后生活艰苦，根本不是值得向往的盛世。然而"世益降，物益备"，随着历史的发展，物质生活才日益丰富。时代是不断向前发展进步的，因此必须"趋时更新"，"事随势迁而法必变"。

治乱循环论、兴亡决定论、天道论与气数论是王夫之历史哲学中的几个重要方面。《读通鉴论》指出："生有生之理，死有死之理，治有治之理，乱有乱之理，存有存之理，亡有亡之理。天者，理也，其命，理之流行者也……违生之理，浅者以病，深者以死……夫国家之治乱存亡，亦如此而已矣。"国家的治乱存亡与人的生死寿夭一样都有自己的规律，并且一定程度上是可以被人认识和掌握的。基于这种思想认识，王夫之认为秦始皇废封建而行郡县，是历史进步和历史发展趋势的必然结果，郡县变革的成功是顺应了"势之所趋"，符合"理"——历史发展客观规律的结果。

在史学方法论上，王夫之集中于批评史事之真伪，凡夸诞、附会、溢美、隐恶之处，都一一予以揭示，使历史还原其本来面目。而这种"还原"的方法，又是非常客观的。《读通鉴论》的卷末《叙论》中说，"设身于古之时势，为己之所躬逢；研虑于古之谋为，为己之所身任"。将自己置身于历史情境之中，这与西方史学所崇尚的"历史想象"、后世著名史学家陈寅恪所提倡的"了解之同情"异曲同工。幽微不明之

青少年必知的国学经典

真相,借此而获得;日久沉埋的往事,也借此而重现。王夫之《读通鉴论》等史学著作中以一贯之的史家精神,此刻与历史息息相通。

✿ 推本得失之原,立一成之型

《读通鉴论》是明末清初卓越思想家王夫之有关古史评论的代表作之一。

王夫之是一个忠于明王朝,又具有浓厚汉民族意识的文人。对于明亡于清这一事实,他从其字里行间透溢出痛苦和悲愤。但是,他并没有简单地借古史来发泄自己的民族义愤,而是希望"推本得失之原","立一成之型",所以,其史论具有巨大的现实感。明亡后,若干史学家探讨其灭亡原因,或批评政治混乱、或分析制度弊端、或抨击君主专制及其流弊,深度不一。王夫之与大多数史学家不同,他不仅具有这种现实感,而且能将其与历史的沉思融合起来,试图从中总结出更高层次的历史哲学来。

首先,他清醒地反观自身,认为"夷狄之蹂躏中国,亦非必有固获之心,中国致之耳。"于是他在《读通鉴论》中,批评君主与大臣聚敛财富,批评君主贪巧自矜滥杀忠良,批评奸臣败坏纲纪使国家衰微,批评大臣拥兵自重强枝弱干,批评学风日衰邪说日盛,批评纵客商贾舍本逐末,批评奸臣引狼入室屈膝投降……批评几乎涉及

历代王朝的政治、经济、文化等各个领域。在他心目中,前朝旧事只不过是明朝现实而已。其次,在历史的沉思中,王夫之得到了一个启示,就是"事随势迁而法必变"。他从远古人类的"异于禽兽无几"与今天人类文明中看到了"世益降,物益备";从三代的"沈酗"、"淫奔"、"黩货"与唐代的"天下帖然受治"中看到了今未必不如昔;从三代的封建诸侯与秦始皇改郡县制的成功中看到了"势相激而理随以易"。历史的变化使王夫之得出了一个哲理性的结论:"势之顺者,即理之当然者矣",也就是说,顺应历史潮流的就是合理的。

"理势合一"、"理因乎势"是王夫之在历史沉思中得出的最有光彩的结论。"变"是这个历史哲学的核心。正是在此思想指导下,王夫之批判了封建史学中最要害的命题"正统论","统者,合而不离,续而不绝之谓也"。就是说,所谓"统"是统一了国家并能较长久地持续下去的政权,不论是靠武力统一的,还是靠阴谋"篡弑"而来的,只要它顺应了大势,使国家"合而不离,续而不绝",就是合理的、正统的,并不在乎它姓李还是姓赵。他说:"论之不及正统者,何也?曰,正统之说,不知其所自昉也。自汉之亡,曹氏、司马氏乘之,以窃天下,而为之名曰禅。于是为之说曰,必有所承以为统,而后可以为天子,义不相授受而强相缀系,以掩篡夺之迹,抑假邹衍之邪说,与刘歆历家之绪论,文其诐辞,要岂事理之实然哉。"

史书从朱熹著成《通鉴纲目》以

后，正统的争论已成为封建史学家所最关心的事，甚至影响到宋、辽、金三史的修撰，迟迟未能定稿。而王夫之此说完全粉碎了那些一无可取的谬论。如果说黄宗羲是从明代政治、经济、文化的现实出发得出了批判明朝君主专制的理论，那么，王夫之则是从历史的不断变化发展中得到了这一思想。千百年来，天不变道亦不变，宋元以来，为一家一姓而争正统的喧吵热闹非凡，君君臣臣父父子子，成则为王、为神、为圣，便是得天命、当正统，永远私有天下，无人敢说不字。而王夫之却否定了这天经地义的结论，从历史变化上指出了顺应"势"者才合天理，无疑是一个进步。（佚　名）

✿王船山《读通鉴论》中的历史批判

《读通鉴论》是王船山最重要的史论著作之一。由于此论做于晚年，因而所反映的思想和观点较为成熟，其中所贯串的社会历史进化思想尤足称道。船山的《读通鉴论》不是通常文人的就史论史，更非无聊雅士的"玩史"消闲。而是倾注了他作为前朝遗臣的强烈感情，在痛定之后对改朝换代和成败得失做反思式的历史总结，显得极其深刻。

王船山在仔细考察了历史发展的过程以后，认为传统史观尚有许多"不尽然"之处，需与之一辩。虽然我国史学渊源流长，史家众多，但综观明末以前的史学，特别是占统治地位的官方正宗史学，一般都有两大缺点：一是为

循环主义的宿命论；一为复古主义的倒退论。船山对这些颇不以为然，他以历史事实为依据，进行了有力的辩驳。

一、对循环宿命论的批判

中国历史上循环宿命史论的典型是所谓"五德终始论"和所谓"三统说"。五德终始说起于上古，其形成较完备的理论则在战国后期的邹衍，把上古各代附于五行之数。汉儒董仲舒在"五行"的基础上又加以发展，提出所谓三统循环的帝王继统的理论。两汉时五德三统说盛行，并以谶纬迷信思想作补充，成为官方正统的史学观。循环史观在我国古代思想史上是一以贯之，被认为是天经地义的。

唯王船山不信邪，偏要辩个明白。他在《读通鉴论》中指出："汉儒之言治理之得失，一取验于七政五行之灾祥顺逆，合者，偶合。不合者，挟私意以相附会，而邪妄违天，无所不至矣。"认为这些五行灾异之类的理论是违背客观的邪妄之言，虽然有时也能与事实相近似，但充其量不过是偶合而已。这些纯属主观的想象与客观现实之间决不可能产生任何必然的承系。即使是汉儒看来很带神秘感的"改正朔"、"易服色"之类也不例外，改历易服并非"统纪"变化的标志，上古科学知识不足，历法难免不精确，就是汉代以后还多次改历，何况三代。至于服色的变易则更与"统纪"无关。随着社会的进步，生产的发展，服色更加丰富多彩也是很正常的。船山从社会历史发展的角度来解释改历易服，一下子将历代腐儒附上的神秘外衣剥得一干二

净。他认为有些来路不正的统治者，企图论证自己是真命天子，授天之命而合法继统，往往借助于此。"拓跋宏欲自跻于帝王之列，而高闾欲承秦之火德，李彪欲承晋之水德，勿论刘、石、慕容、苻氏不可以德言，司马氏狐媚以篡，而何德之称焉？"这些大肆鼓嚣所谓"继德承统"者，即非"夷狄"，便是"篡臣"，哪里还有什么德可言，挟私意惑天下之意甚明。可见五德三统循环之说完全是没有任何事实根据的一派胡言。

既然五德三统为无稽之谈，那始于五德的正统之论当然就更不值一驳了。船山认为："统之为言，合而并之之谓也，因而续之之谓也。而天下之不合与不续也多矣。"三代以上不可详考，自三代至明几千年的历史，有过许多次分裂，统一王朝更难世代相承，而一离一合，治乱相间，哪里有什么"统"。他又问道："当其治无不正者以相干，而何有于正？当其乱既不正矣，而不孰为正？有离有绝，固无统也，而又何正不正邪？"此两难推理是何等有力，使"正统论"不攻自破。进而"以天下论者，必循天下之公，天下非一姓之私也。"伟哉船山！此说已不仅仅是对正统论的否定，其锋芒直指家天下的封建专制制度。

二、对复古倒退论的批判

崇拜先王，主张复古是传统史观另一鲜明的特点。自孔子起，历代儒生学者大都认为，上古三代是替天立极的所谓盛王之世，是圣人心目中的理想社会，而后则一代不如一代。历史运动的趋势总是倒着走，今不如昔，

来不如今。历代学者皆以为这是毋庸置疑的真理，就连近代以倡维新而闻名的康有为也未能免俗，其在为改良大声竭呼之时竟也求助于此。可见传统史观影响之巨大。

但王船山却以为"不尽然"，他在《读通鉴论》卷二十中写下了如下的文字："唐、虞以前，无得而详考也，然衣裳未正，五品未清，婚姻未别，丧祭未修……人之异于禽兽无几也。"简直斗胆，竟敢说三皇五帝的时代与禽兽差不了多少。接着写道："若夫三代之季，尤历历可征焉，当纣之世，朝歌之沈酗，南国之浮奔，亦孔丑矣。"可见三代绝非天堂。因此船山认为："在帝王经理之余，孔子垂训之后，民固不乏败，而视唐虞三代帝王初兴，政教未孚之日，其愈也多矣。"可以想见"治唐虞三代之民难，而治后世之民易，亦较然矣。"最后他直截了当地批评康节"泥古过高，而菲薄方今，以蔑生人之心。"

诚然，船山不懂得历史唯物主义的发展史观，但他不拘泥于圣人之说，不受传统成见束缚，以历史事实为依据，实事求是地考察历史演进，竟得出了近乎科学的结论：人类社会的历史是不断发展，不断进步，不断走向文明的历史。这是历史发展的客观现实。但由于中国古代思想界尊奉孔孟为圣人，长期以来仅满足于注疏解释圣人的经典，少有独立思维，因为科举制，使知识分子求功名实利者多，而求真理者寡。故绝少有人思考传统思想是否合于历史的真实。王船山之所以能卓尔不群提出与众不同的进化史观，亦是时代使然。他作为亡明之遗臣，

功名利禄早已离他远去，他只想埋头书卷苦寻亡明之因，故能客观的读史论史，辩以往史著之"不尽然"，为后人留下宝贵的思想财富。（陈斯风）

大师传奇 DASHI CHUANQI

王夫之字而农，号姜斋，是明末清初时期我国著名的思想家、文学家。明亡之后曾经举兵反清，失败后杜门不出，一心著述。晚年隐居在湖南衡阳县曲兰乡（今船山乡）石船山，故自号船山老人、船山病叟，后人称船山先生。有《船山遗书》、《船山诗文集》。

王夫之出生于一个书香世家，人口众多，生活富裕，在衡州称"族盛"。父亲王朝聘曾经两中副榜，后人国子监攻读；二叔和三叔都是郡文学，三家子弟也多承习诗书。王夫之自幼受家学熏陶，从小颖悟过人。4岁入私塾读书，7岁读完了《十三经》，此后一边跟父亲学习经义，另一方面又大量阅读各类书籍。12岁便能咏诗做对，通晓文辞，以文会友，崭露头角，成为当时有名的少年才子。明崇祯十一年（1638年），19岁的王夫之来到长沙岳麓书院读书。他在这里饱览藏书，专注学问，与师友们"聚首论文，相得甚欢"，为以后的学术活动打下了良好基础。在他23岁时，湖广提学检事高世泰岁试衡州，将他的文章列为一等，给予了"忠义肝胆"、"情见乎辞"的高度评价。

颇富才名的王夫之原本想一心报国、施展抱负，却无奈以一介文士之身而适逢乱世。明崇祯十七年（1644年）5月，吴三桂引清军入关，明朝灭亡。王夫之心痛欲绝，写下《悲愤诗》一百韵，以抒发自己的心境；同年迁居衡山下，筑茅屋，名"续梦庵"。他出门时，手擎雨伞，脚踏木屐，用此举来表示自己"头不顶清朝天，脚不踏清朝地"这种不屈的民族气节。

清顺治三年（1646年）夏，王夫之只身赶赴湘阴，建议调和南北督师矛盾，联合农民起义军协力抗清，但此行毫无结果，失望而归。此后，他又组织或参与过几次抗清起义，均以失败告终；流落零陵、常宁的荒山野岭之间，《周易外传》等书就是在这种颠沛流离的生活中写成的。康熙十四年（1675年）秋，王夫之在衡阳湘江西边的石船山下筑湘西草堂，他一生最后17年就住在这里，大部分著作也在这里写成。

湘西草堂当时是"食禽过不栖"的穷地方，但王夫之"安之若素，终日孜孜不倦，刻苦自励"。这时期，王夫之贫病交加，还受到清朝统治者的监视，常常早晨起来发现纸窗已被人捅破，表明有人暗中窥视他的行动。在艰难的处境中，他毫不沮丧懈怠，《思问录》内外篇、《张子正蒙注》、重订《尚书引义》等重要哲学著作；《读通鉴论》、《宋论》等系统史论著作；以及诗论《南窗漫记》、《夕堂永同绪论》等，均在这段时间内先后成稿。他的儿子在《行状》中说父亲自从隐居以来，"启瓮牖，秉孤灯，读十三经"，"虽饥寒交迫，生死当前而不变"。年迈之时，手腕没有力气研墨，手指没有力气握住笔，却还是坚持读书，笔耕不辍，为后人留下了极丰富的思想文化遗产。

青少年必知的国学经典

康熙三十一年（1692年）正月初二，王夫之病逝，享年74岁。他勤恳著述凡40年，有著作100余种，400余卷，近800万字。王夫之的诗、文、词皆工。他的散文纵横捭阖，表现着雄肆的气概。其诗词以写抗清经历及寄托亡国之痛的为最佳，信笔所至，往往冲破音律的限制，揭示了亡国哀怨之深。他重视文学的社会作用及现实性，以继承《诗经》的"兴、观、群、怨"为旨归；认为创作必须有作者生活经历为基础。他在《姜斋诗话》中说："身之所历，目之所见，是铁门限。"强调诗歌必须重情重意，情景交融，他认为文学创作，人各有特色，不能强立"门庭"，强立"死法"，党同伐异，趋于模拟。这些对于清代文学理论的发展都起了积极作用。

因为王夫之强烈的夷夏之辨思想，他的著作在清前期200年一直埋没不彰，直到19世纪40年代才有邹汉勋、邓显鹤整理编校的《船山遗书》问世。此后，曾国藩、曾国荃兄弟又在金陵设局刊印较完备的《船山遗书》，使他的学说广为人知，从而对近代社会产生了深刻的影响。曾国藩借重他的重"礼"思想来强化保守的传统观念；维新人士吸收他"变化日新"的社会变动观倡言改革；辛亥志士利用他的夷夏之辨的民族意识进行反清革命；民国初年，刘人熙等人在长沙设立船山学社，创办《船山学报》，鼓吹保护

国粹；"五四"新文化运动时期，在长沙第一师范任教的杨昌济对王夫之的知行学说倍加赞赏，主张力行实践，并影响了青年毛泽东。时至今日，船山先生的诸多杰出论著，依然闪烁着灿烂的光辉。

《船山遗书》是王夫之著述的总集。王夫之以"六经责我开生面"的创新精神，对中国传统文化，特别是对儒家思想进行了全面、系统而深刻的反思，写下了大量富有创见性的文章，内容涉及政治、经济、哲学、历史、文化等，成为300年来许多进步思想家的启蒙者。

※　※　※　※

桐城派是清代中期影响最大的一个散文流派，创始人为方苞，经刘大魁、姚鼐等人的发展，形成完整的理论，三人并称"桐城三祖"，姚鼐被称为领袖。姚鼐，字姬传，一字梦谷，室名惜抱轩，清代安徽桐城人。乾隆三十九年辞官后，曾在江宁、扬州等地书院讲学40余年。治学以经为主，兼及子、史、诗文，作品多为书序、碑传之类，著有以其室名命名的《惜抱轩全集》。他秉承了"文道合一"的主张，讲究义理、考据、辞章三者兼长，注重内容和形式的关系，写景散文尤有独特成就。